두보 근체시 명편

두보 근체시 명편

초판 1쇄 인쇄 2018년 11월 25일
초판 1쇄 발행 2018년 11월 30일

역해자 이영주 이남종 이석형 김만원 이창숙 김성곤 박홍준 김준연 강민호
펴낸이 성낙인
펴낸곳 서울대학교출판문화원

출판등록 제15-3호

주소 08826 서울 관악구 관악로 1
대표전화 02-880-5252 | 팩스 02-888-4148
홍보마케팅팀(주문 상담) 02-889-4424, 02-880-7995
이메일 snubook@snu.ac.kr
홈페이지 www.snupress.com

ISBN 978-89-521-2039-7 03820

두보 근체시 명편

이영주 이남종 이석형 김만원 이창숙
김성곤 박홍준 김준연 강민호 역해

서울대학교출판문화원

The Anthology of
Du Fu's Modern Style Poetry Masterpiece

Translated and Annotated by Yeongju Lee, Namjong Lee,
Seok Hyoung Lee, Manwon Kim, Changsook Lee, Seongkon Kim,
Hong Jun Park, Joonyoun Kim, and Minho Kang

Seoul National University Press

| 머리말 |

두보杜甫의 시는 이전 중국 고전시의 성취를 집대성한 바탕에서 창신의 면모를 더했기에 으뜸으로 평가받으며 지금도 널리 애송되고 있다. 그가 남긴 1,439수(《두시상주》 기준, 연작시를 1편으로 보면 1,141편)는 거의 모두가 일반 시인들의 수준을 능가하는데다 그 작품들은 각각 다양한 특징을 보인다. 그래서 다른 시인에 비하여 대표작을 선정하기가 쉽지 않으며, 일부 작품만으로는 두시杜詩의 다채로운 면모를 제대로 이해하기 힘들다. 어쩌면 여기에 두시의 위대함이 있다고 할 수 있다. 하지만 전체 작품을 다 보기는 현실적으로 쉽지 않기 때문에 그 안내서로서 적절한 시선집의 필요성은 크다고 할 수 있다.

지금껏 두시는 중국시선집에서 많은 수를 차지하며 선록되어 왔고, 두시만을 대상으로 한 선집도 다수 나왔다. 하지만 풍요 속의 빈곤이란 말처럼 기존의 두시 선집들은 널리 알려진 작품을 거의 비슷한 방식으로 반복해서 수록하고 있어 두시의 다양한 특징과 성취를 제대로 파악하기에 부족한 면이 있다. 또한 두시는 풍부한 학식을 바탕으로 심혈을 기울여 창작한 것이기에 정확한 이해가 쉽지 않은데, 기존의 선집들은 그 주석이 너무 간단하거나 필요한 설명이 빠져 있어 시를 제대로 이해하기에 부족한 경우도 있다. 그래서 선집이면서 주석도 충실한, 대중성과 학술성을 겸비한 두시 명편집이 필요하다는 문제의식에 기반하여 이 책을 집필하게 되었다. 본 집필진은 2015년도에 《두보 고체시 명편》(서울대학교출판문화원)을 출판하였다. 두보는 고체시에도 뛰어나지만, 근체시에서 더욱 독보적인 성과를 얻었다. 이 책이 출판됨으로써 드디어 애초에 바라던 두시 명편집의 완성을 보게 되었다.

이 책은 두보의 근체시 명편 93편[연작시를 개별적으로 헤아리면 185수]을 엄선하여 창작 시기 순으로 배열하였다. 여기에는 〈봄날 바라보다春望〉, 〈등고登高〉처럼 널리 알려진 작품뿐만 아니라, 두보 초기시로 성당의 기풍이 느껴지는 〈방병조의 호마房兵曹胡馬〉에서 절필시絶筆詩인 〈풍질에 걸려 배 안에서 침상에 엎드려 감회를 쓴 36운을 호남의 친구들에게 드리다風疾舟中伏枕書懷三十六韻奉呈湖南親友〉까지 두보의 전 생애에 걸친 특색 있는 작품들을 골고루 안배하여 수록하였다. 이 책을 통하여 두보의 생애에 따른 근체시의 창작 흐름과 함께 여러 시체의 특징을 파악할 수 있게 하였다.

두보의 근체시는 시체 방면에서 율시律詩, 절구絶句, 배율排律로 나눌 수 있다. 이 중에 율시가 가장 대표적이기에 가장 많이 수록하였다. 아울러 두보의 심혈작이면서도 기존의 선집에서 거의 소외되었던 배율 작품을 비롯하여 개성이 강하여 평가가 엇갈리기도 하는 절구 작품도 수록하였다. 두보의 근체시에는 단편의 명작도 많지만, 더욱 특징적인 것은 〈진주잡시 20수秦州雜詩二十首〉, 〈가을의 감흥 8수秋興八首〉, 〈흥이 나는 대로 쓴 절구 9수絶句漫興九首〉 등 연작시가 많다는 점이다. 이 연작시들은 개별 시들의 단순한 모음이 아니라 전체가 또한 하나의 작품이 되게끔 유기적으로 구성되어 있다는 것이 특징이다. 연작시를 통하여 두보는 짧은 율시나 절구의 표현력을 크게 확대하였다. 이러한 특징은 장편 배율의 창작과도 일맥상통하는 면이 있다. 이처럼 두보가 근체시의 격률을 완정하게 구사했을 뿐만 아니라 그 표현력을 확대한 것은 중국시 발전사상의 큰 공헌이다. 확장된 근체시의 편폭 속에 아름다운 경물 묘사와 짙은 서정, 시사時事에 대한 걱정과 의론 등 다양한 내용이 어우러져 있다.

이 책의 집필자들은 1994년부터 시작하여 24년에 걸쳐 두시 완역 작업을 하고 있다. 두시에 대한 역주 작업은 국내외에서 오래전부터 진행되어 왔다. 두시 전체에 대한 최초의 완역서는 조선시대에 간행된 《두시언해杜詩諺解》이다. 이 책은 직역을 위주로 하여 시의 문장구조도 파악할 수 있게 한 훌륭한 번역이다. 하지만 그 주석이 너무 간단하고, 게다가 두시학의 최고점에 이른 청대 이후 연구자들의 연구 성과를 반영할 수 없었기에, 문맥의 이해 등에서 다소 오류가 있어 아쉬운 점이 있다. 그 이후로 아직 국내에는 두시 전체에 대한 자세한 완역서가 없다. 이에 따라 이 책의 집필자들이 뜻을 모아 두시 원문은 물론 중요한 주석 전체에 대한 완역 작업을 하고 있으며, 이미 상당한 성과물이 나왔다. 《두보 초기시 역해》, 《두보 지덕연간시 역해》, 《두보 위관시기시 역해》, 《두보 진주동곡시기시 역해》, 《두보 성도시기시 역해》, 《두보 재주낭주시기시 역해》, 《두보 2차 성도시기시 역해》, 《두보 기주시기시 역해 1》이 그것이다. 이 책에 실린 작품 일부는 위의 역주서에 이미 자세히 소개한 것들이다. 하지만 이미 완역한 시들도 이 책을 내면서 자세하게 재검토하였다. 그 과정에서 전체 번역도 다시 손질하였고, 번다한 주석은 일반 독자들이 알기 쉽게 줄였다. 그리고 두보가 집중적으로 많은 시를 지었던 만년에 해당하는 작품들은 이 책의 격식에 맞추어 새롭게 역주하였다.

시 번역은 직역을 위주로 하되 우리말로도 순조롭게 읽히고 시의 맛을 느낄 수 있도록 많은 노력을 기울였다. 시의 저작 시기와 내용에 대하여 해제를 달아 독자들의 이해를 돕고자 하였다. 거의 매 구에 대한 주석을 달고 필요한 설명을 하였다. 이 과정에서 기존의 주요한 두시 주석서를 모두 참고하였다. 하지만 여전히 미흡한 점이 있을 것이니 독자 제현들의 질정을 바라는 바이다.

이 책이 두시에 관심이 있는 일반 독자뿐만 아니라 두시나 중국 고전 시를 전문적으로 연구하는 분들에게 좋은 참고가 되기를 기대해 본다. 아울러 적지 않은 분량인 이 책을 흔쾌히 출판해 준 서울대학교출판문화원에 깊이 감사드린다.

2018년 11월 집필자 일동

| 차 례 |

| 일러두기 |

1. 이 책에서 작품의 저작 시기는 《두시상주》를 따랐으며, 이 책에 수록한 시의 배열 순서도 《두시상주》를 따랐다.
2. 이 책은 《두시상주杜詩詳注》(청淸 구조오仇兆鰲 주注, 북경北京: 중화서국中華書局, 1989)를 저본으로 하고, 각종 주석서를 참고하였다. 주요 참고 주석서는 다음과 같다.

《구가집주두시九家集注杜詩》	송宋 곽지달郭知達
《두공부초당시전杜工部草堂詩箋》	송宋 채몽필蔡夢弼
《보주두시補注杜詩》	송宋 황희黃希, 황학黃鶴
《분문집주두공부시分門集註杜工部詩》	송宋
《두억杜臆》	명明 왕사석王嗣奭
《두시해杜詩解》	청淸 김성탄金聖歎
《두공부시집집주杜工部詩集輯注》	청淸 주학령朱鶴齡
《두시전주杜詩錢注》	청淸 전겸익錢謙益
《두시상주杜詩詳注》	청淸 구조오仇兆鰲
《독두심해讀杜心解》	청淸 포기룡浦起龍
《두시경전杜詩鏡銓》	청淸 양륜楊倫
《독두시설讀杜詩說》	청淸 시홍보施鴻保
《두시언해杜詩諺解》	조선朝鮮

3. 이 책은 다음과 같은 체재와 방식으로 편찬하였다.
   1) 원문은 《두시상주》의 원문을 따랐다.
   2) 시의 역문은 원시原詩의 뜻을 그대로 살리기 위하여 직역을 위주로 하였다. 단 직역으로는 의미 전달이 모호하다고 여겨질 경우 해당 주석에서 보충하여 자세히 풀어 설명함으로써 의미 전달이 명료하게 되도록 하였다. 그리고 《두시상주》의 분단分段에 따라 단락을 나누어 번역하였다.
   3) 설명 부분에서는 작품의 대체적인 내용과 저작 시기를 밝히고, 제목에 대한 주석을 더하였다.
   4) 시의 주석은 구 단위로 번호를 붙였다.

5) 두 구 이상에 대한 설명은 [ ] 표시를 하여 구별하였다.

6) 연호를 표시할 때 '재載'로 된 것은 '년年'으로 통일하였다.

4. 각 시의 끝에 초고 집필자의 이름을 밝혔다.

1. 房兵曹胡馬
방병조의 호마

胡馬大宛名[1]　鋒稜瘦骨成[2]　竹批雙耳峻[3]　風入四蹄輕[4]
所向無空闊[5]　眞堪託死生[6]　驍騰有如此[7]　萬里可橫行[8]

호마는 대원의 명마
칼끝같이 마른 골격 갖추었다.
대나무를 깎은 듯 두 귀는 오뚝하고
바람이 든 듯 네 발굽 가벼워라.
향하는 곳마다 넓다 할 것 없어
진실로 생사를 맡길 만하니,
용맹스럽고 날쌔기가 이 같은 게 있어서
만 리라도 마음껏 달릴 수 있다.

이 시는 방병조의 호마를 노래한 것으로, 준마의 빼어난 모습과 뛰어난 자질을 묘사하고 찬양하였다. 그리고 그 속에서 방병조에 대한 기대감을 나타내고 있다. 저작 시기는 개원 28년이나 29년경으로 추정된다. 방병조에 대해서는 방씨라는 사실 외에 이름과 생애가 모두 확실치 않다. '병조兵曹'는 병조참군사兵曹參軍事이다.

두보는 여러 편의 시에서 말을 읊었는데, 그중 최초의 작품인 이 시는 그의 젊은 시절의 기상이 잘 투영되어 있다.

주 석

1 胡馬(호마) - 호지胡地에서 생산된 말. '호'는 주로 새외塞外의 서북 지역

을 가리킨다. 大宛(대원)- 한대 서역 지방의 나라 이름이다. 대월지大月氏의 동북쪽에 위치하였다. 예로부터 이 지역에서 나오는 말은 양마良馬로 평가되었는데, 특히 붉은 땀을 흘리며 하루에 천 리를 달린다고 하는 한혈마汗血馬가 유명하여 일명 천마天馬라고 불렸다고 한다.

2 鋒稜(봉릉)- 칼끝. 瘦骨成(수골성)- 마른 골격을 이루다. 단순히 뼈가 앙상하여 마른 체격을 말하는 것이 아니라 군살이 붙은 평범한 말이 견줄 수 없는 탄탄하고 날렵한 골격을 표현하는 말이다.

3 竹批(죽비)- 대나무를 깎다. 두 귀의 모양이 대나무를 베어서 만든 듯이 뾰족하게 생긴 것을 비유하는 말이다. 峻(준)- 높다. 뾰족하다.

4 風入(풍입)- 바람이 들다. 말이 바람을 탄 듯이 빨리 달리는 모습을 나타낸 것이다. 四蹄(사제)- 말의 네 발굽.

5 無空闊(무공활)- 공활함이 없다. 공활함을 상관하지 않는다. 아무리 넓은 지역이라도 문제없이 단숨에 달릴 수 있다는 뜻으로 말의 뛰어난 능력을 표현한 것이다.

6 託死生(탁사생)- 말 탄 사람의 생사를 맡기다.

7 驍騰(효등)- 말이 용맹하고 날쌔다.

8 橫行(횡행)- 마음대로 다니다.

[驍騰 2구] 방병조를 송찬하는 내용이다.

(**이영주**)

2. 畫鷹
매 그림

素練風霜起[1]　蒼鷹畫作殊[2]　攫身思狡兔[3]　側目似愁胡[4]
絛鏇光堪擿[5]　軒楹勢可呼[6]　何當擊凡鳥[7]　毛血灑平蕪[8]

흰 깁에 바람과 서리 일어날 듯
푸른 매 그림이 특이하다.
몸을 꼿꼿이 세운 것이 교활한 토끼를 생각하는 듯
흘겨보는 눈매는 수심 어린 오랑캐 같다.
실과 전축의 광채가 떼어낼 수 있겠고
헌영에 있는 그 기세가 불러낼 만한데,
어느 때에나 범상한 새들을 쳐서
털과 피를 평원에 뿌릴까?

이 시는 그림 속의 매, 즉 화응畵鷹을 노래한 것이다. 저작 시기는 확실하지 않으나 대부분의 주석가는 개원 연간의 작품으로 간주한다.

두보는 맹금猛禽을 대상으로 여러 편의 영물시를 읊었는데, 이 시는 그중 최초의 것이다. 마지막 연을 보면 그림의 매를 실제의 매인 양 간주하여 자신의 바람을 담았으니, 기탁을 중시하는 두보 영물시의 특징이 이 시에도 잘 드러나 있다. 첫 연에서는 도치법을 사용하여 돌올突兀한 느낌을 주고 있으니 이른바 '돌올지필突兀之筆'을 구사하여 강한 필세를 추구하는 두시의 작법도 이를 통하여 확인할 수 있다.

주 석

1 素練(소련)- 흰 비단. 여기서는 그림을 그린 비단을 가리킨다. 風霜起(풍상기)- 흰 비단에 그린 매의 위세가 매서워 바람과 서리가 일 듯하다는 의미이다.

2 蒼鷹(창응)- 창백색蒼白色의 매. 畫作(화작)- 그림을 그린 것. '~하게 그리다'의 의미로 볼 수도 있다. 殊(수)- 특수하다. 여기서는 특별히 잘 그렸다는 의미로 쓰였다.

[素練 2구] 수련 2구는 도치된 것으로, 매의 위맹한 기상이 바람과 서리를 일으킬 듯함을 말한다.

3 攫身(송신)- 몸을 우뚝 세우다. '攫'은 '竦'과 같다. 思狡兎(사교토)- 교활한 토끼를 생각하다. 이 구는 그림 속의 매가 몸을 꼿꼿이 세우고 있는 모습이 당장에라도 몸을 솟구쳐 날아올라 토끼를 잡고자 하는 듯이 보인다는 뜻이다.

4 側目(측목)- 눈을 옆으로 흘겨보다. 곁눈질하다. 似愁胡(사수호)- 근심 어린 오랑캐의 모습과 흡사하다. 이 구는 곁눈질하여 보는 매의 움푹 들어간 눈언저리의 모습이 오랑캐의 모습을 연상시킨다는 의미이다. 일설에는 오랑캐의 눈이 벽안碧眼이기 때문에 매의 눈을 그것에 비유하였다고 한다.

5 絛鏇(도선)- '도'는 실이다. '선'은 '전축轉軸'이다. 光堪摘(광감적)- 실과 전축이 광채를 발하는 모습이 마치 실물인 듯하여 보는 사람이 이를 잡아서 떼어낼 수 있을 듯하다는 뜻이다.

6 軒楹(헌영)- 처마와 기둥. 집을 말한다. 그림 속의 매가 있는 곳이다. 勢可呼(세가호)- 그림 속의 매가 아주 생동감이 있어 부르면 그림 속의 집에서 날아 나올 듯한 모습이라는 뜻이다.

7 何當(하당)- 어느 때. 擊(격)- 치다. 여기서는 매가 새를 공격하는 것을 뜻한다. 凡鳥(범조)- 참새와 같은 보통의 새.

8 毛血(모혈)- 범상한 새들의 털과 피를 가리킨다. 灑(쇄)- 뿌리다. 平蕪(평무)- 평원平原. '蕪'는 황야를 가리킨다.

[何當 2구] 당시의 사악한 무리와 부패한 시대 풍조를 미워하여 바로잡고

싫어 하는 마음을 기탁한 것이다.

(**이영주**)

3. 春日憶李白
봄날에 이백을 생각하다

白也詩無敵[1] 飄然思不群[2] 淸新庾開府[3] 俊逸鮑參軍[4]
渭北春天樹[5] 江東日暮雲[6] 何時一樽酒[7] 重與細論文[8]

이백은 시에서 무적으로
표연한 생각이 무리와 다르니,
청신함은 유개부요
준일함은 포참군이다.
위수渭水 북쪽에는 봄 하늘의 나무
강동에는 해 질 무렵의 구름.
어느 때나 한 동이 술로
다시 그와 더불어 자세히 글을 논할까?

이 시는 두보가 봄날 장안에서 강동에 있는 이백을 생각하며 지은 것으로, 이백에 대한 그의 진지한 정이 잘 담겨 있다. 두보는 이백을 대상으로 여러 편의 시를 지었는데, 이 시는 그중 초기의 것으로 이백 시에 대한 두보의 평가와 아울러 육조시에 대한 두보의 인식이 어떠하였는지 알려준다.

저작 시기는 천보 5년이다. 천보 원년이라는 설이 있으나 두보가 천보 원년에는 낙양에 있었고, 천보 5년에 장안으로 돌아왔다는 사실을 고려할 때 천보 5년으로 보는 것이 타당하다.

주 석

1 白也(백야)- '백'은 이백의 이름이다. 이름자를 쓴 것은 친근한 느낌을 주기 위해서이다. 사람을 거명하면서 이름자 뒤에 '야' 자를 쓰는 것은 《예기》, 《논어》 등의 선진先秦 문헌에 용례가 보인다. 조차공趙次公은 다음 구의 '표연飄然'과 대를 이루기 위하여 '야'를 사용한 것으로 보고, '표'가 원래 바람 이름이기 때문에 '백'과 어울린다고 하였는데, 그의 견해를 따르면 '백야'와 '표연'은 이른바 차대借對가 되는 것이다.

2 飄然(표연)- 범속을 초탈하여 표일飄逸한 모습. 思(사)- 시의 사상, 정취를 뜻한다. 不群(불군)- 비범하다. 뭇사람들보다 뛰어나다.

3 清新(청신)- 맑고 새롭다. 시풍詩風이 속기가 없이 산뜻하며 진부하지 않다는 뜻이다. 庾開府(유개부)- 유신庾信. 자는 자산子山이고, 남양南陽 신야新野 사람으로 유견오庾肩吾의 아들이다. 서릉徐陵과 더불어 시명詩名을 날려 서유徐庾라고 병칭되기도 하였다. 양梁 원제元帝 때 서위西魏에 사신으로 가 있는 동안 양나라가 망하여 강제로 서위의 수도였던 장안에 머물게 되었다. 그 뒤 북주北周에서 개부의동삼사開府儀同三司의 벼슬을 한 적이 있었기 때문에 세칭 '庾開府'라고 한다. 그의 초기 작품은 기려綺麗, 청신하였고, 고향인 강남을 떠나 북조北朝에서 생활하였던 후기의 작품은 창량蒼凉한 풍격 속에 망향의 정과 망국의 비애가 잘 나타나 있어 두보에게서 높은 평가를 받았다. 이 구는 이백 시의 풍격이 유신처럼 청신하다는 뜻이다.

4 俊逸(준일)- 준수하고 표일飄逸하다. 시의 기상이 빼어난 것을 의미한다. '호매豪邁'로 된 판본도 있다. 鮑參軍(포참군)- 포조鮑照. 자는 명원明遠이고 동해東海 사람이다. 어려서는 집이 가난하였고 성장해서는 관직에서 뜻을 이루지 못하였다. 한때 임해왕臨海王 유자욱劉子頊의 전군참군前軍參軍을 지냈기 때문에 세칭 포참군이라 한다. 사영운謝靈運, 안연지顔延之와 더불어 원가元嘉 시기의 3대 시인으로 꼽힌다. 그의 시에는 자신의 불우함에 대한 비분, 부패한 사회에 대한 풍자가 표출되어 있다. 그는 악부가행樂府歌行에 뛰어난 솜씨를 발휘하여 이백에게 많은 영향을 주었다. 이 구는 이백 시의 풍격이 포조처럼 준일하다는 뜻이다.

[淸新 2구] 이백을 유신과 포조에 비긴 것과 관련하여, 이는 두보가 이백의 시를 낮추어 보려는 의도가 있었기 때문이라는 설이 있다. 그러나 이는 옳지 않다.

5 渭北(위북)- 위수의 북쪽. 두보가 있던 장안 일대를 가리킨다. 春天樹(춘천수)- 봄날의 나무. 두보가 본 실경實景이다.

6 江東(강동)- 장강의 동남쪽. 당시 이백이 있던 곳을 가리킨다. 日暮雲(일모운)- 두보의 상상에 의한 경치로 이백의 떠돌아다니는 신세를 비유한다.

[渭北 2구] '나무에 봄기운이 있는 위수 북쪽에서 나는 떠나간 친구인 그대를 생각하고 있는데, 그대도 아마 강동 땅에서 저녁 무렵 구름을 보며 나를 생각하고 있겠지.' 또는 '나는 나무에 봄이 온 위수 북쪽에 있는데, 그대는 강동 땅에서 해 질 무렵의 구름처럼 떠돌겠구나.'라는 뜻이다.

7 一樽酒(일준주)- 한 동이의 술. '樽'은 술을 담는 그릇이다.

8 重(중)- 거듭. 다시. 細論文(세론문)- 자세히 시에 대하여 논의하는 것을 의미한다.

(**이영주**)

4. 陪鄭廣文遊何將軍山林十首
정광문을 모시고 하장군의 산림에 놀러 가서 지은 시 10수

不識南塘路[1] 今知第五橋[2] 名園依綠水[3] 野竹上青霄[4]
谷口舊相得[5] 濠梁同見招[6] 平生爲幽興[7] 未惜馬蹄遙[8]

남당 길을 알지 못하다가
오늘 제오교를 알게 되었다.
이름난 원림은 푸른 물에 의지하고
들의 대나무는 파란 하늘에 솟아 있다.
곡구와는 옛날부터 서로 마음이 맞아
호수濠水 다리에 함께 초대되었거니와,
평생 그윽한 흥취를 위해서라면
멀리 말 타고 가는 것 아끼지 아니하였다.

이 시는 여름날 정건鄭虔과 함께 하장군何將軍의 원림에 놀러 가서 본 경물과 느낀 감회를 읊은 연작시로, 저작 시기는 천보 11년에서 12년 사이로 추정된다. 시제의 '鄭廣文'은 광문관박사廣文館博士인 정건으로 두보의 지인이다. '何將軍'은 하씨 성을 가진 장군인데 구체적으로 누구를 가리키는지는 알 수 없다. '山林'은 원림이다. 원림 속에 산이 있어서 '산림'이라 한 것이다. 하장군의 산림은 두보가 살았던 소릉원少陵原 부근에 있었다.

제1수에서는 두보가 하장군의 초대로 정건과 함께 처음 산림에 가는 길에 멀리서 바라본 산림의 모습을 묘사하고 있다. 처음으로 남당에서 제오교로 가는데 제오교 가장자리에 하장군의 원림이 보이고, 원림 가운데에 대나무가 있다는 묘사의 층차가 그림과 같다. 이 시는 연작시 전체의 서두에 해당한다.

주 석

1 南塘(남당)- 지명. 위곡韋曲 근방에 있었다.

2 第五橋(제오교)- 다리 이름. '第五'는 복성複姓이다. 제오기第五琦가 만들었기 때문에 제오교라고 한 것이다.

[不識 2구] 남당 길을 가 본 적이 없었는데, 지금 하장군의 산림에 가게 되어 남당 길을 알게 되고 제오교도 보게 되었다는 말이다.

3 名園(명원)- 이름난 원림. 하장군의 산림을 가리킨다. 이 구는 하장군의 원림이 푸른 물가에 있다는 말이다.

4 上(상)- 오르다. 위로 자라고 있음을 말한다. 靑霄(청소)- 푸른 하늘.

5 谷口(곡구)- 지명. 서한 말 고사高士 정박鄭樸의 고사를 암용暗用한 것이다. 정박은 자가 자진子眞으로 장안 남쪽에 있는 자오곡子午谷 입구, 즉 곡구谷口에 살았다. 여기서는 정건을 가리킨다. 相得(상득)- 서로 마음이 들어맞다. 이 구는 하장군과 정건이 오랫동안 마음이 맞는 사이라는 말이다.

6 濠梁(호량)- 호수濠水의 다리. 호수는 지금의 안휘성 봉양현鳳陽縣에서 발원하여 회하淮河로 흘러 들어가는 두 개의 물줄기로 동호수東濠水와 서호수西濠水로 나뉜다. 여기서 호량은 하장군의 산림을 가리키는 것으로 하장군 산림의 물 경치가 아름다움을 나타내고 있다. 《장자·지락至樂》에는 장자莊子와 혜자惠子가 호수의 다리 위에서 물고기가 즐거움을 아는가의 여부에 대하여 변론하는 내용이 나온다. 이 구는 장자와 혜자로써 두보가 정광문을 모시고 가는 상황을 비유한 것이다.

7 爲(위)- 위하여. 幽興(유흥)- 그윽한 흥취.

8 未惜(미석)- 아까워하지 않았다. 여태껏 싫어해 본 적이 없다는 뜻이다. 馬蹄遙(마제요)- 말을 타고 멀리 가는 것을 의미한다.

[谷口 4구] 하씨가 정건과 오래된 친구 관계여서 두보 자신까지 함께 불렀고, 평소 산림을 좋아하는 마음이 있어 정건을 따라나선 것이라는 말이다.

其二

百頃風潭上[1]　千章夏木淸[2]　卑枝低結子[3]　接葉暗巢鶯[4]
鮮鯽銀絲鱠[5]　香芹碧澗羹[6]　翻疑舵樓底[7]　晩飯越中行[8]

백 경 넓이 못 위로 바람이 불고
천 그루 나무 시원한 여름이라.
낮은 가지엔 나지막하게 열매 맺혔고
잇닿은 잎에는 어둑하니 꾀꼬리 깃들었다.
은실 같은 신선한 즉어회
푸른 산골 시내의 향기로운 미나리국에,
오히려 의심이 든다, 타루 밑에서
월 땅을 가다 저녁을 먹는 것인가 하고.

제2수에서는 산림에 막 도착하여 여름 산림의 시원하고 아름다운 경치를 보고 즉어회와 미나리국을 먹으면서 지난날 월 땅을 여행하던 일을 회상하고 있다.

주 석

1 百頃(백경)- 넓은 면적을 뜻한다. '경頃'은 토지 면적의 단위로 100묘畝에 해당한다. 風潭(풍담)- 바람 부는 못. 광운담廣運潭이라는 견해도 있으나 확실하지 않다.

2 千章(천장)- 나무가 많은 것을 나타낸다. '장章'은 큰 나무를 가리킨다. 淸(청)- 시원하다.

[百頃 2구] 원림에 도착하여 자리를 잡고서 둘러본 풍경으로 바람 부는

연못가에 아름다운 나무가 덮여 있는 원림의 시원스러운 여름 경치를 말하고 있다.

3 卑枝(비지)- 낮은 나뭇가지. 低(저)- 낮게 드리우다.

4 接葉(접엽)- 잇닿은 나뭇잎. 暗- 어둡다. 잘 드러나 보이지 않는 상태를 뜻한다.

5 鯽(즉)- 물고기 이름. 붕어의 일종. 銀絲(은사)- 신선한 회의 빛깔과 모양을 말한다. 鱠(회)- 생선회.

6 芹(근)- 미나리. 碧澗(벽간)- 푸른 산골 시내. 여기서는 미나리가 자라는 곳을 가리킨다.

[鮮鯽 2구] 의미상 도치된 시구들이다. 《두시언해》에서는 "은실 같은 회는 신선한 즉어요, 푸른 시내 햇것으로 만든 국은 향기로운 미나리로다."라고 풀이하였다.

7 翻(번)- 오히려. 도리어. 舵樓(타루)- 키를 단 배의 선루船樓. '舵'는 배의 키. 底(저)- 바닥. 밑.

8 越中行(월중행)- 월 지방을 여행하다. 두보는 스무 살 때 오월 지역을 유람한 적이 있다.

[翻疑 2구] 두보가 즉어회와 미나리국을 보고 예전에 오월에서 노닐 때 저녁밥 먹던 일을 생각하게 되었다는 뜻이다.

其三

萬里戎王子[1]　何年別月支[2]　異花來絶域[3]　滋蔓匝清池[4]
漢使徒空到[5]　神農竟不知[6]　露翻兼雨打[7]　開拆漸離披[8]

만 리를 건너온 융왕자
어느 해에 월지를 떠났나?
기이한 꽃 절역에서 와서

무성한 덩굴이 맑은 못을 둘렀다.
한나라 사자 헛되이 갔을 뿐이고
신농씨도 끝내 알지 못하였다.
이슬이 뒤집고 아울러 비가 때리니
열려 터지고 점차 이리저리 흩어진다.

제3수에서는 산림의 여러 아름다운 식물 가운데 멀리 월지 땅에서 전래된 융왕자를 특정하여 묘사하고 있다.

주 석

1 戎王子(융왕자)- 꽃 이름. 융왕자에 대한 제가의 설은 다양하나 타국에서 유입된 아름다운 꽃임은 분명하다.

2 月支(월지)- 고대 서역의 나라 이름. '월지月氏' 또는 '월저月氐'라고도 한다.

3 異花(이화)- 기이한 꽃. '융왕자'를 가리킨다. 絶域(절역)- 아주 멀리 떨어진 지역. 월지국을 가리킨다.

4 滋蔓(자만)- 불어난 덩굴. 무성하게 뻗은 덩굴. 匝(잡)- 두르다.

5 漢使(한시)- 한나라 사자. 한 무제의 명을 받고 서역을 개척한 장건張騫을 가리킨다. 徒(도)- 다만. 空到(공도)- 헛되이 그곳에 갔다. 이 구는 장건이 융왕자를 가져오지 못하였으니 헛되이 서역에 간 셈이라는 말이다.

6 神農(신농)- 신농씨神農氏. 전설상의 인물로 《본초경本草經》을 지었다고 한다. 이 구는 융왕자가 신농씨의 《본초경》에 실려 있지 않음을 말한 것이다.

7 露翻(노번)- 이슬이 뒤집다. 이슬이 맺혀서 꽃봉오리가 벌어진다는 말이다.

8 開拆(개탁)- 열려 터지다. 꽃이 피는 것을 말한다. 離披(이피)- 이리저리 흩어지다.

其四

旁舍連高竹[1] 疏籬帶晩花[2] 碾渦深沒馬[3] 藤蔓曲藏蛇[4]
詞賦工無益 山林跡未賖[5] 盡捻書籍賣[6] 來問爾東家[7]

이웃집까지 높은 대나무 이어지고
성근 울타리는 저녁 꽃 둘렀다.
연애 소용돌이 깊어 말이 빠질 만하고
등나무 덩굴 굽어 뱀이 숨은 듯하다.
사부는 공교해도 유익함이 없고
산림은 자취가 멀지 아니하니,
서적을 다 집어다 팔고
그대 동쪽 집 물어보러 오련다.

제4수에서는 산림 근방의 그윽하고 외진 정취를 부러워하고 그곳에 살고 싶다는 마음을 피력하고 있다.

주 석

1 旁舍(방사)- 옆에 있는 집. 連(연)- 연이어 있다. 이 구는 하장군 산림의 키가 큰 대나무가 부근의 집까지 연이어 있다는 뜻이다. 《두시언해》에서는 하장군의 산림 부근의 집에 대나무가 줄지어 자라고 있는 것으로 보았는데, 이러한 해석도 가능하다.

2 晩花(만화)- 저녁에 핀 꽃. 이 구는 저녁 울타리에 꽃이 피어 있는 것을 말한다.

3 碾渦(연와)- 연애碾磑의 물 소용돌이. '碾'은 '연애'로 물레방아로 움직이는 맷돌을 말한다. 沒(몰)- 물에 빠지다. 이 구는 연애 소용돌이가 물이 깊어 말이 빠질 만하다는 말이다. 말이 빠진 것을 실제 있었던 일로 보는 견해도 있다.

4 藤蔓(등만)- 등나무 덩굴. 藏(장)- 감추다. 숨다. 이 구는 등나무의 덩굴이 굽어 있어 그 모습을 보고 뱀이 숨어 있나 의심한 것이다.

5 未賖(미사)- 멀지 않다. 가깝다는 뜻이다. 이 구는 산림이 가까이에 있다는 뜻이다. 이를 산림에 살게 될 날이 멀지 않다는 의미로 보는 견해도 있다.

[詞賦 2구] 당시 두보는 벼슬에 있지 않았으므로 자신의 사부가 공교해도 무익하다고 하였고, 조만간 산림에 살게 될 것이라 한 것이다.

6 捻(염)- 손가락으로 집다.

7 東家(동가)- 동쪽 집. 또는 동쪽 집에 사는 사람. 《두시상주》와 《두공부초당시전》 등에서는 '동가'의 용례를 《삼국지 · 위지魏志 · 병원전邴原傳》의 배송지裴松之 주에서 들었다. 《누시상수》에서는 아울러 '동가'가 하씨를 가리키는 것이라 명기하였다. '동가'는 '동가구東家丘'에서 나온 말로 공자의 서쪽 이웃에 살던 어리석은 사람이 공자가 성인인 것을 알아보지 못하고 공자를 '동쪽 집에 사는 구丘'라고 부른 데서 비롯된 말이다. 따라서 《두시상주》에서 그것이 하씨를 가리킨다고 한 것은 그 성어의 의미와 관련지어 보았을 때 문제가 있다. 시홍보施鴻保의 《독두시설》에서는 시의詩意 자체를 검토하여 《두시상주》의 잘못을 지적하였고, 아울러 '동가'는 하씨의 원림 동쪽에 있는 다른 원림이라 하였다. 이 견해가 타당하다고 본다.

[盡捻 2구] 두보가 하씨의 원림 옆에 있는 다른 사람의 원림을 보고 마음에 들어 책을 팔아서 그곳을 사고 싶다는 것으로, 그 속에는 당시의 현실 생활에서 실의하여 은거라도 하고 싶다는 두보의 마음이 담겨 있다.

其五

剩水滄江破[1] 殘山碣石開[2] 綠垂風折筍[3] 紅綻雨肥梅[4]
銀甲彈箏用[5] 金魚換酒來[6] 興移無灑掃[7] 隨意坐莓苔[8]

남은 물 창강에서 터 오고
남은 산 갈석에서 펼쳐 내었다.
푸르게 드리운 것은 바람에 꺾인 죽순이고
붉게 터진 것은 비에 살찐 매실이다.
은갑은 쟁 타는 데 쓰고
금어로는 술을 바꾸어 온다.
흥이 옮겨 가니 물 뿌리고 쓰는 일도 없이
마음 내키는 대로 이끼에 앉는다.

제5수에서는 산림의 경치 묘사와 함께 하장군의 호방하고 허물없는 응대를 묘사하고 있다.

주 석

1 剩水(잉수) - 남은 물. 하장군의 산림에 있는 인공 호수를 가리킨다. 滄江(창강) - 푸른 강. 큰 강을 뜻한다. 破(파) - 여기서는 강물을 끌어들인 것을 뜻한다.

2 殘山(잔산) - 남은 산. 끄트머리 산. 여기서는 호수 속의 가산假山을 지칭한다. 碣石(갈석) - 갈석산. 《한서·무제기》 '至碣石'의 주에 의하면 갈석은 요서遼西의 바닷가에 있고, '갈碣'은 우뚝 솟은 모양이라 하였다. 開(개) - 열리다. 돌을 쌓아 만든 가산의 펼쳐진 모양을 형용하는 말이다.

[剩水 2구] 하장군이 강물을 끌어다가 못을 만들고 또 가산을 만든 것을 말한다.

3 筍(순)- 죽순.

4 綻(탄)- 터지다. 벌어지다. 무르익은 모습을 형용한 것이다. 梅(매)- 매실을 뜻한다.

5 銀甲(은갑)- 은으로 만든 깍지. '갑'은 쟁을 연주할 때 손가락에 끼는 깍지이다. 箏(쟁)- 현악기의 일종.

6 金魚(금어)- 황금 어부魚符 또는 어대魚袋를 가리킨다. 어부魚符는 물고기 모양의 신부信符로서, 관원의 신분에 따른 패물佩物이다. 그것을 담은 주머니를 어대魚袋라고 하는데 신분에 따라서 금, 은 등의 장식을 하였다. 《구당서·여복지輿服志》에 의하면 물고기 모양의 패물을 패용한 것은 고종高宗 때부터이다. 그리고 측천무후則天武后 때는 거북 모양의 것으로 바뀌었다가 중종中宗 때 다시 물고기 모양의 것으로 바뀌었다. 換酒來(환주래)- 금어를 잡혀서 술을 사 온 것을 의미한다.

7 輿移(흥이)- 흥취가 옮겨 가다. 灑掃(쇄소)- 물을 뿌리고 쓸다. 깨끗하게 청소하는 것을 말한다.

8 隨意(수의)- 마음 내키는 대로. 莓苔(매태)- 이끼.

[輿移 2구] 흥이 옮겨 가서 물 뿌리고 청소하는 격식을 생략한 채 마음 내키는 대로 이끼 낀 자리에 앉아 사 온 술을 마시며 즐기게 되었다는 말이다.

其六

風磴吹陰雪[1] 雲門吼瀑泉[2] 酒醒思臥簟[3] 衣冷欲裝綿[4]
野老來看客[5] 河魚不取錢[6] 秖疑淳樸處[7] 自有一山川

바람 부는 돌길에 어두운 눈 날리고

> 구름 낀 산문에선 폭포가 포효한다.
> 술 깨어 대자리에 누울까 하였는데
> 옷이 차가우니 솜을 덧대고 싶어진다.
> 야로가 객을 보러 와서는
> 강 물고기 돈을 받지 않으니,
> 다만 순박한 이곳에
> 절로 하나의 산천이 있는가 생각하게 된다.

제6수에서는 술자리를 파하고 구름 낀 산문을 유람하면서 그곳이 지대가 높아 시원하다는 것과 그 지역 사람들의 순박한 인심을 찬미하고 있다.

주 석

1 風磴(풍등)- 바람 부는 돌길. '磴'은 돌계단 길이다. 吹(취)- 바람에 날린다는 뜻이다. 陰雪(음설)- 음랭한 눈. 여기서 눈은 폭포의 물보라를 가리킨다.

2 雲門(운문)- 구름 낀 산문山門. 구름이 끼어 있는 단애斷涯를 가리킨다. 吼(후)- 큰 소리로 울다. 瀑泉(폭천)- 폭포. 또는 폭포의 물을 가리킨다.

3 思(사)- '~하려고 생각하다'의 의미이다. 簟(점)- 대자리.

4 裝綿(장면)- 옷에 솜을 두다. 솜을 덧대다. 솜옷을 껴입는다는 뜻으로 풀이할 수도 있다.

5 野老(야로)- 시골 노인. 客(객)- 두보 일행을 가리킨다.

6 河魚(하어)- 강의 물고기. 取錢(취전)- 돈을 요구하는 것을 뜻한다.

[野老 2구] 야로가 두보를 보러 와서는 강에서 잡은 물고기를 먹으라고 주고 돈을 요구하지 않았다는 뜻이다.

7 秖(지) - '只'로 된 판본도 있는데 자형만 다를 뿐 동일한 뜻이다. 疑(의) - '~인가 의심한다'는 뜻이다.

[秖疑 2구] '이러한 순박한 곳에는 자연히 일반 다른 세계와는 다른 별천지가 있는 것이 아닌가 하는 생각이 든다.'는 의미이다.

第七

棟樹寒雲色[1]　茵蔯春藕香[2]　脆添生菜美[3]　陰益食單凉[4]
野鶴淸晨出[5]　山精白日藏[6]　石林蟠水府[7]　百里獨蒼蒼[8]

색나무는 차가운 구름 빛이요
인진은 봄 연뿌리의 향이라.
부드러움은 생채의 맛을 보태고
그늘은 먹는 자리의 서늘함을 더한다.
들의 학은 새벽에 나오고
산도깨비는 대낮에 숨었다.
석림은 수부에 서리어
백 리에 홀로 창창하다.

제7수에서는 석림의 새벽 경치의 그윽함을 노래하면서 새벽 음식에 대하여 묘사하고 있다.

주 석

1 棟樹(색수) - 색나무. '棟'은 나무 이름. 이 구는 무성한 나무숲이 높은 산을 덮고 있는 모습이 겨울날의 구름을 연상하게 한다는 의미이다.

2 茵蔯(인진)- 사철쑥. 藕(우)- 연뿌리. 이 구는 사철쑥이 봄날의 연뿌리처럼 향기롭다는 의미이다.

3 脆(취)- 부드럽다. 여기서는 사철쑥의 부드러운 맛을 가리킨다. 生菜(생채)- 날 채소.

4 陰(음)- 그늘. 여기서는 색나무 숲이 만든 그늘을 가리킨다. 食單(식단)- 식사할 때의 포단布單, 즉 자리에 까는 베이다.

[脆添 2구] 부드러운 사철쑥은 생채를 얻어 더욱 맛이 좋고, 색나무의 그늘에서 식단을 펼치니 서늘함이 배가되었다는 말이다.

5 淸晨(청신)- 맑은 새벽. 이른 아침. 野鶴(야학)- 들의 학.

6 山精(산정)- 산의 귀신이나 도깨비를 뜻한다. 白日(백일)- 대낮.

[野鶴 2구] 들의 학이 새벽에 나온다는 것은 그곳이 탁 트인 곳임을 말하고, 산도깨비가 낮에 숨는다는 것은 그곳이 유심幽深한 곳임을 말한다.

7 石林(석림)- 바위가 모여 있어 숲처럼 보이는 것을 말한다. 그러나 '바위 위의 나무숲' 또는 '나무숲이 있는 바위'의 의미로 보아도 무방할 것이다. 蟠(반)- 서리다. 석림의 기저基底가 물 밑에 있는 모양을 표현한 말이다. 水府(수부)- 물 밑의 세계. 수신水神의 거처.

8 蒼蒼(창창)- 푸른 모습.

其八

憶過楊柳渚[1] 走馬定昆池[2] 醉把青荷葉[3] 狂遺白接䍦[4]
刺船思郢客[5] 解水乞吳兒[6] 坐對秦山晚[7] 江湖興頗隨[8]

생각난다, 양류저를 지나
정곤지로 말 달리던 일이.
취하여 푸른 연잎을 잡았고
미쳐서 하얀 접리를 잃어버렸지.

배 잘 젓는 초 땅 사공을 생각하다가
물에 익숙한 오 땅 아이를 요구하고,
앉아서 진산의 저녁을 대하니
강호의 흥취가 자못 따르는구나.

제8수에서는 물이 많은 산림 주변을 유람하던 일을 생각하면서 느낀 강호의 흥취를 묘사하고 있다.

주 석

1 憶(억)- 생각나다. 회상하다. 회상한 내용이 어떤 것인지 그리고 이 시의 어느 부분까지인가에 대하여는 제가의 설이 다양하다. 여기서는 《두시경전》의 설을 따라 4구까지를 회상하는 내용으로 보았다. 過(과)- 지나다. 경과하다. 들르다. 楊柳渚(양류저)- 못 이름으로 추정되나 정확한 위치는 알 수 없다.

2 定昆池(정곤지)- 못 이름. 《신당서·제제공주열전諸帝公主列傳》에 의하면 중종의 딸인 안락공주安樂公主가 곤명지昆明池를 개인의 소유지로 줄 것을 중종에게 요구하였다가 뜻을 이루지 못하자 스스로 정곤지를 팠다고 한다.

3 把(파)- 쥐다. 잡다. 青荷葉(청하엽)- 푸른 연잎.

4 狂遺(광유)- 미쳐서 버려두다. 白接䍦(백접리)- 흰색 두건. 이 구는 술이 많이 취하여 흰 두건을 버려두고 온 것을 말한다.

5 刺船(날선)- 배를 젓다. 郢客(영객)- 초楚 땅의 사공을 말한다. '郢'은 초나라가 도읍하였던 곳이다. 이 구는 배를 잘 다루던 초 땅 사공이 생각난다는 뜻이다.

6 解水(해수)- 물의 성질을 알다. 물에 익숙하여 수영이나 잠수 등을 잘하는 것을 뜻한다. 乞(걸)- 구하다. 하장군에게 요구하였다는 뜻이다. 吳兒(오아)- 강이 많은 오 지방의 아이. 여기서는 선부船夫를 가리킨다.

7 秦山(태산) - 여기서는 종남산을 가리킨다.

8 江湖興(강호흥) - 강호의 흥취. 강과 호수에서 뱃놀이하는 흥취를 뜻한다. '江湖'는 남방 오초吳楚 지역을 말한다. 頗(파) - 자못. 隨(수) - 따르다. 스스로에게 생겨나는 것을 의미한다.

[秦山 2구] 하장군의 산림에 물이 많고 또 예전에 강남에서 노닐던 일이 생각나니 비록 산을 대하고 있어도 강호에서 놀던 것과 같은 흥이 생겨났다는 뜻이다.

其九

牀上書連屋[1] 階前樹拂雲[2] 將軍不好武[3] 稚子總能文[4]
醒酒微風入 聽詩靜夜分[5] 絺衣掛蘿薜[6] 涼月白紛紛[7]

상 위의 서책이 지붕에까지 이어지고
섬돌 앞의 나무는 구름을 스친다.
장군이 무력을 좋아하지 않으니
어린 아들이 다 글에 능하다.
술에서 깨어나니 미풍이 불어 들고
시를 듣노라니 고요한 밤이 나뉘었다.
칡베 옷 등라藤蘿 벽려薜荔에 거는데
서늘한 달 맑은 빛이 어지럽다.

제9수에서는 산림에 숙박하면서 겪은 일과 운치를 기록하여 하장군의 문아文雅함과 밤 경치의 맑고 그윽함을 보여 주고 있다.

주 석

1 牀(상)- 평상. 책상. 連屋(연옥)- 지붕에까지 이어졌다. 서책이 높이 쌓여 있음을 말한다.

2 階前樹(계전수)- 섬돌 앞의 나무. 여기서는 우수한 자제들을 비유한다. 拂雲(불운)- 구름을 스치다. 구름에 닿다. 나무가 높이 솟아 있는 것을 말한다.

3 將軍(장군)- 하장군을 가리킨다. 不好武(불호무)- 무력을 좋아하지 않다.

4 稚子(치자)- 어린 아들. 하장군의 아들을 가리킨다. 總(총)- 모두.

5 聽詩(청시)- 시 읊는 소리를 듣다. 시를 읊는 사람이 누구인지는 알 수 없다. 靜夜分(정야분)- 고요한 밤이 깊어졌다는 뜻이다. 야반夜半이 되었음을 말한다.

[醒酒 2구] 바람이 불어 술이 깨고 한밤중에 시를 들음을 말한다.

6 絺衣(치의)- 칡베 옷. 여름에 입는 옷이다. 蘿薜(나벽)- 등라藤蘿와 벽려薜荔. 초목 이름.

7 紛紛(분분)- 어지러운 모양. 달빛이 옷 위에 비치어 그 빛이 어지럽게 흩어지는 것을 말한다.

其十

幽意忽不愜[1] 歸期無奈何[2] 出門流水住[3] 回首白雲多[4]
自笑燈前舞 誰憐醉後歌[5] 祇應與朋好[6] 風雨亦來過[7]

그윽한 정취가 갑자기 즐겁지 아니함은
돌아갈 기일을 어찌할 수 없기 때문이라.
문을 나설 때 흐르는 물 멈추었는데
고개 돌려 보니 흰 구름이 많구나.

등불 앞에서 춘 춤 스스로 비웃거니와
취한 뒤 부른 노래를 누가 사랑하랴?
다만 벗과 더불어
비바람에도 또한 와서 들러야 하리라.

제10수에서는 산림을 떠나오게 된 뒤 석별의 감정과 헤어진 뒤의 상황, 산림에서 지낸 일에 대한 회상과 다시 놀러 갈 것에 대한 다짐 등을 적고 있다. 이 연작시의 총결에 해당한다.

주 석

1 幽意(유의)- 그윽한 정취. 유정幽靜한 경지를 즐기고 좋아하는 마음. 不愜(불협)- 내키지 않다. 즐겁지 않다.
2 歸期(귀기)- 돌아갈 기약. 돌아갈 시기. 집으로 돌아가야 할 때를 말한다. 無奈何(무내하)- 어찌할 수 없다.
[幽意 2구] 그윽한 정치가 내키지 않게 된 것은 돌아갈 시간이 임박하였기 때문이라는 말이다.
3 出門(출문)- 문을 나서다. 여기서의 문은 하장군 산림의 문이다. 流水住(유수주)- 흐르는 물도 가지 않고 멈추려 한다는 의미이다.
4 白雲(백운)- 흰 구름.
5 誰憐(수련)- 누가 좋아할까? 하장군의 산림에서는 하장군이 좋아해 주었지만 이제는 좋아해 줄 사람이 없다는 뜻이다.
[自笑 2구] 전날 하장군의 산림에서 노닐던 일을 추억하면서 한 말이다.
6 應(응)- 응당. 朋好(붕호)- 벗. 여기서는 정건을 가리킨다.
7 風雨(풍우)- 비바람. 過(과)- 들르다. 방문하다. 이 구는 비바람을 무릅쓰고서라도 다시 하장군의 산림을 찾아가겠다는 뜻을 보인 것이다.

(**이석형**)

5. 重過何氏五首

다시 하씨에게 들러서 쓴 시 5수

問訊東橋竹[1]　將軍有報書[2]　倒衣還命駕[3]　高枕乃吾廬[4]
花妥鶯捎蝶[5]　溪喧獺趁魚[6]　重來休沐地[7]　眞作野人居[8]

동교의 대나무에 대하여 물었더니
장군이 보낸 답서가 있어서,
옷 거꾸로 입고 다시 수레를 몰게 하여 와서
베개를 높게 베니 바로 내 집인 듯하다.
꽃이 떨어지는 것은 꾀꼬리가 나비를 잡는 탓
시냇물 떠들썩한 것은 수달이 고기를 좇는 탓.
쉬며 목욕하는 땅에 다시 와 보니
진정 야인의 거처로구나.

이 시는 천보 12년 여름 하장군의 원림에 들렀던 두보가 천보 13년 봄에 그곳을 재차 방문하여 지은 것이다. 이전에 들렀을 때 〈배정광문유하장군산림십수陪鄭廣文遊何將軍山林十首〉를 지었는데, 이 시는 그 시와 내용상 연관을 지으면서 재차 방문하였을 때의 일과 감흥을 읊었다.

첫 방문 때 지은 10수의 연작과 합쳐 보면 모두 15수의 장편을 이루니 두보 오언율시 연작시의 백미라고 평가할 수 있다.

제1수에서는 다시 왔다는 사실을 말하고 있다. 이 수는 5수 전체의 시상을 총괄한다.

주 석

1 問訊(문신)- 묻다. 東橋(동교)- 하씨의 원림에 있는 다리. 이름은 제오교第五橋이다.

2 將軍(장군)- 하장군을 가리킨다. 報書(보서)- 답신. 두보가 다시 방문하고 싶어 하자 이를 허락하는 내용의 하장군의 답신이다.

3 倒衣(도의)- 옷을 거꾸로 입다. 다시 초대하는 내용의 답신을 받고 기쁨에 들뜬 나머지 서두르는 모습을 형용한 말이다. 還(환)- 다시. 지난해에 이어 거듭 방문한다는 뜻이다. 命駕(명가)- 마부에게 명하여 수레를 몰게 하다.

4 高枕(고침)- 베개를 높이 베다.

[倒衣 2구] 방문을 허락한다는 하씨의 답신을 받고서 서둘러 하씨의 원림에 도착한 두보가 그곳에서 자신의 집인 듯 편안함을 느꼈다는 내용이다. 하씨가 보낸 답신 중의 말로 보는 견해도 있다.

5 花妥(화타)- 꽃이 떨어지다. 捎(소)- 잡다. 스쳐 지나가다.

6 喧(훤)- 떠들썩하다. 獺趁魚(달진어)- 수달이 물고기를 쫓다.

[花妥 2구] 하씨의 원림에서 보고 들은 유심幽深한 경물을 쓴 것이다.

7 重來(중래)- 다시 오다. 休沐地(휴목지)- 휴식을 취하며 목욕하는 곳. 하씨가 휴가를 맞이하여 쉬고 있는 원림園林을 가리킨다.

8 野人居(야인거)- 야인의 거처. '야인'이 지시하는 것이 하씨라는 견해도 있지만, 두보 자신으로 보는 것이 합당하다.

其二

山雨樽仍在[1]　沙沈榻未移[2]　犬迎曾宿客[3]　鴉護落巢兒[4]
雲薄翠微寺[5]　天淸皇子陂[6]　向來幽興極[7]　步屧向東籬[8]

산에 비 내렸어도 술 동이는 그대로 있고

모래에 묻혀도 걸상 아직 옮기지 않았다.
개가 일찍이 묵었던 손을 맞으니
까마귀는 둥지에 낳은 새끼를 지킨다.
구름 엷어진 취미사
하늘 맑은 황자피.
지금껏 그윽한 흥취 지극하여,
신 신고 걸어 동쪽 울로 향한다.

제2수에서는 다시 왔을 때의 경물과 일을 그리고 있다.

주 석

1 樽仍在(준잉재) - 술 동이가 그대로 있다.

2 沙沈(사침) - 모래에 묻히다. 모래가 엄습해 쌓였다는 의미이다. 시내의 언덕이 갈라져 무너졌다고 보기도 한다. 榻(탑) - 탑상榻床. 주연용의 의자이다. 와탑臥榻, 즉 침상이라는 견해도 있다.

[山雨 2구] 전에 왔을 때 마시던 술 동이와 앉았던 걸상이 산에 비가 내려 모래에 묻혀도 그대로 있다는 뜻이다. 비가 오는데도 술을 마시고 모래가 엄습해도 자리를 옮기지 않는다는 뜻으로 풀이하는 설도 있다.

3 曾宿客(증숙객) - 일찍이 자고 간 적이 있는 손님. 지난해 두보가 이곳에 와서 머물렀던 것을 두고 한 말이다.

4 鴉(아) - 까마귀. 落巢兒(낙소아) - 둥지에 낳은 까마귀 새끼.

[犬迎 2구] 개는 본 적이 있는 손님을 반기고 까마귀는 낯선 사람을 경계한다는 뜻이다.

5 翠微寺(취미사) - 종남산 위에 있었던 절.

6 皇子陂(황자피) - 위곡의 서쪽에 있는 저수지.

7 向來(향래) - 지금까지. 幽興極(유흥극) - 유심한 흥취가 극에 달하다.

8 步屧(보섭) - 나막신을 신고 걸어가다. 向東離(향동리) - 동쪽 울로 향하다.

[雲薄 4句] 취미사와 황자피의 경관은 원경으로서 맑게 갠 날 멀리 바라본 것일 뿐이지 그곳에 직접 가 본 것이 아니다.

其三

落日平臺上[1] 春風啜茗時[2] 石欄斜點筆[3] 桐葉坐題詩[4]
翡翠鳴衣桁[5] 蜻蜓立釣絲[6] 自今幽興熟[7] 來往亦無期[8]

평대에 해 지고
봄바람에 차 마실 때.
돌난간에서 비스듬히 붓을 적셔
앉아서 오동잎에 시를 쓴다.
비취는 옷을 건 나무 끝에서 울고
잠자리는 낚싯줄에 서 있다.
지금부터 그윽한 흥이 익으니
오고 감에 또 때가 없다.

제3수에서는 평대에서의 노닒을 서술하고 있다.

주 석

1 平臺(평대) - 평평한 대지臺地.

2 啜茗(철명) - 차를 마시다. '茗'은 늦게 딴 차이다.

3 斜(사) - 비스듬히. 點筆(점필) - 붓에 먹을 묻히다. 벼루는 돌난간에

있고 몸은 대 위에 있기에 비스듬히 점필하는 것이다.

4 桐葉(동엽) - 오동나무 잎새. 題詩(제시) - 詩를 쓰다.

[石欄 2구] 대 위에 앉아 돌난간에 벼루를 두고서, 오동잎에다 시를 쓴다는 뜻이다. 돌난간에 몸을 기대고 오동잎에 시를 쓰는 것으로 보는 견해도 있다.

5 翡翠(비취) - 물총새. 衣桁(의항) - 옷을 걸어둔 횡목.

6 蜻蜓(청정) - 잠자리. 釣絲(조사) - 낚싯줄.

7 幽興(유흥) - 그윽한 정취, 유심한 정취. 熟(숙) - 산림의 흥에 익숙해진 것을 말한다.

8 無期(무기) - 기약이 없다. 정해진 시간이 따로 없음을 말한다.

其四

頗怪朝參懶[1]　應耽野趣長[2]　雨拋金鎖甲[3]　苔臥綠沈槍[4]
手自移蒲柳[5]　家纔足稻粱[6]　看君用幽意[7]　白日到羲皇[8]

조회에 게으름을 자못 괴이하게 여겼더니
분명 들 정취의 유장함을 탐하신 탓.
빗속에는 금실로 얽은 갑옷 버려져 있고
이끼 위엔 파란 칠을 한 창이 눕혀져 있다.
손수 갯버들을 옮겨 심어 놓으셨고
집안의 양식은 겨우 족한 정도.
보아하니 그대는 그윽한 뜻을 가져
대낮에도 희황에 이르시겠다.

제4수에서는 하장군의 표일한 흥취를 찬미하고 있다.

주 석

1 怪(괴)- 괴이하게 여기다. 朝參(조참)- 입조하여 알현하다. 懶(난)- 게으르다. 편안히 한가함을 즐기기 때문에 조참에 게으른 것이다.

2 耽(탐)- 즐기다. 골몰하여 즐기다. 野趣(야취)- 전야田野의 정취.

3 抛(포)- 버려두다. 金鎖甲(금쇄갑)- 본디 황금실로 엮어 만든 갑옷이지만 여기서는 정세하게 만든 갑옷을 미화한 것으로 보인다.

4 綠沈槍(녹침창)- 짙은 녹색으로 자루를 칠한 창. '녹침'은 정련된 철이라는 설도 있다.

[雨抛 2구] 공명을 힘쓰지 않거나 무용을 좋아하지 않았기에 빗속에 버려져 있고 이끼 위에 눕혀져 있는 것이다.

5 移(이)- 옮겨 심다. 蒲柳(포류)- 갯버들.

6 纔(재)- 겨우. 稻粱(도량)- 벼와 기장, 여기서는 양식의 뜻이다.

7 用幽意(용유의)- 고요한 뜻을 쓰다. 유정함을 좋아하는 마음을 가지다.

8 白日(백일)- 한낮. 到羲皇(도희황)- 상고시대 황제인 복희씨伏羲氏 시대에 이르다.

其五

到此應常宿[1] 相留可判年[2] 蹉跎暮容色[3] 悵望好林泉[4]
何日霑微祿[5] 歸山買薄田[6] 斯遊恐不遂[7] 把酒意茫然[8]

여기서 늘 묵어야 할 것이니
머물게 해 주신다면 한 해라도 보낼 수 있다.
뜻을 잃어 시든 낯빛으로

좋은 산림을 슬프게 바라본다.
어느 날 조그만 녹에 젖게 되어
산에 돌아가 척박한 밭 사려나?
이 노닒 이루어질 수 없을까 염려하여
술 잡으니 생각 아득해진다.

제5수에서는 떠날 때의 심사를 쓰고 있다. 이 수는 5수 전체의 총결이다.

주 석

1 到此(도차) - 이곳에 이르다. 이곳은 하장군의 산림이다. 常宿(상숙) - 항상 묵다. 이곳에 오면 오래도록 늘 머물러야 한다는 뜻이다.

2 相留(상류) - 머물게 하다. 하장군이 두보를 머무르게 한다는 의미이다. 判年(판년) - 한 해를 내버리다. 장군의 산림이라면 1년의 오랜 기간을 소비하여 머무를 수 있다는 뜻이다.

3 蹉跎(차타) - 때를 놓치다. 불운하여 뜻을 이루지 못한 채 세월만 흘려보내는 것을 뜻하다. 暮容色(용색) - 늙은 얼굴색. 모년暮年의 낯빛.

4 悵望(창망) - 슬퍼하며 바라보다. 林泉(임천) - 숲과 샘. 하장군의 산림을 가리킨다.

5 霑微祿(점미록) - 박봉의 은혜를 입는다는 뜻으로 출사出仕를 의미한다.

6 歸山(귀산) - 산에 돌아가다. 산에 은거하는 것을 뜻한다. 은거할 산이 하장군의 산림이라는 설이 있으나 옳지 않다. 薄田(박전) - 척박한 전지田地.

7 斯遊(사유) - 이 노닒. 이곳 하장군 산림에서 노는 것과 같은 노닒을 가리킨다. 不遂(불수) - 이루어지지 아니하다.

8 把酒(파주) - 술잔을 쥐다. 茫然(망연) - 아득하다. 멍하다.

(**이영주**)

6. 上韋左相二十韻

위 좌상께 올리는 20운

鳳曆軒轅紀[1]　龍飛四十春[2]　八荒開壽域[3]　一氣轉洪鈞[4]
霖雨思賢佐[5]　丹青憶舊臣[6]　應圖求駿馬[7]　驚代得騏驎[8]
沙汰江河濁[9]　調和鼎鼐新[10]　韋賢初相漢[11]　范叔已歸秦[12]
盛業今如此[13]　傳經固絶倫[14]　豫樟深出地[15]　滄海闊無津[16]
北斗司喉舌[17]　東方領搢紳[18]　持衡留藻鑒[19]　聽履上星辰[20]
獨步才超古[21]　餘波德照鄰[22]　聰明過管輅[23]　尺牘倒陳遵[24]
豈是池中物[25]　由來席上珍[26]　廟堂知至理[27]　風俗盡還淳[28]
才傑俱登用[29]　愚蒙但隱淪[30]　長卿多病久[31]　子夏索居頻[32]
回首驅流俗[33]　生涯似衆人[34]　巫咸不可問[35]　鄒魯莫容身[36]
感激時將晩[37]　蒼茫興有神[38]　爲公歌此曲　涕淚在衣巾

봉력鳳曆이 헌원軒轅의 시대를 기록한 후
용이 날아 마흔 번의 봄이라.
팔황八荒에는 성세의 나라 열리고
한 기운이 하늘을 움직이도다.

오랜 비에 어진 재상을 생각하고
단청 그림 보며 옛 신하를 추억하였네.
그림에 응하여 준마를 구하여
세상이 놀라는 기린을 얻으니,
강하江河의 탁한 것을 싹 쓸어 내고
가마솥 안의 새것을 맛나게 하셨도다.

위현韋賢이 갓 한나라의 재상이 된 듯
범숙范叔이 이미 진나라로 돌아간 듯,
성대한 업적은 지금 이와 같고
경서經書를 전함이 또한 진실로 출중하였네.
뿌리 깊은 예장나무 땅 위로 솟고
넓디넓은 창해는 끝이 없다네.

북두성이 목구멍과 혀를 맡고
동방의 홀을 꽂은 귀인들을 거느렸다네.
저울을 가지고 밝게 살펴 사람을 뽑고
신발 소리 들리니 별자리 위를 오른다네.
독보적인 재주는 옛사람을 초월하고
넘치는 물결처럼 덕망은 이웃을 비춘다네.
총명은 관노管輅를 능가하고
편지글은 진준陳遵을 압도한다네.
어찌 연못 속의 이무기에 불과하랴?
예로부터 자리 위에 귀한 보물이었거늘.
조정은 지극한 다스림을 알게 되었고
풍속은 다 순박함으로 돌아가게 되었다네.

재주 있는 인걸들 모두 등용되고
어리석은 자만 홀로 숨어 지낸다네.
사마상여司馬相如처럼 병 많은 지 오래되었고
자하子夏처럼 홀로 거하는 적이 많다네.
돌이켜 보니, 세속의 흐름을 좇아 달려가다

사는 게 어중이떠중이와 비슷해졌네.
무함巫咸에게 물을 수도 없거니와
공맹孔孟은 어디에서도 몸이 받아들여지지 않는 법.
때가 기울려 하니 감정은 격해지고
아득히 흥이 일어 신이 깃드누나.
공公을 위하여 이 노래를 부르려니
눈물이 옷자락에 떨어진다네.

이 시는 좌상左相 위견소韋見素에게 추천을 바라면서 바친 간알시干謁詩이다. 저작 시기는 천보 14년 봄으로 추정된다. 위견소는 자가 회미會微이며 진사에 급제하여 문부시랑文部侍郎을 역임한 후 양국충楊國忠에 의하여 발탁되어 무부상서武部尙書, 동중서문하평장사同中書門下平章事에 제수되었다. 위견소는 문부시랑으로 재직할 당시 공평무사한 인사로 많은 사람의 칭송을 받았으므로 두보도 위견소에 기대는 마음이 컸다. 10년이란 긴 세월 장안에 머물며 벼슬길을 찾던 두보는 수많은 유력한 인사에게 자신의 능력과 처지를 알리는 간알시를 바쳤는데, 번번이 이렇다 할 성과를 얻지 못하였다. 이 시는 장안십년시기에 바친 많은 간알시 중에서 거의 마지막 시기에 창작된 것으로 생활의 어려움과 절박함이 잘 드러나 있다.

주 석

1 鳳曆(봉력)- 역曆을 가리킨다. 소호少皞의 시대에 봉조씨鳳鳥氏를 역정曆正으로 삼았으므로 후세에 역을 가리켜 '봉력'이라고 한다. 軒轅(헌원)- 황제黃帝를 가리킨다. 본래는 황제가 살았던 곳을 가리키는 말이었으나 후에 황제의 이름이나 호로 사용되었다. 이 구절은 황제 때부터 역법을 기록하기 시작하였다는 뜻인데, 봉력을 쓴 것은 본시 소호이나 그가 황제

의 아들이므로 '헌원'이란 말을 쓴 것으로 보인다.

2 龍飛(용비) - 용이 날다. 용은 제왕을 비유하기 때문에 이 구절에서 용이 날게 되었다는 것은 당시의 임금인 현종이 재위한 사실을 가리킨다고 하겠다. 四十春(사십춘) - 마흔 번의 봄. 여기서는 현종이 재위한 기간을 가리킨다. 현종이 재위한 기간은 개원 원년(713)으로부터 천보 14년(755)이므로 실제로는 43년이 되겠으나 여기서는 개수概數로서 '마흔'이라 한 것이다.

[鳳曆 2구] 황제黃帝 시대의 고사를 빌려 현종이 즉위하여 새로 역을 정한 지 40여 년이 흘렀음을 말한 것이다.

3 八荒(팔황) - 팔방八方. 거칠고 먼 땅. 壽域(수역) - 백성이 장수를 누리는 땅이란 뜻으로 여기서는 태평성세를 가리킨다. 이 구절은 사방팔방으로 거칠고 먼 땅까지 태평성세를 누리게 되었다는 말이다.

4 一氣(일기) - 천지간에 가득 차 있는 큰 기운. 혹은 만물의 원기. 洪鈞(홍균) - 원뜻은 큰 녹로로 하늘 혹은 조물주를 의미한다. 이 구절은 하나의 큰 기운이 하늘을 운행한다는 뜻 혹은 만물의 원기 속에 하늘이 운행한다는 뜻으로 태평스러운 세상의 분위기를 묘사한 것이다.

[八荒 2구] 현종이 재위한 40여 년 동안 그의 치적에 힘입어 온 땅이 태평하게 되었음을 말한 것이다.

[鳳曆 4구] 당 왕조가 천하를 통치한 지 오래되어 온천지가 태평성세를 누리고 있음을 설명한 것이다.

5 霖雨(임우) - 오래 내리는 비. 사흘 이상 연속해서 내리는 비를 말한다. 賢佐(현좌) - 어질게 보좌하는 신하. 이 구절은 큰 가뭄에 단비와 같은 훌륭한 신하를 생각하였다는 것으로 《서경·열명說命》에서 고종高宗이 부열傅說을 칭하여 "만약 큰 가뭄이 드는 해가 왔다면 그대를 '임우'로 삼겠소."라는 표현과 관련이 있는 것으로 보기도 하고, '임우'를 《서경》의 전고와 관계없이 천보 13년 가을에 오랫동안 계속 내린 비로 보는 경우도 있다. 즉 오랜 비로 인하여 민심이 소란하자 황제가 위견소를 재상에 발탁한 사건을 말한 것으로 보는 것이다.

6 丹青(단청) - 여기서는 과거의 훌륭한 신하를 그린 그림을 가리킨다.

이 구절은 훌륭한 신하들의 초상화를 보면서 그 옛날의 신하들을 그리워한다는 말로 한漢 성제成帝의 다음과 같은 고사와 관련된 것이다.《한서漢書·조충국신경기전趙充國辛慶忌傳》에 "당초 조충국의 공덕이 곽광 등과 나란하여 미앙궁에 그려졌다. 성제 때에 서강에 일찍이 난리가 있었는데, 임금은 장수를 지낸 신하가 그리워 조충국을 추모하고는, 곧 황문랑 양웅을 불러서 조충국의 그림을 보고 그를 송양하는 글을 짓게 하였다." 라는 기록이 있다.

[霖雨 2구] 이 구절에 대해서는 주석가들의 의견이 갈린다. 채몽필은 두 구절 모두 위견소의 부친 위주韋湊를 칭송한 것으로 보았다. 이 구절 아래에 작자 자신의 원주原注 "상공의 선친이 남기신 풍도와 업적을 지금까지 칭송한다.(相公之先人, 遺風餘烈, 至今稱之.)"라는 기록이 있기 때문이다. 위주는 개원 중에 태원윤太原尹을 지냈다. 그러나 이 구절을 위견소 본인을 칭송한 것으로 보는 주석가들도 있다. 구조오가 대표적인 경우로서 그는 우선 '임우' 구가 천보 13년 가을 오랜 비로 인하여 재상 진희열이 파직되고 그 뒤를 이어서 위견소가 좌상에 임명된 사건을 말하고 있다고 보면서 원주의 내용이 잘못된 것이라고 단정하였다. 그러나 원주가 잘못된 것이라는 데에 대한 뚜렷한 근거를 제시하지 않았다. 또 조차공 같은 경우 뒤 구절은 원주에 입각하여 위견소의 부친 위주를 말하는 것으로, 앞 구절은 위견소 자신을 가리키는 것으로 보았다.

7 應圖(응도)- 그림에 응하다. 이 구절은 준마의 그림을 보고 그 그림에 맞는 말을 구한다는 뜻이다.

8 驚代(경대)- 한 시대를 놀라게 하다. '代'를《두시상주》에서는 '世'로 써야 한다고 적고 있다. 騏驎(기린)- 준마.

[應圖 2구] 위견소가 재상으로 등용된 것을 말한 것이다. 즉 준마의 그림을 보고 실제 준마를 구하듯이 임금이 훌륭한 신하의 조건을 가지고 사람을 찾으니 마침내 세상을 놀라게 할 만한 어진 신하를 얻게 되었다는 말이다.

9 沙汰(사태)- 쌀을 일어 모래를 가려낸다는 뜻으로 사람이나 사물을 가려낸다는 뜻을 갖는다. 이 구절은 위견소가 재상이 되어 혼탁해진 정사를 바로잡게 되었다는 뜻이다. 이 구절을 옛 재상인 진희열陳希烈이

물러나게 되었음을 말한 것으로 보기도 한다.

10 鼎鼐(정내) - 가마솥. '내鼐'는 '정鼎' 중에서 큰 종류를 가리킨다. '정내'는 재상을 비유한 말이다. 재상이 천하를 다스림에 있어 온갖 일들을 헤아려 처리하는 것이 마치 솥에서 음식의 맛을 내는 것과 같다고 해서 나온 말이다. 솥의 새로운 맛을 조화롭게 한다는 것은 위견소가 새로 재상이 되어서 조화롭게 재상의 직무를 다하게 되었음을 말한다. 《서경·열명說命》에 "고종이 꿈에 부열傅說을 만나서 이르기를 '만약에 맛있는 국을 만든다고 하면 그대는 소금과 매실(매실로 초를 만들었음)이 되어 주시오'라고 하였다."라는 기록이 있다.

11 韋賢(위현) - 한나라 추鄒 사람. 자字는 장유長孺. 성품이 질박하고 욕심이 적었으며 대대로 노시魯詩를 익혀 학문에의 뜻이 돈독하였다. 추로대유鄒魯大儒라고 불렸다. 소제昭帝 때 박사가 되었고 광록대부光祿大夫에 이르렀으며, 곽광霍光 등과 함께 선제宣帝를 옹립하였다. 후에 선제 본시本始 3년에 채의蔡義를 대신하여 승상이 되었고 부양후扶陽侯에 봉해졌다.

12 范叔(범숙) - 범저范雎. 전국시대 위魏 사람으로 '숙叔'은 그의 자字이다. 진나라 소왕昭王에게 원교근공책遠交近攻策을 제시하여 객경客卿에 제수되었으며, 얼마 뒤에 재상이 되었고 응후應侯에 봉해졌다.

[韋賢 2구] 위견소가 재상이 된 일을 서술하기 위하여 고대의 역사 중에서 한나라 때의 재상으로 유명한 위현을, 진의 재상으로 유명한 범저를 인용한 것이다. 특히 범저를 인용한 것에 대하여 범저가 진의 정치를 농단하던 양후穰侯를 물리친 것처럼 위견소가 양국충을 물리쳐 주기를 바라는 마음을 기탁한 것이라고 보는 경우도 있다.

13 盛業(성업) - 성대한 업적.

14 絶倫(절륜) - 남들보다 월등히 뛰어나다.

[盛業 2구] 이 구절은 앞서 인용한 범숙, 위현과 관련된 구절이다. '성업'은 범숙과 관련된 것이고 '전경'은 위현과 관련된 것이다. '전경'과 관련하여 많은 주석서에서는 위현과 그의 아들 현성玄成이 경서로써 승상까지 이르렀다는 내용을 적고 있다.

15 豫樟(예장) - 큰 나무 이름. 이 구절은 뿌리 깊은 큰 나무처럼 위견소의

학문이 뿌리가 있음을 말한 것이다.

16 滄海(창해) - 넓은 바다. 無津(무진) - 끝이 없다. 이 구절은 위견소의 도량이 넓다는 것을 말한 것이다.

[豫樟 2구] 위견소의 학문에 뿌리가 있음과 도량이 넓은 것을 칭송한 것이다.

[霖雨 12구] 위견소가 재상이 된 일을 서술하였다. 준마와 기린은 위견소가 재상의 대임을 잘 감당할 것을 비유한 것이다.

17 喉舌(후설) - 목구멍과 혀. 왕명의 출납을 관리하는 재상을 가리키기도 한다. 이 구절에서 '후설'은 《후한서後漢書》의 전고와 관련하여 위견소의 무부상서라는 직책과 관련된 내용으로 볼 수 있다. 《후한서後漢書·이두열전李杜列傳》에 "지금 폐하에게 상서尙書가 있음은 하늘에 북두北斗가 있는 것과 같습니다. 북두는 하늘의 목구멍과 혀요, 상서는 또한 폐하의 목구멍과 혀입니다."라는 설명이 있다.

18 東方(동방) - 동쪽. 搢紳(진신) - 지위가 높은 신하들. '진'은 꽂는다는 뜻, '신'은 큰 띠라는 뜻으로 '진신'은 홀을 조복朝服의 대대大帶에 꽂는 것을 말한다. 귀하고 현달한 자들을 가리킨다. 이 구절은 《서경·강왕지고康王之誥》의 "임금은 나가시어 응문 안에 머무셨다. 태보는 서방의 제후들을 거느리고 응문 왼쪽으로 들어오고, 필공이 동방의 제후들을 거느리고 응문 오른쪽으로 들어왔다."라는 전고를 활용한 것이다. '동방'이라는 말은 앞 구절의 '북두'와 대를 이루기 위하여 인용한 것이며, 따라서 이 시에서 '동방' 자체가 특별히 의미가 있는 것은 아니다. 이 구절은 주나라 필공이 동방의 여러 제후를 거느리고 왕 앞으로 나아간 것처럼 위견소가 재상이 되어 여러 백관을 거느리고 왕 앞에서 행하게 되었다는 뜻이다.

19 持衡(지형) - 저울을 지니다. 인재 선발을 담당한다는 말이다. 藻鑒(조감) - '품조감별品藻鑒別(품평하고 감정하여 분별함)'의 의미로서, 관리를 선발하는 데 밝게 살피는 것으로 '조경藻鏡'과 같다. 이 구절은 위견소가 이부시랑을 지내면서 관리를 선발함에 있어 공평하였음을 칭송하는 말이다. 《당서唐書》에 "천보 5년, 위견소가 이부시랑이 되었는데, 인사가

공평하였으므로 선비들이 그를 칭찬하였다."라는 기록이 전한다.

20 聽履(청리)- 신발 끄는 소리를 듣다. 이는《한서》정숭鄭崇의 고사에서 나온 말로서 위견소가 황제에게 인정을 받는 신하임을 암시한다.《한서·정숭전鄭崇傳》에 "동생 정립이 고무후高武侯 부희傅喜와 동문수학하여 서로 우의가 좋았다. 부희가 대사마가 되어 정숭을 추천하니 애제哀帝는 그를 발탁하여 상서복야尙書僕射로 삼았다. 자주 알현하여 간하니 임금이 처음에는 그의 말을 채용하였다. 매번 알현할 적마다 가죽신을 끌었으므로 임금은 웃으며 '나는 정상서의 신발 끄는 소리를 안다'고 하였다."라는 기록이 있다. 上星辰(상성신)- 별을 오르다. 이 구절은 위견소가 무부상서로서 한나라의 정숭과 같이 황제에게 신임을 얻는 존재가 되어 황제의 측근에서 그를 모시게 되었음을 말한 것이다.

21 才超古(재초고)- 재주가 옛사람을 초월하다.

22 餘波(여파)- 위견소의 덕망을 뜻하는 것으로 보기도 하고, 선대로부터 후대에까지 전해 내려온 덕망을 가리키는 것으로 보기도 한다. 德照鄰(덕조린)- 덕이 이웃을 비추다. 이웃을 두씨杜氏 집안을 가리키는 것으로 보는 경우도 있다. 즉 위씨와 두씨 집안의 세교를 가리키는 것으로 보는 것이다.

[獨步 2구] 위견소의 재덕을 칭송한 것이다.

23 管輅(관노)- 삼국시대 위나라 평원인平原人, 자는 공명公明. 7, 8세 때부터 별자리를 관찰하기를 좋아하였으며, 성인이 되어서는 길흉을 판단하고 관상을 보는 일 등에 정통하였다.《당서》에 "숙종이 지덕으로 개원한 해 원년 10월에 묘성을 범한 별이 있었다. 위견소가 숙종에게 말하기를 '안록산이 장차 죽을 것입니다.'라고 하였다. 황제가 이르기를 '일월로써 알 수 있는가?' 하자 위견소가 말하기를 '복이 응하는 것은 덕에 있고, 화가 응하는 것은 형벌에 있습니다. 묘성은 금이어서 불을 기피하는데, 운행하여 불의 위치에 있게 되는 경우가 있습니다. 묘성이 저녁 무렵 남중南中하는 것이 바로 이때입니다. 명년 정월 병인에 안록산은 아마 죽을 것입니다.'라고 하였다. …… 얼마 뒤에 모두 징험함이 있었다."라는 내용이 있다. 위견소의 뛰어난 예지력을 칭송한 것이다.

24 尺牘(척독) - 서찰. 편지글. 倒(도) - 압도하다. 陳遵(진준) - 한漢 두릉인杜陵人. 자는 맹공孟公. 성품이 호탕하고 분방하여 술을 좋아하고 친구를 좋아하였다. 글씨를 잘 써서 그의 편지글을 받은 사람들은 편지를 잘 보관하며 영광스럽게 생각하였다고 한다. 위견소가 멋진 글씨로 편지를 잘 썼음을 말한 것이다.

25 池中物(지중물) - 아직 날지 못하고 못 속에 있는 교룡. 《삼국지·오지吳志·주유전周瑜傳》에 "유비는 용맹스런 영웅의 자태가 있으면서 관우, 장비와 같은 용맹한 장수들을 데리고 있으니 아마도 교룡이 구름과 비를 얻어 마침내 못 속의 이무기로 남지 않게 될 것이다."라는 기록이 있다.

26 席上珍(석상진) - 자리 위의 보배. 이는 《예기·유행儒行》에 나오는 "선비는 석상의 보배를 지니고 초빙을 기다린다."에서 나온 말이다. 유자儒者의 고상한 도덕이나 높은 학문을 비유하는 것으로 쓰인다. 이 구절은 위견소가 유자로서의 고상한 도덕과 높은 학문을 가지고 임금의 부름에 응하였다는 것을 말하는 것이다.

27 廟堂(묘당) - 종묘와 명당으로 조정의 의미이다. 至理(지리) - 지극한 다스림.

28 還淳(환순) - 순박한 상태로 돌아가다.

[廟堂 2구] 위견소가 재상이 되어 조정이 완전한 치도를 실현할 수 있게 되었고 그 결과 백성들의 풍속이 순박한 상태로까지 변화되었음을 칭송한 것이다.

[北斗 12구] 위견소의 평소 인품과 덕망을 기록한 것이다.

29 才傑(재걸) - 재주와 지혜가 뛰어난 사람. 준걸.

30 愚蒙(우몽) - 무지몽매한 사람. 여기서는 두보 자신을 가리켜 한 말이다. 隱淪(은륜) - 숨어 가라앉는 모양. 혹은 세상을 피하여 숨는 사람. 이 구절부터 마지막까지는 두보 자신에 대한 서술이다.

31 長卿(장경) - 사마상여司馬相如. 장경長卿은 그의 자字. 사마상여는 평소 당뇨병으로 고생하였다.

32 子夏(자하) - 춘추시대 위나라 사람으로 성은 복卜이며 이름은 상商이다. 공자의 제자 중 하나로 특히 문학에 뛰어났다. 索居(삭거) - 무리를

떠나서 홀로 외롭게 사는 것을 말한다. 《예기 · 단궁檀弓》에 "자하가 말하기를 '내가 무리를 떠나서 홀로 거한 지 오래되었다'라고 하였다."라는 기록이 보인다.

[長卿 2구] 병으로 오래 고생하였던 사마상여, 무리와 어울리지 못하고 홀로 살아갔던 자하를 인용하여 두보 자신의 병들고 외로운 삶을 비유한 것이다. 그러나 이러한 비유는 두보 자신이 사마상여나 자하와 같이 문학적으로 뛰어난 존재라는 자의식을 갖고 있음을 보여 주는 것이기도 하다.

33 回首(회수)- 회상하다. 流俗(유속)- 퇴폐스럽고 부미한 세속. 혹은 세속의 이치를 좇아 자기 뜻을 버리고 같이 흘러가는 것.

34 衆人(중인)- 여러 사람. 혹은 보통 사람.

35 巫咸(무함)- 무당 계함季咸을 말한다. 《열자 · 황제黃帝》에 "한 신통한 무당이 제나라에서 와서 정나라에 거하였다. 계함이라 불렀는데, 사람의 생사, 존망, 화복과 수명을 알았다."라는 기록이 있다. 이 구절은 하늘의 뜻은 알기 어렵다는 말이다.

36 鄒魯(추로)- 공자와 맹자. 유자를 뜻함. 莫容身(막용신)- 몸을 전혀 용납받지 못하다. 이 구절은 공자나 맹자가 당시 세상에서 인정받지 못하였던 것처럼 두보 자신도 지금 이 시대에 전혀 인정받지 못하고 있다는 것이다.

37 時將晩(시장만)- 시기가 장차 늦으려 한다. 두보 자신이 이미 노쇠하였음을 한탄한 말이다.

38 蒼茫(창망)- 넓고 먼 모양. 아득한 모양. 興有神(흥유신)- 흥이 일어나는데 마치 신이 깃든 것 같다. 이 구절은 두보가 감정이 격해져 자신도 모르게 깊은 흥에 젖게 되었다는 것이다.

[才傑 12구] 마지막에서는 곤궁한 상황을 서술하면서 위 재상에게 기대하는 절박한 마음을 드러내고 있다.

(김성곤)

7. 官定後戲贈

관직이 정해진 뒤 장난삼아 주다

不作河西尉[1]　淒涼爲折腰[2]　老夫怕趨走[3]　率府且逍遙[4]
耽酒須微祿[5]　狂歌託聖朝[6]　故山歸興盡[7]　回首向風飈[8]

하서위를 맡지 않은 것은
처량하게 허리를 굽혀야 하기 때문이었지.
늙은이 분주히 뛰어다닐까 두려웠는데
솔부는 그런대로 한가로우리.
술을 즐기려면 적은 봉록이나마 필요해서
미친 듯 노래하며 성스런 조대에 몸을 기탁하니,
고향 산천에 돌아갈 흥취 다하여
고개 돌려 돌개바람 바라본다.

원주에 '당시에 하서위 직을 면하고 우위솔부병조가 되었다.(時免河西尉, 爲右衛率府兵曹.)'라고 하였다. 따라서 이 시는 천보 14년 10월경 이미 제수된 하서위의 관직을 사양하고 우위솔부병조의 관직을 택하면서 그것을 택하게 된 이유와 그때의 심정을 나타낸 것이다. 시제의 '贈'은 일반적으로 남에게 준다는 의미로 쓰이지만, 여기서 '戲贈'은 시를 지어 장난삼아 자신에게 준다는 뜻이다.

주 석

1 河西尉(하서위) - 하서현河西縣의 현위縣尉.

2 折腰(절요) - 허리를 굽히다. 도연명이 팽택령彭澤令으로 있을 때 군에서 보낸 독우督郵를 의관정제 후 만나야 한다는 소리에 쌀 다섯 말 때문에

허리를 굽히고 굽실거리며 시골 어린애를 섬길 수 없다고 하면서 벼슬을 그만두었다는 고사를 인용한 것이다.

3 老夫(노부)- 늙은이. 여기서는 두보 자신을 가리킨다. 趨走(추주)- 빨리 달리다. 분주히 뛰어다니다. 일에 쫓겨 바쁘게 돌아다니는 것을 말한다.

4 率府(솔부)- 관서명. 진나라 때 오솔부五率府가 있었으니 좌위솔左衛率, 우위솔右衛率, 전위솔前衛率, 후위솔後衛率, 중위솔中衛率이 그것이다. 남북조 및 수대를 거치면서 조금씩 변화하여 당대에 이르러서는 십솔부十率府로 되었다. 바로 좌우위솔左右衛率, 좌우사어솔左右司禦率, 좌우청도솔左右清道率, 좌우감문솔左右監門率, 좌우내솔左右內率이 이것인데 모두 태자의 속관으로 동궁의 병장兵仗, 의위儀衛 및 문금門禁, 요순徼巡, 척후斥候 등의 일을 맡았다. 솔부의 지위는 하서위보다 조금 위인 정팔품하에 속한다.

5 須(수)- 필요로 하다. 구하다. 바라다.

6 狂歌(광가)- 미친 듯이 노래 부르다.

7 故山(고산)- 옛 산. 즉 고향의 산천. 歸興盡(귀흥진)- 돌아갈 흥취가 다하다. 돌아가고 싶은 생각이 사라지다.

8 風飈(풍표)- 돌개바람.

(**이석형**)

8. 月夜

달밤

今夜鄜州月[1] 閨中只獨看[2] 遙憐小兒女[3] 未解憶長安[4]
香霧雲鬟濕[5] 淸輝玉臂寒[6] 何時倚虛幌[7] 雙照淚痕乾[8]

오늘 밤 부주의 달을
규중에서 홀로 보겠지.
멀리서 어린아이들을 가여워하나니
장안을 그리는 줄 모르리라.
향기로운 안개는 구름 같은 머리카락을 적시고
맑은 달빛에 옥 같은 팔은 차가울 터,
어느 때나 빈 휘장에 기대어
함께 달빛 아래 눈물 자국 말릴까?

안녹산의 난 때 두보는 장안이 함락되기 전에 가족을 부주에 피난시키고 부주에서 행재소로 가다가 도적에게 잡혀 장안에 연금되고 말았다. 이 시는 그 무렵 장안에서 부주에 있는 처자식을 그리며 지었다. 창작 시기는 천보 15년 가을로 추정된다.

주 석

1 鄜州(부주) - 오늘날 섬서성陝西省 부현富縣 일대. 당시 두보의 가족은 부주의 서북쪽 30리에 있는 강촌羌村에 있었다.

2 閨中(규중) - 일반적으로는 부녀자가 거처하는 방을 의미하나 여기서는 규중에 거처하는 사람, 곧 두보 자신의 아내를 가리킨다. 只獨看(지독간) - 그저 혼자서만 달을 바라보다.

3 遙憐(요련)- 멀리서 가여워하다. 멀리 있는 대상을 가여워하다. 小兒女(소아녀)- 어린 자식들.

4 未解(미해)- 모르다. 알지 못하다. ~할 수 없다. 憶(억)- 걱정하다. 그리워하다. 이 구는 아이들이 어려서 장안에 잡혀 있는 아버지를 걱정할 수 없다고 풀이하기도 하고 장안의 아버지를 걱정하는 어머니의 심정을 모른다고 풀이하기도 한다.

[遙憐 2구] '요련'의 주체는 두보 자신이며 '미해'의 주체는 어린 자식들, '억'의 주체는 어린 자식들 또는 부인이다.

5 香霧(향무)- 향긋한 안개. 안개를 시적으로 표현한 것이다. 양신楊愼은 향기는 쪽 찐 머리의 화장에서 생겨난 것이라 하였으나 취하기 어렵다. 雲鬟(운환)- 구름처럼 말아 올린 쪽 찐 머리.

6 淸輝(청휘)- 맑은 달빛. 玉臂(옥비)- 옥처럼 예쁜 팔.

[香霧 2구] 달을 바라본 지가 오래되었음을 서술하며 그리움이 깊음을 나타낸 것이다.

7 虛幌(허황)- 빈 휘장. 휘장 안에 사람이 없다는 뜻이다. 피난 가 비어 있는 두보의 고향 집을 뜻한다. 투명한 휘장으로 풀이할 수도 있다.

8 雙照(쌍조)- '마주하여 달빛을 보다'로 풀이하는 견해와 '함께 달빛을 쬐다'로 풀이하는 견해가 있는데 여기서는 후자를 취하였다.

(**이창숙**)

9. 春望

봄날 바라보다

國破山河在[1] 城春草木深[2] 感時花濺淚[3] 恨別鳥驚心[4]
烽火連三月[5] 家書抵萬金[6] 白頭搔更短[7] 渾欲不勝簪[8]

나라는 깨지고 산하만 남아
봄이 온 성에는 초목이 짙구나.
시절을 생각하여 꽃에도 눈물 뿌리고
이별이 한스러워 새소리에도 가슴 놀라누나.
봉화는 삼월을 연이어
집 편지는 만금에 달하는데,
희어진 머리 긁을수록 더욱 짧아져
거의 비녀를 지탱할 수 없겠구나.

천보 15년 7월 안녹산의 반군이 장안을 함락하자 현종은 촉으로 몽진하였고, 당시 황태자였던 숙종은 장안 북서쪽 영무靈武에서 행재소를 열고 황제로 즉위한 후 군대를 정비하여 반군에 대한 공격을 준비하고 있었다. 두보는 가족들을 인솔하여 부주鄜州 강촌羌村에 안돈시킨 후 숙종이 있는 영무로 가던 중 반군에 의하여 포로가 되어 장안으로 압송되었다. 이 시는 장안에 억류된 이듬해인 지덕 2년 봄에 지은 것으로, 전란 속에 찾아온 봄에 느끼게 된 시국에 대한 깊은 염려와 가족에 대한 짙은 그리움을 적었다. 특히 가족에 대한 애타는 그리움을 적은 제7구의 '집 편지는 만금에 달한다'는 '가서저만금家書抵萬金' 구는 천고의 명구로 인구에 회자되었다. 국가, 가족, 자신의 신세에 대한 깊은 시름과 탄식이 다층적으로 결합된 명시이다.

주 석

1 國破(국파) - 나라가 깨지다. 국도 장안이 파괴되다. 당 왕조의 수도인 장안이 안녹산의 난으로 인하여 파괴되었음을 말한다. 山河在(산하재) - 산과 강만 남아 있다. 이 구절은 전란으로 인하여 모든 것이 파괴되고 오직 산천만 그대로 남아 있다는 말이다.

2 城春(성춘) - 장안성에 봄이 왔다는 말이다. 草木深(초목심) - 초목이 우거져 있다. 이 구절은 전란으로 인하여 많은 사람이 죽거나 도망하여 성안이 황폐해졌음을 말한 것이다.

3 感時(감시) - 시절을 깊이 느끼다. 전쟁으로 혼란한 시국을 가슴 아파한다는 말이다. 花濺淚(화천루) - 꽃이 눈물을 뿌리게 하다. 이 구절은 시국에 대한 염려로 꽃을 보아도 눈물이 흐른다는 말이다.

4 恨別(한별) - 이별을 한스러워하다. 가족들과 이별을 슬퍼한다는 말이다. 鳥驚心(조경심) - 새가 마음을 놀라게 하다. 가족들과의 이별에 따른 상심으로 마음이 매우 쇠약해져 새소리에도 깜짝 놀랄 정도가 되었다는 말이다.

5 連三月(연삼월) - 석 달 이어지다. 전쟁이 오랫동안 지속됨을 말한다. 이 구절에 대해서는 여러 가지 다른 해석이 있다. '삼월'을 봄 3월로 이해하여 전쟁이 3월까지 계속됨을 말한 것으로 보는 설, '삼월'을 봄 3월로 보기는 하되 앞의 '연連'자의 뜻을 독특하게 해석하여 지난해 3월부터 시작하여 올 3월까지 이어져 전쟁이 계속되는 것으로 보는 설, '삼월'을 3개월로 해석하여 전쟁이 석 달이나 계속되고 있다고 보는 설 등 여러 해석이 있다. 그런데 일반적으로 '삼三'이 갖는 '많다'는 뜻을 살려서 '연삼월連三月'을 오랫동안 전쟁이 계속된 것임을 표현한 것으로 이해하는 것도 가능할 것으로 생각된다.

6 家書(가서) - 집에서 온 편지. 抵萬金(저만금) - 만금에 해당하다.

7 搔更短(소갱단) - 머리를 긁으면 머리카락이 많이 빠진다는 뜻이다. '머리를 긁는다는 것'은 근심이 많다는 것을 의미한다. '단'은 머리가

빠져서 숱이 적어졌다는 뜻이다.

8 渾(혼)- 거의. 아주. 不勝簪(불승잠)- 비녀를 이기지 못하다. 머리카락이 많이 빠져서 비녀를 꽂아도 지탱하기 어렵다는 말이다. 이 구절의 '簪'을 관리들이 꽂는 '조잠朝簪'으로 보고 두보의 제세의지濟世意志가 반영된 것으로 보는 설도 있다.

(**김성곤**)

10. 一百五日夜對月

일백오일 되는 날 밤에 달을 대하다

無家對寒食[1] 有淚如金波[2] 斫却月中桂[3] 清光應更多
仳離放紅蕊[4] 想像顰青蛾[5] 牛女漫愁思[6] 秋期猶渡河[7]

집 없이 한식절 맞으니
눈물 있어 금물결 같네.
달 가운데 계수나무 베어내면
맑은 빛 응당 더욱 많아질 것을.
헤어져 있어도 붉은 꽃을 피워 냈으니
상상컨대 푸른 아미 찌푸리겠지.
견우직녀야말로 괜스런 시름
가을 날짜가 되면 은하를 건널 터이니.

이 시는 지덕 2년 한식날 밤 달을 바라보며 헤어져 있는 아내를 그리워하는 마음을 적은 것이다. 전반부는 집을 그리워하는 뜻을 썼고 후반부는 부인에 대한 정을 썼는데, 달빛을 받아 반짝이는 황금색 물결로 묘사된 흐르는 눈물, 계수나무, 푸른 눈썹의 항아, 견우와 직녀 등 밤하늘의 달과 별, 그리고 그것을 둘러싼 신화와 전설의 언어 속에 이산의 지극한 비통함을 기워 놓았다. 《형초세시기荊楚歲時記》에 의하면 동지로부터 105일이 되면 거센 바람과 함께 비가 심하게 내리는데, 이를 일러 한식이라고 한다. 시제에서 '일백오일'은 지난해 동짓날로부터 올해 한식까지의 날짜를 가리킨다. '한식'이라 하지 않고 굳이 '일백오일'이라고 한 것은 두보가 지난해 동짓날 집을 떠나 아내와 헤어진 후 이미 많은 날짜가 지났음을 드러내고자 하는 의도에서 비롯되었을 것이다. 당시 두보는 여전히 반군에 의하여 장안에 억류되어 있었으며 아내를 비롯한 가족은 부주에 남아 있었는데, 부주 역시 반군의 수중에 떨어진 상태였다.

주 석

1 對寒食(대한식)- 한식절을 맞이하다.

2 金波(금파)- 금물결. 달빛이 물결 위에 비쳐 황금빛이 나는 것을 말하지만 여기서는 눈물을 비유한다.

3 斫却(작각)- 베어내다. 月中桂(월중계)- 달 가운데에 있다고 하는 계수나무.

[斫却 2구] 이것은 두보가 계수나무를 찍어 내어 달빛을 밝게 함으로써 시름을 풀고자 한 것인데, 혹 달 가운데에 있는 계수나무를 임금의 밝음을 덮어 가리는 간사한 무리에 대한 비유로 보기도 한다.

4 仳離(비리)- 헤어지다. '仳'와 '離'는 같은 뜻이다. 放(방)- 꽃이 피다. 紅蕊(홍예)- 붉은 꽃술. 봄에 핀 꽃을 말한다. 단계화丹桂花로 보기도 한다.

5 顰(빈)- 찡그리다. 눈살을 찌푸리다. 青蛾(청아)- 푸른 눈썹먹으로 화장한 미인의 눈썹. 여기서는 두보의 아내를 가리킨다. 달에 산다고 전해지는 항아嫦娥를 가리킨다는 설도 있다.

[仳離 2구] 두보 자신과 이별해 있는 아내가 봄을 맞아 피어난 꽃을 대하고 시름에 젖어 있는 모습을 상상하고 있는 내용이다. 이 시가 전체적으로 달을 대하고 있는 감회를 중심으로 시상을 전개하고 있다는 점에 착안하여 홍예를 달 가운데 피어난 단계화로, 청아를 달 속에 산다는 항아를 말하는 것으로 보기도 한다.

6 牛女(우녀)- 견우성과 직녀성. 전설에 의하면 두 별은 1년에 한 번 칠석날 저녁에 은하에서 만난다는 것이다. 漫(만)- 공연스레. 속절없이.

7 秋期(추기)- 가을의 기약. 견우와 직녀가 만난다고 하는 칠석날 밤을 가리킨다.

[牛女 2구] 달빛 아래에서 견우와 직녀성을 보고는, 칠석이 되면 서로

만나게 될 그들과 달리 오랫동안 부인과 헤어져 있으면서 다시 만날 기약조차 확실하지 않은 자신의 적막한 처지를 말하고 있다. 견우와 직녀가 은하를 건너 서로 만나게 될 일을 두보와 그의 아내의 재회에 대한 예언으로 보기도 한다.

(**이남종**)

11. 自京竄至鳳翔喜達行在所

서울에서 몰래 봉상에 이르러서 행재소에 다다른 것을 기뻐하다

西憶岐陽信[1] 無人遂却回[2] 眼穿當落日[3] 心死著寒灰[4]
茂樹行相引[5] 連山望忽開[6] 所親驚老瘦[7] 辛苦賊中來[8]

서쪽으로 기산 남쪽의 소식을 그리워하였지만
끝내 돌아오는 사람 없어서,
눈이 뚫어져라 지는 해를 바라보노라니
마음이 죽어 차디찬 재를 붙인 듯하였지.
무성한 나무 길 가는 나를 끌어 주더니
연이은 산 바라보니 홀연히 열렸다.
친한 이들이 늙고 수척한 모습에 놀라며,
반군 속에서 오느라 고생하였다고 한다.

지덕 2년 2월에 숙종은 팽원彭原에서 봉상으로 옮겨 왔고, 그해 4월에 두보는 생명의 위험을 무릅쓰고 장안에서 탈출하여 봉상에 도착하였는데, 이 시는 봉상에 도착한 뒤에 그 기쁨을 읊은 것이다. 제1수는 도착하기 전의 이야기가 내용의 중심이고 제2수는 막 도착하고서 본 일과 느낌이 중심이며 제3수는 도착한 뒤 시인의 바람이 중심이니, 시상이 순차적으로 전개되었다.

이 시는 3수를 연작連作하면서 전편의 시상이 앞뒤로 긴밀하게 연결되도록 앞 수의 끝부분에서 다음 수 앞부분의 뜻을 이끌어 내었다. 이는 한 수의 시 안에서 앞뒤 시상을 이을 때 사용하는 방식인 연주격聯珠格을 연작시의 시상 전개에 활용한 것이다. 제1수를 보면 제8구에서 '반군 속에서 오느라 고생하였다'라고 하여 제2수 앞부분의 뜻을 이끌어 내었고

제2수의 미련을 보면 '기쁨이 극에 이르러 도리어 눈물이 난다'라고 하여 제3수 앞부분의 뜻을 이끌었다.

시상의 배치를 보면 제3수에서 모두 고생하고 힘들었던 이야기를 먼저 배치하였는데, 이는 기쁜 심사를 표현하기 위하여 슬픈 심사를 대비한 것이다. 따라서 기쁨이 극에 이르러 도리어 눈물이 난다는 제2수 미련이 당시 시인의 심사를 단적으로 말해 주는 것이라 할 수 있다.

시제는 《문원영화文苑英華》를 따랐다. 여러 판본에는 시제의 '自京竄至鳳翔' 여섯 자가 없다. 그 대신 그것을 작자의 원주로 간주하였다.

봉상은 원래 부풍현扶風縣이었는데 지덕 2년에 개명하였다. 행재소는 천자가 도성을 떠나 있을 때의 임시 거처이다.

제1수에서는 장안에서 봉상으로 간 것을 말하고 있다. 눈이 뚫어지도록 지는 해를 바라보았다는 것은 제1구를 이어받았고, 마음에 죽은 재를 붙였다는 것은 제2구를 이어받았다. 나무에 이끌려 산을 바라보며 갔다는 것은 사잇길로 몰래 달아났다는 뜻이고, 반군 속에서 고생하였다는 것은 친지들이 놀라 위로한 말이다.

주 석

1 憶(억)- 그리워하다. 생각하다. 岐陽(기양)- 봉상을 말한다. 봉상이 기산의 남쪽에 있기 때문이다. 信(신)- 소식.

2 遂(수)- 마침내. 끝내. 却回(각회)- 돌아오다. 이 구는 봉상에서 장안으로 돌아오는 사람이 없었다는 뜻이다.

3 眼穿(안천)- 눈이 뚫어져라 바라보다. 간절히 바라보는 것을 뜻한다. 當落日(당락일)- 지는 해를 마주하다. 지는 해를 바라본다는 뜻이다. 봉상이 장안의 서쪽에 있었기 때문에 이런 표현을 한 것이다.

4 心死(심사)- 마음이 죽다. 著寒灰(착한회)- 찬 재를 붙이다. 마음이 활기를 잃어 차가운 재처럼 되었다는 뜻이다. '著'은 '붙이다' 또는 '두다'의 뜻이다. 여러 주석서에서 이것이 《장자》에 쓰인 '死灰'와 연관되는 것으로 보고 있지만, 《장자》의 경우 그것은 마음의 평정을 비유하는

것이기 때문에 내용상 이 시와는 관련이 없다.

[眼穿 2구] 눈이 뚫어지게 소식을 기다렸지만, 희망이 보이지 않아 절망한 모습을 표현한 것이다.

5 茂樹(무수)- 무성한 나무. 여기서 나무는 길가의 나무를 뜻한다. 行相引(행상인)- 길을 갈 때 끌어 주다. 나무가 두보의 갈 길을 인도해 준다는 뜻이다.

6 連山(연산)- 연이은 산. '連'이 옛 판본에는 '蓮'으로 되어 있었는데 조차공이 잘못된 것이라고 지적하였다. 왜냐하면 '蓮'으로 할 경우 '연산'은 화산 연화봉을 뜻하는 것이 되어 이치에 맞지 않기 때문이다. 望忽開(망홀개)- 바라보니 홀연히 산이 열리다. 멀리 연이은 산 사이로 홀연히 길이 보이는 것을 뜻한다. 이 구를 봉상현에 거의 다다랐을 때의 경물 묘사로 보기도 하고 도중의 경물 묘사로 보기도 한다.

7 所親(소친)- 친한 사람. 친지. 老瘦(노수)- 노쇠하고 몸이 수척하다.

8 辛苦(신고) 구- 친지들이 두보의 모습에 놀라며 위로한 말이다. 그러나 친지들이 놀란 것에 대하여 두보가 해명한 말로 볼 수도 있다.

其二

愁思胡笳夕[1]　淒涼漢苑春[2]　生還今日事[3]　間道暫時人[4]
司隸章初睹[5]　南陽氣已新[6]　喜心翻倒極[7]　嗚咽淚沾巾[8]

호가 소리 들리는 저녁이면 시름에 빠졌고
한나라 궁원의 봄은 처량하였지.
살아 돌아온 것은 오늘의 일
사잇길에서는 잠시만 살 사람.
사례의 전장典章을 처음 목도하니

남양의 기상이 이미 새로워,
기쁜 마음이 바뀌어 극에 이르니
흐느껴 울어 눈물이 수건을 적신다.

제2수의 시상은 제1수의 '적중래賊中來'를 이어받은 것이다. 그래서 "호가 소리 들리는 저녁이면 시름에 빠졌다."라는 말로 시작하였다. 오늘 생환하여 중흥의 기상을 보게 되었지만 사잇길에서 잠시 죽음을 면하였던 일로 인하여 오히려 흐느끼며 마음 아파한다. 3구와 4구가 나누어 시상을 이끌며 기쁨이 극에 달하여 슬퍼지는 상황을 표현하였다.

주 석

1 愁思(수사) - 근심스러운 생각을 하다. 시름에 잠긴다는 뜻이다. 胡笳(호가) - 피리의 일종으로 서역에서 유입되어 군대의 악기로 사용되었다. 여기서는 안녹산 군대의 악기를 뜻한다. 갈대를 말아 만들었다는 설도 있으나 옳지 않다.

2 漢苑(한원) - 한나라의 궁원. 여기서는 장안에 있는 당나라의 궁원을 가리킨다.

[愁思 2구] 장안에 있었을 때를 회상한 것으로 반군들의 호가 소리를 들으며 두보가 근심하였고 궁원은 봄이 되어도 처량하였음을 말한다.

3 生還(생환) - 살아 돌아오다. 今日事(금일사) - 오늘의 일. 살아 돌아올 수 있을지를 어제까지는 자신할 수 없었는데 오늘에야 비로소 생환한 것이 분명해졌다는 뜻이다.

4 間道(간도) - 사잇길. 적의 눈길을 피하고자 큰길을 두고 사잇길을 따라 도주하였음을 말한다. 暫時人(잠시인) - 잠시 목숨을 부지하고 있으나 언제 죽을지 모르는 위험에 처한 사람이라는 뜻이다.

[生還 2구] 이 2구는 의미상 도치된 것이다. 사잇길로 도망올 때는 언제 죽을지 몰랐는데 오늘에서야 비로소 살아 돌아오게 되었다는

뜻이다.

5 司隸(사례) - 벼슬 이름. 사례교위司隸校尉를 지낸 후한 광무제光武帝를 가리키는 말이다. 숙종을 광무제에 비견한 것이다. 章(장) - 전장제도典章制度. 睹(도) - 보다. 《후한서·광무제기》에 보면 광무제가 경시제更始帝의 명으로 사례교위가 되어 한나라의 전장제도를 재건하였다.

6 南陽(남양) - 지명. 《후한서》에 의하면 광무제는 남양 사람이다. 氣(기) - 기운, 기상. 상서로운 기운, 중흥의 기상을 뜻한다. 《후한서》에 의하면 광무제가 있던 남양 땅에 상서로운 기상이 가득하였다고 한다.

[司隸 2구] 숙종을 만나 보니 당나라의 전장제도를 재건하였고, 중흥의 기상이 보였다는 뜻이다. 한나라의 광무제를 끌어들인 것은 한나라를 중흥시킨 광무제처럼 숙종이 위험에 처한 당나라를 중흥시켜 주기를 바라는 마음을 표현한 것이다.

7 翻倒(번도) - 바뀌다. 뒤집히다. 이 구는 기쁨이 슬픔으로 바뀌었다는 뜻이다.

8 嗚咽(오열) - 흐느끼다. 沾(첨) - 적시다. 巾(건) - 수건.

其三

死去憑誰報[1]　歸來始自憐[2]　猶瞻太白雪[3]　喜遇武功天[4]
影靜千官裏[5]　心蘇七校前[6]　今朝漢社稷[7]　新數中興年[8]

죽었다면 누구를 통하여 알릴 수 있었으랴?
돌아와서 비로소 스스로를 가련히 여기나,
그래도 태백의 눈을 보게 되고
기쁘게 무공의 하늘을 만났다.
뭇 관원들 속에서 그림자 고요하고

칠교 앞에서 마음이 살아나니,
오늘 아침 한나라 사직은
중흥의 해를 새로 헤아리게 되었다.

제3수의 시상은 위의 '잠시인暫時人'을 이어받은 것이다. 그래서 "죽었다면 누구를 통하여 알릴 수 있었으랴?"라는 말로 시작하였다. 눈을 보고 하늘을 만난 것은 다행히 행재소에 의지하게 되었다는 것이고, 천관과 칠교를 말한 것은 친히 조정의 반열을 목도하였다는 것이고, 새로 중흥을 헤아리게 되었다는 것은 이제부터 편안히 다스려질 것이라는 말이니, 모두 시름을 잊고 기뻐하게 된 마음을 표현한 것이다.

주 석

1 死去(사거) - 죽어 버리다. '去'는 다음 구의 '來'와 상반되는 상황을 나타낸다. 憑誰報(빙수보) - 누구를 의지하여 알리나, 누구를 통하여 알리나. 이 구는 사잇길에서 죽었으면 그 소식을 전해 줄 사람도 없었을 것이라는 뜻이다.

2 歸來(귀래) - 봉상에 이른 뒤에야 자신의 신세가 가련하게 느껴졌다는 뜻으로 사잇길로 오는 도중에는 그런 마음을 가질 여유조차 없었음을 알려준다.

3 瞻(첨) - 쳐다보다. 太白(태백) - 봉상 부근에 있는 산 이름.

4 遇(우) - 만나다. 武功(무공) - 고을 이름. 산 이름도 된다.

5 影靜(영정) - 그림자가 고요하다. 이전과 달리 안정된 시인의 심신을 표현한 것이다. 千官(천관) - 모든 관원.

7 漢社稷(한사직) - 여기서는 당나라의 사직을 두고 말한 것이다.

8 數(수) - 헤아리다. 꼽다. 中興年(중흥년) - 중흥의 해.

(**이영주**)

12. 奉和賈至舍人早朝大明宮

중서사인 가지의 〈조조대명궁〉에 받들어 화답하다

五夜漏聲催曉箭[1] 九重春色醉仙桃[2]
旌旂日暖龍蛇動[3] 宮殿風微燕雀高[4]
朝罷香煙攜滿袖[5] 詩成珠玉在揮毫[6]
欲知世掌絲綸美[7] 池上于今有鳳毛[8]

오경 물시계 소리 새벽을 재촉하는데
구중궁궐의 춘색에 복사꽃 취한 듯 붉구나.
깃발은 햇볕 따사로워 용과 뱀이 꿈틀대고
궁전은 바람 살랑 불어 제비와 참새 높이 난다.
조회를 끝내고 향기로운 연기를 소매 가득 담아와
붓을 휘두르니 주옥같은 시가 이루어지네.
대대로 조서를 맡은 아름다움을 알고자 하는가
연못 위에 지금 봉황이 있다네.

이 시는 건원 원년 봄 좌습유로 봉직하고 있던 두보가 중서사인 가지의 〈조조대명궁정량성료우早朝大明宮呈兩省僚友〉에 화답하여 지은 것이다. 두보 외에도 왕유, 잠참 등이 시를 지어 화답하였다. 두보는 이 시에서 궁궐의 봄 경치를 묘사하면서 아울러 가지의 문재를 칭송하고 있다. '사인'은 '중서사인中書舍人'을 가리키며 중서성의 관리로서 황제의 칙서를 관장한다. '조조'는 이른 아침에 조회하는 것을 가리킨다. '대명궁'은 장안성 동쪽에 있던 궁궐로서 '동내東內'라고 하였으며 이곳에서 조회가 가장 빈번하게 열렸다.

주 석

1 五夜(오야)- 오경. 밤 시간 전체를 아울러 말한 표현으로 보기도 한다. 漏聲(누성)- 물시계에서 물이 떨어지는 소리. 箭(전)- 물시계 바늘을 가리킨다.

2 九重(구중)- 구중궁궐. 醉仙桃(취선도)- 궁궐의 복사꽃이 취한 듯 붉다는 말이다. '선仙' 자를 쓴 것은 궁궐 내에 있는 복숭아나무이기 때문이다. 이 구절은 구중궁궐의 완연한 춘색에 복사꽃이 술에 취한 듯 붉다는 말이다.

3 旌旂(정기)- 깃발. 이 구절은 날이 따뜻해져 깃발에 그려진 용과 뱀이 꿈틀댈 것만 같다는 말이다.

4 風微(풍미)- 바람이 약하다. 燕雀高(연작고)- 제비와 참새가 높이 난다. 이 구절에 대하여 조차공은 "혹자는 천착하여 '연작이 높이 난다'는 것을 가지고 소인이 지위를 얻었음을 비유한다고 하는데, 그렇다면 용과 뱀이 움직인다고 하는 것은 무엇을 비유한 것인가? 후학 중에 이처럼 멋대로 두시를 논하는 자가 있다."라고 설명하였다.

5 朝罷(조파)- 조회가 끝나다. 携滿袖(휴만수)- 소매 가득 가지고 오다. 이 구절은 중서사인 가지가 조회를 끝내고 돌아오는데, 대명궁 정선의 향연이 옷에 가득 배어 있다는 말이다.

6 珠玉(주옥)- 여기서는 가지가 지은 훌륭한 시를 가리킨다. 在揮毫(재휘호)- 휘두르는 붓끝에 있다. 가지가 붓을 놀리면 주옥같은 작품들이 지어진다는 말이다.

7 世掌(세장)- 대대로 담당하다. 絲綸美(사륜미)- 임금의 칙서를 쓰는 아름다움. '絲綸'은 조칙의 뜻이다. 이 구절은 가지가 부친의 뒤를 이어 임금의 칙서를 관장하는 영예를 누리고 있다는 말이다.

8 池上(지상)- 여기서는 봉지鳳池, 즉 중서성을 가리킨다. 于今(우금)- 지금. 鳳毛(봉모)- 봉황의 깃털. 화려한 풍도와 걸출한 재화를 가진 사람을 비유한다. 특히 아들이 아버지의 뒤를 이어 문장에 뛰어날 경우를 일컫는 말이다. 《세설신어》에 "진晉 왕소王劭는 풍채가 그 아버지 왕도王導를 닮았다. 환온桓溫이 말하기를 '왕소가 본디 봉의 깃털이 있다'

고 하였다."라는 기록이 있다.

附 早朝大明宮呈兩省僚友 賈至

대명궁에서 일찍 조회를 한 후에 두 성의 동료들에게 바치다

銀燭朝天紫陌長[1] 禁城春色曉蒼蒼[2]
千條弱柳垂青瑣[3] 百囀流鶯遶建章[4]
劍佩聲隨玉墀步[5] 衣冠身惹御爐香[6]
共沐恩波鳳池裏[7] 朝朝染翰侍君王[8]

은촉을 켜고 조회하러 갈 제 경사의 길은 길고
궁궐의 춘색은 새벽녘 푸르기만 하다.
천 줄기 부드러운 버들은 청쇄문에 늘어졌고
흐르는 듯 쉼 없이 지저귀는 꾀꼬리 소리 건장궁을 둘렀어라.
칼과 패옥 소리가 옥섬돌을 오르는 발걸음을 따르고
의관을 갖춘 몸에는 어전 향로의 향기 배었구나.
봉지에서 함께 은혜의 물결에 목욕하며
아침마다 붓을 적시어 군왕을 모시노라.

이 시는 건원 원년 봄 중서사인으로 재직하고 있던 가지가 지은 것으로 중서성과 문하성의 관리였던 두보, 왕유, 잠삼 등에게 보인 것이다. 이른 조회의 풍경을 평화롭고 아름답게 묘사하고 있다.

주 석

1 銀燭(은촉) - 은빛 초. 朝天(조천) - 천자께 조회하다. 천자를 배알하다. 紫陌(자맥) - 황제가 있는 경사의 길을 가리킨다.

2 蒼蒼(창창) - 푸르다. 가득하다.

3 靑瑣(청쇄) - 청쇄문. 본래 한나라 때 있었던 궁궐의 문 이름으로 쇠사슬 모양을 새기고 푸른 칠을 하였으므로 '청쇄문'이라고 하였다. 여기서는 중서성의 문을 가리킨다.

4 百囀(백전) - 새들이 시끄럽게 지저귀는 것을 뜻한다. 流鶯(유앵) - 흐르는 듯한 꾀꼬리의 울음소리. 遶(요) - 두르다. 에워싸다. '요繞'와 같다. 建章(건장) - 건장궁. 한나라의 궁전 이름. 여기서는 대명궁을 가리킨다.

5 劍佩聲(검패성) - 검과 패옥이 흔들리면서 나는 소리. 玉墀(옥지) - 옥돌을 깐 계단. 여기서는 조회가 열리는 정전의 계단을 가리키는 말이다. 이 구절은 조회에 참석하는 신하들이 정전으로 향하여 부지런히 걷는 모습을 형용한 것이다.

6 衣冠身(의관신) - 의관을 갖춘 몸. 신하들을 가리킨다. 惹(야) - 배어들다. 御爐(어로) - 대전에 있는 향로.

7 恩波(은파) - 은택. 황제의 은택을 말한다. 鳳池(봉지) - 봉황지. 중서성을 가리킨다. 본래는 금원 안에 있는 연못을 가리키는 말이었으나 위진 이후로 중서성을 금원에 설치하여 중대사를 관장하게 함에 따라 천자와 가까이 있게 되었기에 '봉황지'라 칭한 것이다.

8 朝朝(조조) - 매일 아침. 아침마다. 染翰(염한) - 붓을 적시다.

附 和賈舍人早朝大明宮之作 王維

가사인의 〈조조대명궁〉에 화답하다

絳幘鷄人報曉籌[1] 尙衣方進翠雲裘[2]

九天閶闔開宮殿[3] 萬國衣冠拜冕旒[4]
日色纔臨仙掌動[5] 香烟欲傍袞龍浮[6]
朝罷須裁五色詔[7] 佩聲歸向鳳池頭[8]

붉은 두건 쓴 계인이 새벽을 알리니
상의는 막 푸른 구름 갖옷을 올리네.
구천의 천문처럼 궁전이 열리고
만국의 신하들 천자께 절하네.
햇볕이 선인의 손바닥에서 막 움직이고
향연이 곤룡포에 다가들어 떠오를 듯.
조회 끝나니 오색의 조서를 마름질하러
패옥 소리 찰랑거리며 봉황지로 돌아간다네.

이 시는 왕유가 가지의 〈조조대명궁정량성료우早朝大明宮呈兩省僚友〉에 화답하여 지은 것이다. 당시 왕유는 가지와 함께 중서사인으로 있었다.

주 석

1 絳幘(강책)- 붉은 두건. 鷄人(계인)- 궁중에서 날이 밝은 것을 알려 잠을 깨우는 일을 맡은 사람. 曉籌(효주)- 새벽 시간. 《한관의漢官儀》에 "궁중의 낮은 관리들은 모두 닭을 키울 수가 없었다. 밤에 해뜨기 전 삼각에 닭이 울면 경비하는 군사가 주작문 밖에서 기다렸다가 붉은 두건을 쓰고 닭울음 소리를 내었다."라는 기록이 보인다.

2 尙衣(상의)- 천자의 복식을 관장하는 관리. 翠雲裘(취운구)- 푸른 구름의 문채가 있는 갖옷.

3 九天(구천)- 하늘을 통칭하여 이르는 말. 閶闔(창합)- 천문. 이 구절은 하늘의 문이 열리듯이 궁전의 문들이 열린다는 말이다.

4 萬國(만국) - 만방. 衣冠(의관) - 여기서는 신하들을 가리킨다. 冕旒(면류) - 여기서는 천자를 가리킨다.

5 日色(일색) - 햇빛. 纔(재) - 막. 仙掌(선장) - 이슬을 받는 승로반承露盤을 받들고 있는 동으로 만든 신선의 손바닥. 이 구절은 햇볕이 승로반을 받치고 있는 신선의 손에 움직이는 듯하다는 말이다.

6 傍(방) - 다가가다. 붙다. 袞龍(곤룡) - 곤룡포.

7 五色詔(오색조) - 오색의 종이에 쓴 천자의 조서.

8 佩聲(패성) - 가지가 찬 패옥이 내는 소리를 가리킨다. 鳳池(봉지) - 중서성을 가리킨다.

附 和前　　岑參

앞 시에 화답하다

鷄鳴紫陌曙光寒[1]　　鶯囀皇州春色闌[2]
金闕曉鐘開萬戶[3]　　玉階仙仗擁千官[4]
花迎劍佩星初落[5]　　柳拂旌旗露未乾[6]
獨有鳳凰池上客[7]　　陽春一曲和皆難[8]

닭 우는 경사의 길에 새벽빛 차가운데
꾀꼬리 울어 황도의 봄빛이 흐드러졌구나.
금궐의 새벽 종소리에 천문만호가 열리고
옥섬돌에는 의장대가 천관을 옹위하누나.
꽃이 칼과 패옥을 맞이할 제 별은 갓 지고
버들이 깃발을 스칠 제 이슬은 아직 마르지 않았어라.
봉황지의 홀로 뛰어난 객이여

〈양춘〉 한 곡에 화창하기 모두 어렵기만 하네.

이 시는 당시 우보궐로 있었던 잠참이 가지의 〈조조대명궁정량성료우早朝大明宮呈兩省僚友〉에 화답하여 지은 것이다. 이른 조회의 풍경을 아름답고 자연스럽게 잘 묘사하고 있다.

주 석

1 曙光(서광) - 새벽빛.

2 皇州(황주) - 황도皇都. 闌(난) - 다해 가다. 흐무러지다. 여기서는 '난만闌漫'의 뜻으로 무르익었다는 말이다.

3 萬戶(만호) - 천문만호千門萬戶. 궁궐 안의 많은 문을 가리킨다.

4 仙仗(선장) - 천자의 의장대.

5 劍佩(검패) - 검과 패옥을 찬 신하들을 가리킨다. 星初落(성초락) - 별이 막 지다. 이른 새벽임을 나타낸다.

6 旌旗(정기) - 여기서는 의장대의 깃발을 가리킨다.

7 鳳凰池(봉황지) - 중서성을 가리킨다. 客(객) - 중서사인 가지를 가리킨다.

8 陽春(양춘) - 곡명. 여기서는 가지가 지은 시 〈조조대명궁정량성료우〉를 가리킨다. 和(화) - 화창하다. 화답하다. 이 구절은 가지가 지은 시의 수준이 너무 높아 응대하기가 어렵다는 말이다. 송옥의 〈대초왕문對楚王問〉에 "영郢에서 노래하는 객이 있었는데, 그가 처음 '하리下里'와 '파인巴人'을 부르자 도성 안에 그 노래를 좇아 화창하는 자가 수백이나 되었다. 그가 '양춘陽春'과 '백설白雪'을 노래하자 도성 안에서 그 노래를 좇아 화창하는 자가 몇 사람에 불과하였다. 이는 곡이 수준이 높을수록 화창하는 자가 더욱 적어지기 때문이다."라는 설명이 있다.

(**김성곤**)

13. 春宿左省
봄에 좌성에서 숙직하다

花隱掖垣暮[1]　啾啾棲鳥過[2]　星臨萬戶動[3]　月傍九霄多[4]
不寢聽金鑰[5]　因風想玉珂[6]　明朝有封事[7]　數問夜如何[8]

대궐의 담장에 꽃도 숨어드는 저녁,
둥지에 깃들려는 새들이 울며 지나간다.
별은 만호에 임하여 움직이고
달은 구중궁궐을 곁 하여 많은 빛 뿌린다.
궐문 열리는 소리 듣고자 잠 못 이루고
바람 소리에 말굴레 장식 소리인가 생각한다.
내일 아침 올릴 상주문 있어
밤이 얼마나 되었는지 자주 물어본다.

이 시는 건원 원년 봄 두보가 좌습유로 재직하고 있을 때 문하성에서 숙직하면서 본 경물과 자신의 감회를 적은 것이다. 궁중의 저녁 무렵 경치와 밤 분위기를 묘사하고 간관으로서의 책임감 때문에 밤새 잠 못 이루는 자신의 모습을 그려 내었다. 제목의 '左省'은 문하성을 지칭한다.

주 석

1 掖垣(액원) - 황궁의 곁담. 당대唐代에는 황궁 내의 좌우 양쪽에 문하성門下省과 중서성中書省이 위치하였으므로 이 두 성을 '액원'이라고 불렀다. 여기서는 문하성을 가리킨다.
2 啾啾(추추) - 새가 우는 소리.
3 萬戶(만호) - 궁궐의 많은 문. 이 구는 달이 뜨기 전의 상황을 말한

것이다.

4 九霄(구소)- '구천九天'과 함께 높은 하늘을 뜻하는 말로 여기서는 구중궁궐을 비유한다.

5 不寢(불침)- 잠들지 못하다. 金鑰(금약)- 금으로 만든 문고리. 이 구는 '잠들지 못하여 궁중의 문고리 소리를 들은 것 같다'는 의미로 볼 수도 있다.

6 玉珂(옥가)- 말굴레에 달았던 옥 장식품.

7 封事(봉사)- 밀봉한 주소奏疏. 간관이 상주할 때 누설을 막기 위하여 상주문을 봉하였기 때문에 '봉사'라 하였다.

8 數(삭)- 자주. 夜如何(야여하)- 밤이 얼마나 깊었는가?

(**이석형**)

14. 曲江二首

곡강 2수

一片花飛減却春[1] 風飄萬點正愁人[2]
且看欲盡花經眼[3] 莫厭傷多酒入脣[4]
江上小堂巢翡翠[5] 苑邊高塚臥麒麟[6]
細推物理須行樂[7] 何用浮名絆此身[8]

한 조각 꽃잎 날아도 봄빛을 줄이는데
바람에 나부끼는 만 점 꽃잎은 진정 사람을 시름겹게 하여라.
지는 꽃잎이 눈앞에 스치는 것 잠시 바라보나니
과다한 술 입술에 들이는 것 싫어하진 말아야지.
강가의 작은 집엔 물총새가 둥지를 틀고
궁원宮苑 옆 높은 무덤에는 기린이 누워 있네.
사물의 이치 곰곰이 생각하면 모름지기 놀며 즐겨야지
어찌 헛된 명예로 이 몸 얽어매랴.

이 시는 건원 원년 늦은 봄 두보가 좌습유로 재직할 때 곡강 일대의 경치를 보고 벼슬길에서 뜻을 얻지 못한 자신의 신세에 대한 감회를 적은 연작시이다. 당시 숙종은 현종 때의 옛 신하들을 배제하였는데, 이때 두보도 억압을 받아 간관의 직책을 제대로 수행할 수 없었다.

곡강은 장안 동남쪽에 있던 못인데 그 모양이 굽어 흐르는 강과 같았기 때문에 붙여진 이름이다. 연못 주변에는 자운루紫雲樓, 부용원芙蓉苑, 자은사慈恩寺, 낙유원樂游原 등의 명승지가 있었다.

제1수는 '급시행락'의 뜻이 있다. 한 조각의 꽃잎이 날리다 이제는 온갖 꽃잎이 바람에 날리는 모습은 사람을 시름겹게 한다. 이에 시인은 술을 빌려 이 시름을 풀려고 생각하였다. 또 주인 없는 빈집에 새들이 마음대로 둥지를 틀고, 아무도 돌보지 않는 무덤이 피폐해져 석상이 넘어져 누워 있는 것을 보면서 사물의 성쇠가 일정하지 않다는 이치를 깨닫고 가능한 때에 인생을 즐기려는 마음을 갖게 되었다.

주 석

1 減却春(감각춘)- 봄빛을 덜다. 봄빛을 줄이다.

2 風飄萬點(풍표만점)- 바람이 만 점의 꽃잎을 날리다. 바람에 만 점의 꽃잎이 날리다.

3 且(차)- 잠시. 우선. 그런대로. 欲盡花(욕진화)- 지려고 하는 꽃. 다 떨어져 가는 꽃. 經眼(경안)- 눈앞을 지나다.

4 傷多酒(상다주)- 지나치게 많은 술. '傷'은 '아주(太)'의 뜻이다. 많이 마시면 몸을 상하게 하는 술로 번역하기도 있다. 入脣(입순)- 술을 마신다는 의미이다.

5 小堂(소당)- 작은 집. 翡翠(비취)- 물총새. 이 구절은 작은 집이 주인 없이 비어 새가 마음대로 둥지를 틀게 되었다는 뜻이다.

6 苑邊(원변)- 궁원 옆. 여기서 궁원은 부용원을 가리킨다. 高塚(고총)- 높다란 무덤. 麒麟(기린)- 기린 형상으로 만든 무덤 앞의 석물石物을 뜻한다.

7 細推物理(세추물리)- 사물의 이치를 자세히 미루어 살피다. 須行樂(수행락)- 모름지기 놀며 즐겨야 한다. 앞에서 말한 술 마시는 일을 두고 언급한 것으로 볼 수 있다.

8 浮名(부명)- 헛된 명예. 絆(반)- 얽어매다.

其二

朝回日日典春衣[1] 每日江頭盡醉歸[2]
酒債尋常行處有[3] 人生七十古來稀
穿花蛺蝶深深見[4] 點水蜻蜓款款飛[5]
傳語風光共流轉[6] 暫時相賞莫相違[7]

조회에서 돌아오면 날마다 봄옷 잡혀
매일 곡강 가에서 흠뻑 취해 돌아오나니,
술빚은 늘 가는 곳마다 있고
인생살이 칠십은 예로부터 드물다네.
꽃 사이를 누비는 나비는 깊이깊이 보이고
물을 찍는 잠자리 느릿느릿 날고 있는데,
풍광에 말 전한다, 함께 유전하는 터에
잠시나마 즐기는 일 저버리게 하지 말라고.

제2수에서는 봄날에 경물을 완상하는 뜻을 나타내고 있다. 옷을 저당 잡히고 술에 취하였으니 가난한 벼슬살이지만 흥취는 호방하다. 예로부터 일흔 살까지 살았던 사람은 드물기에 모름지기 흠뻑 취해야만 하였다. 꽃 사이를 나는 나비와 물 위의 느릿느릿 날고 있는 잠자리를 바라보면서 잠시나마 이런 화창한 봄 풍광을 즐기는 행운이 어그러지지 않기를 바라는 마음을 담아내었다.

주 석

1 朝回(조회) - 조회朝會에서 돌아오다. 典(전) - 전당 잡히다.

2 江頭(강두)- 강가. 곡강 근처를 말한다. 盡醉歸(진취귀)- 흠뻑 취하여 돌아오다.

3 酒債(주채)- 술빚. 외상 술값. 尋常(심상)- 늘. 으레.

4 穿花(천화)- 꽃 사이를 뚫고 지나가다. 꽃 사이를 누비다. 蛺蝶(협접)- 나비. 호랑나비. 深深(심심)- 깊이깊이. 깊숙이. 이 구는 나비가 꽃 사이를 보일 듯 말 듯 날아다니고 있음을 말한 것이다.

5 點水(점수)- 물에 닿다. 물을 찍다. 蜻蜓(청정)- 잠자리. 고추잠자리. 款款(관관)- 느릿느릿한 모습. 이 구는 잠자리가 물에 닿았다가 다시 천천히 날고 있음을 말한 것이다. 잠자리가 물을 찍는 것은 알을 낳기 위해서라고 한다.

6 傳語(전어)- 말을 전하다. 풍광에 말을 전한다는 말이다. 風光(풍광)- 봄빛. 앞에 나온 나비와 잠자리 등을 받는 말이다. 共(공)- 함께. 流轉(유전)- 유전하다. 떠돌다.

7 暫時相賞(잠시상상)- 잠시 그대를 감상하다. 잠시 그대를 즐기다. 莫相違(막상위)- 나를 저버리지 말라. 이 구는 두보가 풍광에 좀 더 오래 머물러 달라는 뜻을 전한 것이다.

(**이석형**)

15. 九日藍田崔氏莊
중양절 남전의 최씨 별장

老去悲秋强自寬[1] 興來今日盡君歡[2]
羞將短髮還吹帽[3] 笑倩傍人爲正冠[4]
藍水遠從千澗落[5] 玉山高並兩峯寒[6]
明年此會知誰健[7] 醉把茱萸仔細看[8]

늙어 가면서 슬픈 가을이면 힘써 마음을 너그럽게 하였는데
흥이 나서 오늘 그대와 즐거움 다하여야겠네.
부끄럽게도 짧아진 머리칼인데 또 모자에 바람이 부니
웃으며 옆 사람에게 관을 바로 잡아 달라 부탁하네.
남수는 멀리 일 천 골짜기로부터 떨어지고
옥산은 높이 두 봉우리 곁에서 서늘하네.
내년 이 모임에 누가 건재할까?
취하여 수유를 쥐고 자세히 들여다보네.

이 시는 9월 9일 중양절 남전에 있는 최씨 별장에서의 감회를 적은 것이다. 가을은 본디 슬픈 계절이라 한다. 도연명은 일찍이 〈기유세구월구일己酉歲九月九日〉에서 "점차 가을 이미 저물고, 처량하게 바람과 이슬 닥쳐온다. 덩굴풀 다시 뻗지 않고, 원림은 그저 절로 시들어 간다.(靡靡秋已夕, 凄凄風露交. 蔓草不復榮, 園林空自凋.)"라고 이날을 맞은 슬픈 감회를 읊은 바 있다. 두보는 당시 늙어 가는 몸으로 전란 속에 내쳐져 떠도는 신하의 몸이었으니 그 슬픔은 전원으로 회귀한 도연명에 비할 바가 아니었을 것이다. 두보는 그 슬픈 심사를 '자관自寬'을 통하여 힘써 의연히

견디고자 하였건만 '힘써[强]'라는 말에서 역시 용이치 않은 일임을 알게 된다. 그나마 위안으로 삼을 수 있는 것은 "무엇으로 내 마음 달랠 것인가? 탁주로 잠시 혼자서 즐거워지자.(何以稱我情, 濁酒且自陶.)"라고 하여 그저 탁주 몇 잔으로 고독을 달랬던 도연명과 달리 이날 두보는 지인인 최씨의 장원에 들러 그와 함께하고 있다는 점이다. 2구에서 나는 '흥'은 최씨 장원의 잠시 안온한 술자리로 인한 것이로되, 역시 '노거비추'의 감회가 스며 있다 해야 할 것이다. 최대한 '즐거움을 다하고자' 하는 모습에서 만고의 시름을 안고 사는 "인생길에서 뜻을 얻었을 때 모름지기 즐거움을 다해야 한다."라고 외친 이백의 상심이 떠올려지는 것은 이 때문이다. 이런 까닭에 '노거老去'와 '흥래興來'를 전편의 강령이라고 하는 주장이 있다. 3, 4구에서 맹가孟嘉의 '취모' 고사를 뒤집어 활용함으로써 용전의 새로운 면모를 드러내었다. 정감에 있어서는 여전히 '노거'와 '흥래'에서 벗어나지 않는다. 하지만 '자관'을 통하여 의연함을 유지하고자 하는 품새에서 맹가의 풍류와는 또 다른 풍류가 느껴진다. 5, 6구의 '일천 골짜기로부터 떨어짐'과 '두 봉우리가 멀리 솟아 있음', 이것은 최씨 장원의 장대한 경관이다. 이는 분명 2구의 '흥래'에 일조하였을 것이다. 한편 이들 경물은 '노당익장'을 견지하는 '강자관'의 태도로 인하여 특별히 선택된 것이라 보아도 좋을 것이다. 7, 8구에서는 다시 '노거비추'로 돌아갔다. 산수는 탈이 없으나 인간사는 알기 어려움에 생각이 미치고, 이에 "취하여 수유를 쥐고 자세히 들여다보네."라는 진행형으로 마무리하였다. 사악한 기운을 막아 준다는 수유, 그것을 가만히 들여다보는 행위는 무엇을 의미하는가? 앞날에 대한 불안인가? 지나온 삶의 역정에 대한 돌아봄인가? 하여간에 "즐거움 다하여야겠네."라고 하여 잠시 누리고자 하였던 '환락'에 대한 기대는 이렇게 불완전한 상태로 마감되었다. '수유를 쥐고 자세히 들여다봄'에 동참하는 독자들 또한 깊고 오묘한 시의 세계로 빠져들게 될 것이다. 두보 칠언율시 가운데 명편이다.

이 시의 저작 시기를 지덕 원년 두보가 장안에 있을 때로 보는 견해가 있다. 남전이 장안에서 멀지 않은 거리에 있기 때문이다. 그러나 당시 장안은 반군의 수중에 떨어진 상태로서 남전까지 가는 것은 불가능하였을 것이고, 혹 갈 수 있었다 하더라도 '흥이 나서 그대가 베풀어 준 즐거움을 다한다'는 것은 역시 당시의 상황과 어울리는 내용이 아니다. 따라서 이 시는 화주에서 사공참군을 지내던 건원 원년에 지은 것으로 보는 것이 일반적이다. 화주에서 남전까지의 거리는 80리 정도가 된다.

주 석

1 悲秋(비추) - 슬픈 가을. 自寬(자관) - 스스로 마음을 넓게 가지다.

2 興來(흥래) - 흥이 일다. 盡君歡(진군환) - 그대가 베푼 즐거움을 다하다. 주인 최씨가 베풀어 준 환대를 만끽하겠다는 의미이다.

3 羞(수) - 부끄럽다. 將短髮(장단발) - 짧은 머리칼을 가지고 있다. 머리칼이 짧아졌다는 것은 노쇠해졌음을 의미한다. 吹帽(취모) - (바람이) 모자에 불다. 진晉 맹가孟嘉의 고사가 사용되었다. 맹가가 환온桓溫의 참군이 되어 중양절에 용산龍山에서 노닐게 되었다. 막료들이 모두 모였을 때 마침 바람이 불어와 맹가의 모자를 날려 떨어뜨리니 환온이 손성孫盛에게 명하여 글을 지어 놀리게 하였다. 이 구는 늙어서 머리칼이 짧아졌는데, 거기에 바람이 불어와 모자가 떨어질까 부끄러워하였다는 뜻이다.

4 倩(천) - 청하다. 부탁하다. 傍人(방인) - 옆 사람. 爲(위) - 위하여. 나를 위하여. 正冠(정관) - 관을 바로 하다.

5 藍水(남수) - 남전藍田을 흐르는 강 이름. 千澗(천간) - 많은 골짜기.

6 玉山(옥산) - 옥산. 남전산藍田山. 並(방) - 곁. 가까이. '傍'과 같은 의미이다. '병'으로 읽어 '나란히'의 뜻으로 보기도 한다. 兩峯(양봉) - 두 산봉우리. 운대산雲臺山이라는 설이 있으나 확실치 않다.

7 知誰健(지수건) - 누가 건재할지를 아는가? 두보가 오랑캐의 난리를 당하여 훗날의 모임을 기필할 수 없기에 이러한 말을 하였다.

8 把(파) - 잡다. 茱萸(수유) - 수유. 9월 9일 중양절, 수유를 차고 국화주

를 마시며 높은 곳에 오르면 장수한다고 한다. 仔細看(자세간)- 자세히 보다. 손에 잡은 수유를 자세히 들여다본다는 뜻이다.

(**이남종**)

16. 崔氏東山草堂

최씨 동산초당

愛汝玉山草堂靜[1]	高秋爽氣相鮮新[2]
有時自發鐘磬響[3]	落日更見漁樵人[4]
盤剝白鴉谷口栗[5]	飯煮青泥坊底芹[6]
何爲西莊王給事[7]	柴門空閉鎖松筠[8]

그대 옥산 초당의 고요함을 사랑하나니
가을날 상쾌한 기운과 어울려 신선도 하구나.
때로 종과 경 소리 저절로 울리고
해 질 녘엔 또 어부와 나무꾼 보이네.
쟁반에 백아곡 어귀의 밤을 깎아 놓고
밥은 청니방 부근 미나리와 함께 삶았구나.
어찌하여 서쪽 장원의 왕급사는
공연히 사립문 닫아걸고 소나무와 대나무 가두어 두었는가?

이 시는 두보가 최씨의 초당을 방문하여 주변의 경관을 통하여 느낀 한적한 운치와 이웃한 서장西莊의 왕유에 대한 풍자를 적은 것이다. 이 시에 언급된 최씨 동산초당은 왕유의 내형인 최계중의 장원으로 왕유의 망천장과 이웃하고 있었다. 시의 내용으로 보아 두보는 이웃한 왕유의 별장에 찾아갔다가 만나지 못한 듯한데, 당시 왕유는 조정에 벼슬을 살러 가면서 장원의 문을 닫아 두었던 것으로 보인다. 이에 시인은 한적한 자연 속에서 누리는 자유로움을 만끽하면서 이를 버리고 떠난 왕유에게 속히 돌아올 것을 권한 것이다. 이 시의 저작 시기는 건원 원년 가을로 보이는데 당시 두보는 화주의 서남쪽에 자리한 남전현에 있었다. 이 시는 또한 특이한 구법의 요체시로도 주목된다.

주 석

1 玉山(옥산) - 시제에 나오는 동산東山. 또는 남전산藍田山이라고도 한다.

2 相鮮新(상선신) - 서로 신선하게 하다. 여기서는 옥산의 고요한 정취와 가을의 기후가 서로 잘 어울림을 말한다.

3 鐘磬(종경) - 종과 경. 이 구는 주변에 사찰이 있음을 말한 것이다.

4 漁樵人(어초인) - 어부와 나무꾼.

5 盤(반) - 쟁반. 剝(박) - 깎다. 白鴉谷(백아곡) - 지명. 초당 근처의 지명으로 밤이 많이 생산되었다고 한다.

6 飯(반) - 밥. 煮(자) - 삶다. 조리하다. 青泥坊(청니방) - 지명. 청니성의 제방. 芹(근) - 미나리.

7 西莊(서장) - 서쪽 별장. 두보가 놀러 온 최씨의 별장으로부터 서쪽에 위치하고 있어 서장이라 한 것이다. 王給事(왕급사) - 왕유. 왕유는 당시 급사중給事中의 벼슬에 있었다.

8 柴門(시문) - 사립문. 鎖松筠(쇄송균) - 소나무와 대나무를 가두어 두다.

(**박홍준**)

17. 秦州雜詩二十首
진주잡시 20수

滿目悲生事[1]　因人作遠遊[2]　遲迴度隴怯[3]　浩蕩及關愁[4]
水落魚龍夜[5]　山空鳥鼠秋[6]　西征問烽火[7]　心折此淹留[8]

눈에 가득한 먹고사는 일의 슬픔이여
남에 기대어 살고자 멀리 길을 떠났어라.
머뭇머뭇 겁먹은 채 농산을 지나고
가없는 수심 안고 관문에 이르렀네.
물 빠진 어룡천의 밤
텅 빈 조서산의 가을.
서쪽으로 가다가 봉화의 소식을 묻고는
마음 꺾이어 이곳에서 머무노라.

이 20수는 건원 2년 가을 진주에서 쓴 연작시이다. 두보가 화주에서 벼슬을 버리고 기근을 피하여 장안 서쪽에 있는 진주로 와서 머문 시기에 지었다. 두보는 이 연작시에서 진주의 풍경이나 변새의 일, 객지살이의 고단함이나 우국우민의 의론 등을 적었다. 이 연작시는 종래로 많은 평자의 관심을 끌었으며 후한 평가를 받았다. 두보가 〈진주잡시〉에서 보여주는 진주의 이채로운 풍광이나 풍속 묘사는 '두보의 시집은 그림책(圖經)이다.'라고 할 정도로 높이 평가를 받았다. 그런데 이 연작시가 특히 주목을 받는 것은 작품 곳곳에 깊이 스며 있는 두보의 짙은 감회 때문이다. 진주가 서역으로 가는 길목에 있는 곳이었으므로 〈진주잡시〉에서 두보는 주로 토번의 발호에 대한 깊은 우려를 드러낸다. 그러한 우려는 정작 자신은 아무것도 할 수 없다는 데서 오는 깊은 절망감으로 얽히고, 마침내 세상을 등지고 숨어 버리고 싶은 은거에의 지향으로 흐르게 된다. 포기룡은 이러한 두보의 복잡한 심사를 '비세悲世'와 '장신藏身'이라는 용어를 써서 분석하기도 하였다. '세상에 대한 깊은 탄식'과 '세상으로부터의 도피'로 본 것이다. 이러한 분석에 이르면 두보의 〈진주잡시〉는 '잡시'라는 제목이 주는 수의성隨意性에도 불구하고 진주시기 두보의 심적을 이해하는 중요한 창작물이 된다. 변새의 풍물과 풍속을 묘사한 단순한 기행시가 아니라 벼슬을 버리고 야인으로서의 삶을 시작한 시기의 두보의 독특한 심태를 드러내는 영회시로 이해할 수 있다는 말이다. 아울러 일반적인 잡시가 고체시임에 반해 20수 전체가 율시라는 특징 또한 주목할 만하다.

제1수에서는 처음 진주에 도착한 일을 말하였다. 첫째 연에서는 진주로 가게 된 연유를 적었고, 둘째 연에서는 진주로 들어가기까지의 어려움을 적었으며, 셋째 연에서는 진주에 도착하여 본 풍경을 적었다. 마지막 연에서는 진주에 객거하면서 느끼는 심사를 적었다.

주 석

1 滿目(만목) - 눈에 보이는 것 모두. 生事(생사) - 삶을 꾸려 가는 일. 생계. 이 구절은 두보가 이전에 살았던 지역에 심한 기근이 들어 생계가 어려워졌음을 말한 것이다.

2 因人(인인) - 남에게 의지하다. 당시 두보가 의지할 만한 사람이 진주에 있다는 말로 보인다. 당시 진주에 살고 있었던 조카 두좌杜佐로 보는 설이 있다. 遠遊(원유) - 멀리 가다. 여기서는 두보가 가족을 이끌고 화주로부터 진주로 오게 된 것을 가리킨다.

3 遲迴(지회) - 주저하며 나아가지 못하는 모양. 隴(농) - 농산隴山을 가리킨다. 진주로 가는 길에 넘어야 하는 높은 산이다.

4 浩蕩(호탕) - 끝없이 이어지는 모습. 關(관) - 농관隴關. 농 지역에 있는 관문의 이름.

5 水落(수락) - 물이 빠지다. 물이 줄어들다. 魚龍(어룡) - 어룡천. 진주 부근에 있는 하천의 이름이다.

6 鳥鼠(조서) - 조서산鳥鼠山. 진주 부근에 있는 산 이름이다.

7 西征(서정) - 서쪽으로 가다. 진주는 화주의 서쪽에 있기 때문에 한 말이다. 問烽火(문봉화) - 봉화를 묻다. 당시 토번의 난이 있었기에 이를 걱정한 것이다.

8 心折(심절) - 마음이 꺾이다. 좌절하다. 淹留(엄류) - 머물다.

[西征 2구] 토번의 난을 걱정한 것이다.

其二

秦州城北寺[1]　勝跡隗囂宮[2]　苔蘚山門古[3]　丹青野殿空[4]
月明垂葉露[5]　雲逐度溪風[6]　清渭無情極[7]　愁時獨向東

진주성 북쪽의 절
빼어난 자취는 외효의 궁전이라.
이끼 낀 산문은 오래되었고
단청 칠한 들판 전각은 텅 비었구나.
달은 잎에 드리운 이슬에 밝게 비치고
구름은 시내를 건너는 바람을 좇는데,
맑은 위수는 무정하기 그지없어
내 근심할 적에 홀로 동으로 흘러만 가누나.

제2수에서는 성 북쪽에 있는 절을 읊고 있다. 진주의 고적을 둘러보며 타향의 경치를 대하여 생긴 쓸쓸한 객수를 표현하였다.

주 석

1 城(성)- 진주성을 가리킨다.

2 勝跡(승적)- 뛰어난 경치. 隗囂(외효)- 후한後漢 초기 군웅의 한 사람. 성기成紀 사람으로 자는 계맹季孟이다. 왕망 말기에 농서隴西를 본거지로 삼고 서주상장군西州上將軍이라 일컬었는데 광무제光武帝에게 멸망 당하였다. 이 구절은 절터가 바로 외효의 옛 궁궐터라는 말이다.

3 山門(산문)- 절 문. 혹은 절.

4 野殿(야전)- 들판에 남아 있는 외효의 옛 궁전 건물을 말한다.

5 垂葉露(수엽로)- 잎에 내린 이슬.

6 度溪風(도계풍)- 시내를 건너는 바람.

[月明 2구] 달 아래 거닐면서 구름을 보니 객지에서 나그네의 고독을 더욱 느끼게 되었다는 말이다.

7 淸渭(청위)- 맑은 위수. 위수는 진주를 거쳐 동쪽 장안으로 흘러간다.

[淸渭 2구] 동쪽으로 장안을 향하여 흐르는 위수와 달리 자신은 조정으로 나아갈 수 없음을 한탄한 것으로 보기도 한다.

其三

州圖領同谷[1] 驛道出流沙[2] 降虜兼千帳[3] 居人有萬家[4]
馬驕朱汗落[5] 胡舞白題斜[6] 年少臨洮子[7] 西來亦自誇[8]

진주의 지도는 동곡을 거느리고
역참의 길은 사막으로 나아간다네.
투항한 오랑캐 장막은 천 개가 겹쳐 있건만
백성들 사는 집은 만 호에 불과하네.
말은 사나워 붉은 땀 떨어지고

오랑캐 춤사위에 털모자 기우는데.
나이도 어린 임조의 소년
서쪽에서 와서 또 제 자랑하는구나.

제3수에서는 진주 지역에 거주하는 투항한 오랑캐에 대하여 읊고 있다. 그들의 형세가 갈수록 커져 변방이 소란해질 것을 염려하는 마음을 드러내고 있다.

주 석

1 州圖(주도) - 진주의 지도. 同谷(동곡) - 진주 경내 남쪽에 있는 지명.

2 驛道(역도) - 역참으로 이어지는 길. 流沙(유사) - 사막. 고비사막을 말한다.

[州圖 2구] 이곳 진주가 토번과 왕래하는 요충지임을 말한 것이다.

3 降虜(항로) - 투항한 오랑캐. 귀순한 변방의 이민족을 가리킨다. 兼千帳(겸천장) - 투항한 이민족들이 거하는 장막 수가 천 개로 겹쳐 있다는 말이다.

4 居人(거인) - 진주에 살고 있는 당나라 백성들을 가리킨다.

[降虜 2구] 오랑캐의 세력이 날로 커감을 염려한 것이다.

5 馬驕(마교) - 말이 씩씩하다. 朱汗(주한) - 붉은 땀. 준마가 흘리는 땀을 가리킨다.

6 白題(백제) - 이민족이 쓰는 털로 짠 모자. 혹은 이마를 하얗게 칠하는 습속을 지닌 이민족의 명칭으로 보기도 한다.

[馬驕 2구] 투항한 이민족 오랑캐의 강성함을 거듭 설명한 것이다.

7 年少(연소) - 나이가 어리다. 臨洮子(임조자) - 임조 출신의 사내. '임조'는 진주 서쪽에 있는 지역 이름.

8 西來(서래) - 서쪽에서 오다. 임조는 진주의 서쪽에 있기 때문에 한 말이다. 自誇(자과) - 제 자랑을 하다. 어린 소년이 스스로 용맹하다고

자부한다는 말이다.

[年少 2구] 임조에서 온 소년의 용맹을 자부하는 모습을 통하여 이 지역의 상무尙武의 기풍을 드러내면서 아울러 변방의 형세에 대한 염려를 암시하고 있다. 임조 사람들의 용맹함을 칭찬하면서 그들을 통하여 변방을 지킬 것을 암시한다고 보는 경우도 있다.

其四

鼓角緣邊郡[1]　川原欲夜時[2]　秋聽殷地發[3]　風散入雲悲[4]
抱葉寒蟬靜[5]　歸山獨鳥遲[6]　萬方聲一槪[7]　吾道竟何之[8]

전고와 호각 소리 들리는 변방 고을
시내와 들판에 밤이 찾아드는 때.
가을날 땅을 울리는 소리를 듣나니
바람에 흩어지고 구름에 들어 비장하구나.
나뭇잎을 안은 가을 매미 고요하고
산으로 돌아가는 외로운 새 더디 난다.
만방에 고각 소리 한결같나니
내 길은 마침내 어디로 가야 하는가.

제4수에서는 군대의 전고戰鼓와 호각號角 소리를 듣고 변방의 난리를 걱정하는 마음을 적고 있다.

주석

1 鼓角(고각) - 전고戰鼓와 호각號角. 군대에서 이것을 사용하여 호령을 전하였다. 緣邊郡(연변군) - 변방에 있는 고을.

2 川原(천원) - 하천과 들판. 혹은 하천이 흘러가는 들판.

3 殷(은) - 울리다. 진동하다. 이 구절은 전고 소리가 마치 우렛소리처럼 땅을 울리면서 들린다는 말이다.

4 風散(풍산) - 바람에 호각 소리가 흩어진다는 말이다. 入雲(입운) - 구름에 들어가다. 하늘 높이 호각 소리가 울려 퍼진다는 말이다.

5 寒蟬(한선) - 늦가을에 우는 매미. 쓰르라미.

6 歸山(귀산) - 산으로 돌아가다.

7 一概(일개) - 전부. 온통. 이 구절은 전쟁을 알리는 고각 소리가 어디에서나 들린다는 말이다.

8 何之(하지) - 어디로 가야 하는가.

[萬方 2구] 난을 피하여 진주에 왔는데 이곳도 평안하지 않으니 어디로 가겠는가 하고 탄식한 것이다.

其五

西使宜天馬[1] 由來萬匹强[2] 浮雲連陣沒[3] 秋草徧山長[4]
聞說眞龍種[5] 仍殘老驌驦[6] 哀鳴思戰鬪[7] 迥立向蒼蒼[8]

서역 사신에게 어울리는 천마
원래는 만 마리가 넘었었지.
구름 같은 말들 전진戰陣과 더불어 사라지고
가을 풀만 산에 가득 길게 자랐네.
내 들었나니, 진짜 용마 중에서

늙은 숙상이 여전히 남아 있어,
싸움을 생각하며 슬피 울고
푸른 하늘을 향하여 꼿꼿이 서 있다지.

제5수에서는 진주에서 말 기르는 것을 보고 안록산의 난에서 수많은 말이 군대와 함께 궤멸된 일을 떠올리며 슬퍼한 것을 적고 있다.

주 석

1 西使(서시)- 서쪽 나라로 간 사신. 여기서는 한나라 때 서역으로 파견된 장건張騫을 가리킨다. 宜(의)- 의당하다. 마땅하다. 天馬(천마)- 준마. 여기서는 장건이 서역에서 데리고 온 준마를 가리킨다.

2 由來(유래)- 원래. 萬匹强(만필강)- 만 필이 넘다. '강强'은 많다는 뜻이다.

3 浮雲(부운)- 여기서는 구름처럼 많은 말을 가리킨다. '부운'이라는 준마의 이름으로 보기도 한다. 連陣沒(연진몰)- 전진戰陣과 함께 사라지다. 연이은 전쟁으로 사라졌다는 뜻으로 볼 수도 있다. 이 구는 업성鄴城의 전투에서 많은 수의 말을 잃어버린 일을 적은 것이다.

4 秋草(추초) 구- 풀이 무성해도 그것을 뜯을 말이 없음을 슬퍼한 것이다.

[西使 4구] 진주는 서역으로 가는 요충지였으므로 옛날 한나라 때 서역에서 들여온 천마의 일을 빌려 안녹산 난에 사라진 수많은 준마를 말한 것이다.

5 聞說(문설)- ~라고 말하는 얘기를 듣다. 龍種(용종)- 신룡의 종자. 준마를 뜻한다.

6 仍殘(잉잔)- 그대로 남아 있다. 驌驦(숙상)- 준마의 이름.

7 思戰鬪(사전투)- 싸움을 그리워하다. 아직 남아 있는 준마가 전쟁터에서 쓰이기를 바란다는 말이다.

8 逈立(형립)- 고개를 쳐들고 꼿꼿하게 서 있다. 蒼蒼(창창)- 창천.

푸른 하늘. 임금을 비유하는 것으로 보기도 한다.

[哀鳴 2구] 아홉 절도사의 군대가 궤멸된 후 홀로 하양河陽을 지킨 곽자의를 비유한 것으로 보인다. 그가 왕실을 위하여 힘을 다하여 큰 공을 세우기를 바란 것이다.

其六

城上胡笳奏[1] 山邊漢節歸[2] 防河赴滄海[3] 奉詔發金微[4]
士苦形骸黑[5] 林疏鳥獸稀[6] 那堪往來戍[7] 恨解鄴城圍[8]

성 위에서 호가胡笳를 연주함은
산자락으로 한나라 사절이 돌아옴이라.
하북河北을 지키려 창해로 달려가나니
칙명을 받들어 금미金微의 병사를 징발하였다네.
사졸들 고생하여 모습이 까맣고
숲은 성글어 새와 짐승이 드문데,
오가며 수자리하는 일 어찌 견딜 수 있으리오
업성의 포위를 푼 일이 한스럽기만 하네.

제6수에서는 하북을 지키는 수자리 병사를 읊고 있다. 하북과 관련된 것이지만 길이 진주를 경유하므로 직접 보고 그 일을 읊은 것이다.

주 석

1 胡笳(호가) - 북방 민족의 악기.

2 漢節(한절)- 한나라 사절. 여기서는 당조에서 징병을 위하여 파견한 사신을 가리킨다.

3 防河(방하)- 하북 지역을 방어하다. 황하를 가리키는 것으로 보기도 한다. 赴滄海(부창해)- 바다로 달려가다. 하북 지역이 바다로 이어지기에 한 말이다. 반군으로부터 하북 지역을 지키기 위하여 병력을 이동한다는 말이다.

4 奉詔(봉조)- 임금의 칙령을 받들다. 發金微(발금미)- 금미의 병사들을 징발하였다는 말이다. '금미'는 지명으로 당조에서는 이곳에 도독부를 설치하였다. 당시에 금미의 병졸들을 징발하여 하북을 방어하였는데, 길이 진주를 지나가므로 그것을 보게 된 것이다.

5 形骸(형해)- 몸. 육체. 이 구절은 사졸들이 고생하여 몸이 까맣게 되었다고 말한 것이다.

6 林疏(임소)- 숲이 성글다. 가을이 되었음을 말한 것이다.

7 那堪(나감)- 어찌 ~을 감당할 수 있으랴?

8 鄴城圍(업성위)- 아홉 절도사의 군대가 안경서의 군대를 업성에서 포위한 일을 가리킨다.

[那堪 2구] 가을날 먼 곳으로 행군하는 군사들의 고생스러움을 안쓰러워한 것으로 진주 역도에서 본 풍경이다.

其七

莽莽萬重山[1]　孤城石谷間[2]　無風雲出塞[3]　不夜月臨關[4]
屬國歸何晚[5]　樓蘭斬未還[4]　煙塵一長望[7]　衰颯正摧顏[8]

아득히 산은 첩첩 이어지는데
성 하나 홀로 석곡 사이에 있어라.
바람도 없는데 구름은 변새에서 나오고

밤도 아니거늘 달이 관문에 찾아든다.

속국에서는 돌아옴이 어찌 더딘가

누란을 베려고 아직 돌아오지 않는가.

연기와 먼지 속에 한 번 길게 바라보노라니

쓸쓸한 계절이 정히 얼굴을 상하게 하누나.

제7수에서는 토번으로 간 사신이 돌아오지 않음을 읊고 있다. 변방을 걱정하는 나그네의 심사가 바람 따라 나부끼고 달을 따라 비추어 드러나고 있다.

주 석

1 莽莽(망망) - 아득하여 끝이 없는 모습.

2 孤城(고성) - 진주성秦州城을 가리킨다. 石谷(석곡) - 돌산의 골짜기.

3 無風(무풍) 구- 바람이 불지 않아도 구름이 요새에서 피어오른다는 말이다. 산이 많기 때문에 바람이 구름을 몰고 오지 않아도 저절로 산에서 생기는 구름이 많다는 것이다. 이 구절을 바람이 없어 구름이 흩어지지 않고 피어오르는 것으로 풀이하기도 한다. 또 구름이 변새를 넘어간다고 보기도 한다.

4 不夜(불야) 구- 아직 밤이 되지 않았음에도 달이 벌써 관문에 임해 있다는 말이다. 성이 높기 때문에 밤이 되지 않았음에도 달이 먼저 관문에 이르렀다는 것이다. 이 구절을 달이 관문에 임하여 환하게 비추어 밤 같지 않음을 말한 것으로 보기도 한다.

[無風 2구] 진주는 산이 많으므로 바람이 없어도 구름이 항상 변새에 피어오르고, 성이 높기 때문에 밤이 되지 않아도 달이 먼저 관문에 이른다. 이 두 구절은 변경의 황량한 경치를 적은 것이다.

5 屬國(속국) - 속국. 여기서는 토번을 가리킨다. 이 구절은 토번으로 간

사신이 아직 돌아오지 않았음을 말한다.

6 樓蘭(누란) - 한漢, 위魏 시대에 서역에 있던 지명. 《한서》에 부개자傅介子가 사신이 되어 누란에 가서는 그 왕을 죽여 머리를 가지고 돌아왔다는 기록이 있다. 《한서·서역전》에 의하면 선선국鄯善國의 본명이 누란이다. 여기서는 토번으로 간 사신을 가리켜 말한 것으로 보인다.

7 煙塵(연진) - 연기와 먼지. 一(일) - 한 번. 한 차례. 長望(장망) - 멀리 바라보다.

8 衰颯(쇠삽) - 쇠락하다. 여기서는 쓸쓸한 가을을 가리킨다. 摧顏(최안) - 얼굴을 상하게 하다.

其八

聞道尋源使[1]　從天此路迴[2]　牽牛去幾許[3]　宛馬至今來[4]
一望幽燕隔[5]　何時郡國開[6]　東征健兒盡[7]　羌笛暮吹哀[8]

듣자 하니 황하 근원을 찾던 사신
하늘에서 이 길 통하여 돌아왔다네.
견우는 얼마나 먼 시절 이야기런가
대원마 지금도 오고 있다네.
멀리 떨어진 유주, 연주를 한 번 바라보나니
어느 때에야 고을과 나라들이 열릴 것이랴.
동쪽으로 전쟁 나간 건아들은 다 사라지고
오랑캐 피리 소리만 저물녘 애처롭구나.

제8수에서는 진주를 지나갔던 옛날 한나라 사신의 이야기를 빌려 시사를 개탄하고 있다.

주 석

1 尋源使(심원사)- 황하의 근원을 찾던 사신. 한나라 때 무제의 명을 받고 황하의 근원을 찾아 떠났던 장건을 가리킨다. 여기서는 토번에 파견된 사신을 염두에 두고 한 말이다.

2 從天(종천)- 하늘로부터. 장건이 뗏목을 타고 황하의 근원을 찾던 중 부지불식간에 은하에 올라 견우와 직녀를 보았다는 설화에 근거하여 하늘로부터 돌아온다고 말한 것이다. 此路(차로)- 서역에서 장안으로 돌아오기 위해서는 이곳 진주를 거쳐 갔으므로 한 말이다.

3 去幾許(거기허)- 떨어져 있는 것이 얼마나 되는가. 《형초세시기荊楚歲時記》에 "한 무제가 장건으로 하여금 황하의 근원을 찾게 하였다. 장건이 뗏목을 타고 한 달을 넘게 가다가 한 여인이 베를 짜고 있고 한 장부가 소를 끌어 강물을 먹이는 모습을 보게 되었다."라는 기록이 있다.

4 宛馬(원마)- 대원마. 서역 대원국에서 나는 준마. 장건이 서역에서 돌아올 때 가져와 천자에게 바쳤다. 이 구절은 토번이 이미 화친하였으니 서역이 모두 공물이 통하기를 바란다는 것이다.

5 幽燕(유연)- 유주幽州와 연주燕州. 사사명에 의하여 점거된 하북 지역을 가리킨다.

6 郡國開(군국개)- 여러 고을과 나라가 열리다.

[一望 2구] 당시 하북의 유와 계의 여러 주가 모두 사사명에게 함락되었음을 말한 것이다.

7 東征(동정)- 동쪽으로 출정하다. 健兒(건아)- 건아. 여기서는 병사들을 가리킨다.

8 羌笛(강적)- 오랑캐 피리.

其九

今日明人眼　臨池好驛亭[1]　叢篁低地碧[2]　高柳半天青[3]
稠疊多幽事[4]　喧呼閱使星[5]　老夫如有此[6]　不異在郊坰[7]

오늘 눈이 밝아졌나니
연못가에 역 정자가 훌륭함이라.
총죽은 땅에 낮게 드리워 파랗고
버들은 중천까지 높게 푸르구나.
첩첩이 쌓인 그윽한 경치 속에서
왁자지껄 사신 행렬을 구경하네.
늙은이 이곳을 얻게 된다면
먼 교외 들녘에 있는 것과 다름없겠네.

제9수에서는 진주 역참에 있는 아름다운 정자를 읊고 있다. 그윽한 경치가 단지 사신들의 왕래를 위하여 제공되고 있음에 대한 안타까움을 표현하였다.

주 석

1 臨池(임지)- 연못에 임해 있다. 연못가에 있다. 驛亭(역정)- 역참에 세워져 있는 정자.

2 叢篁(총황)- 무더기로 난 대나무. 총죽. 低地碧(저지벽)- 땅에 낮게 드리워 푸르다.

3 半天青(반천청)- 버드나무가 중천까지 높이 자라 푸르다는 말이다.

4 稠疊(조첩)- 중첩되다. 幽事(유사)- 그윽한 일. 여기서는 역정 부근의

아름다운 풍경을 즐기는 일을 가리킨다.

5 喧呼(훤호)- 떠들썩하게 부르다. 使星(사성)- 사신. 여기서는 토번으로 가는 사신 행렬을 가리킨다.

6 老夫(노부)- 두보 자신을 가리킨다.

7 郊坰(교경)- 성 밖 교외. 들.

其十

雲氣接崑崙[1] 涔涔塞雨繁[2] 羌童看渭水[3] 使客向河源[4]
烟火軍中幕[5] 牛羊嶺上村[6] 所居秋草靜[7] 正閉小蓬門[8]

구름은 곤륜까지 이어지고
주룩주룩 변방에 비가 자주 내리네.
강족 아이는 위수를 바라보는데
사신은 황하의 근원으로 향하누나.
연기와 불이 이는 곳은 군대의 장막이요
소와 양이 노는 곳은 산 위 마을이라.
내 거처에는 가을 풀이 고요한데
작은 사립문을 닫아걸고 있노라.

제10수에서는 진주의 비 오는 쓸쓸한 경치를 대하며 변사邊事에 대한 근심을 읊고 있다.

주 석

1 雲氣(운기) - 구름. 崑崙(곤륜) - 곤륜산.

2 涔涔(잠잠) - 비가 많이 오는 모양. 塞雨(새우) - 변방에 내리는 비.

3 羌童(강동) - 강족의 아이. 《두시상주》에서는 "위수는 진주에 있는데 그 근원이 임조에서 나온다. 그래서 강족의 아이가 볼 수 있는 것이다." 라고 설명하고 있다.

4 使客(사객) - 토번으로 가는 사신을 가리킨다. 河源(하원) - 황하의 근원.

[羌童 2구] 비가 오는 변방에서 보이는 풍경을 적은 것이다. 토번이 중원을 침략할 의사가 있으니 사신을 보내는 일이 무익함을 말한 것이라 해석하기도 한다.

5 烟火(연화) - 연기와 불. 여기서는 군대가 있는 진영에 보이는 연기와 불로서 봉화를 가리킬 수도 있고, 취사를 위하여 피운 것으로 볼 수도 있다.

6 牛羊(우양) 구- 산 위 마을에 소와 양들이 노니는 것이 보인다는 말이다. 이 구절을 마을 사람들이 난리를 피하여 산 위쪽으로 우양을 몰아갔다고 보는 경우도 있다.

7 所居(소거) - 사는 곳. 당시 두보가 거처하던 곳을 가리킨다.

8 蓬門(봉문) - 쑥대 등으로 만든 가난한 집의 문.

其十一

蕭蕭古塞冷[1] 漠漠秋雲低[2] 黃鵠翅垂雨[3] 蒼鷹饑啄泥[4]
薊門誰自北[5] 漢將獨征西[6] 不意書生耳[7] 臨衰厭鼓鞞[8]

쓸쓸히 옛 요새 차갑고
아득히 가을 구름 나직하다.

황혹은 빗속에 날개를 늘어뜨리고
창응은 굶주려 진흙을 쪼누나.
계문에서는 뉘 북에서 오는가
한나라 장수 유독 서쪽을 정벌하네.
어찌 알았으랴, 서생의 귀가
늘그막 전쟁 북소리 지겹도록 들을 줄을.

제11수에서는 비를 대하여 외적의 침입과 내부의 난리를 슬퍼하고 있다. 위 4구는 경치를 묘사하였고, 아래 4구는 시절을 탄식하였다.

주 석

1 蕭蕭(소소)- 쓸쓸한 모습.
2 漠漠(막막)- 아득한 모습.
3 黃鵠(황혹)- 고니. 翅垂雨(시수우)- 비에 젖어 날개가 축 처져 있다는 말이다.
4 蒼鷹(창응)- 매.

[黃鵠 2구] 두보가 자신의 처지를 슬퍼한 말이다.

5 薊門(계문)- 당시 반군에 점령되어 있던 북쪽의 연계燕薊 지역을 가리키는 말이다. 誰自北(수자북)- 누가 북쪽으로부터 오는가? 누가 북쪽의 반군을 평정하겠느냐는 말이다. 또 이 구절을 반군 장수 사사명이 북쪽으로부터 왔음을 가리키는 것으로 보기도 한다.
6 漢將(한장)- 한나라 장수. 여기서는 당나라 군대를 뜻한다. 獨(독)- 유독. 征西(정서)- 서쪽을 정벌하다. 토번을 정벌한다는 뜻이다. 이 구절의 '정'을 '가다[往]'의 뜻으로 보고 토번 지역으로 사신 가는 사람을 가리키는 것으로 보기도 한다.

[薊門 2구] 이 구절을 당시 반군이 연계燕薊 지역을 할거하고 있어 관병이

아직 황하를 건너 북진하지 못하고 있는데도 당나라의 장수가 유독 서쪽을 정벌하고 있으니 경중이 바뀐 것이 아니냐고 비판한 것으로 보기도 한다.

7 不意(불의) - 뜻밖에도. 예상하지 못하다.

8 臨衰(임쇠) - 늘그막에. 鼓鞞(고비) - 큰북과 작은북. 여기서는 전쟁을 뜻한다.

其十二

山頭南郭寺[1]　水號北流泉[2]　老樹空庭得[3]　淸渠一邑傳[4]
秋花危石底[5]　晩景臥鐘邊[6]　俛仰悲身世[7]　溪風爲颯然[8]

산마루 남곽사

물 이름은 북류천.

늙은 나무는 빈 뜰에 어울리고

맑은 개울은 온 마을에 흘러가네.

가을꽃은 높은 바위 아래에 피고

저녁 햇살은 버려진 종 옆을 비추네.

굽어보고 우러르며 신세를 슬퍼하노라니

시냇가 바람은 날 위하여 선선히 불어오네.

제12수에서는 진주의 남곽사南郭寺를 읊고 있다. 절이 산수의 아름다움을 겸하고 있음을 말하였다.

주 석

1 南郭寺(남곽사)- 절 이름. 진주성 동남쪽 혜음산慧音山 북쪽 언덕에 있다.

2 北流泉(북류천)- 남곽사 안에 있는 샘 이름. 북쪽으로 흐르기 때문에 생긴 이름이다.

3 空庭(공정)- 빈 뜰. 남곽사 안에 있는 뜰을 가리킨다. 得(득)- 얻다. 여기서는 절 뜰에 늙은 나무가 있어서 뜰이 보기 좋다는 말이다.

4 淸渠(청거)- 맑은 도랑. 一邑傳(일읍전)- 온 마을에 물길이 흘러간다는 말이다.

5 危石(위석)- 높은 바위.

6 晩景(만경)- 저녁 햇살. 臥鐘(와종)- 땅에 버려져 있는 종을 가리킨다.

7 俛仰(부앙)- 굽어보고 우러러보다. 혹은 짧은 시간.

8 颯然(삽연)- 바람이 시원하게 부는 모양.

其十三

傳道東柯谷[1] 深藏數十家[2] 對門藤蓋瓦[3] 映竹水穿沙[4]
瘦地翻宜粟[5] 陽坡可種瓜[6] 船人近相報[7] 但恐失桃花[8]

전하는 말에 동가곡에는
수십 가호가 깊이 숨겨 있다는데,
문을 마주하여 등나무가 기와를 덮고
대나무 아롱지는 물길은 백사장을 가로지른다네.
메마른 땅도 오히려 조를 심기에 적당하고
양지바른 언덕은 외를 심기에 좋다네.
사공이여, 가까워지거든 알려주시게
도화원 잃을까 걱정뿐이라네.

제13수는 진주 동남쪽 산골 마을인 동가곡을 찾아가며 쓴 시이다. 당시 그곳에는 두보의 조카인 두좌杜佐가 살고 있었다. 동가곡이 도화원처럼 아름답고 살기 좋은 마을일 것을 상상하며 설레는 마음을 표현하고 있다.

주 석

1 傳道(전도) - ~라고 전하다. 東柯谷(동가곡) - 지명. 진주 동남쪽에 있는 산골 마을. 당시 두보의 조카인 두좌杜佐가 이곳 동가곡에 살았다.

2 深藏(심장) - 깊이 감추어져 있다. 이 구절은 깊은 산골 동가곡에 수십 채의 민가가 있다는 말이다.

3 등개와(藤蓋瓦) - 등나무가 기와지붕을 덮고 있다는 말이다.

4 映竹(영죽) - 대나무를 비추다. 맑은 물에 대나무가 아롱진다는 말이다. 水穿沙(수천사) - 물이 백사장을 관통하여 흐른다는 말이다.

5 瘦地(수지) - 메마른 땅. 척박한 땅. 翻(번) - 도리어. 오히려. 宜粟(의속) - 조를 심기에 적당하다.

6 陽坡(양파) - 양지바른 언덕.

[瘦地 2구] 동가곡이 산수만 빼어난 곳이 아니라 생계를 도모하고 노경을 즐겁게 살아감에 있어 기댈 만한 곳임을 아울러 보여 준다.

7 船人(선인) - 뱃사람. 두보가 동가곡을 갈 때 배를 타고 갔음을 알 수 있다. 報(보) - 알리다. 알려주다. 이 구절은 동가곡이 가까워지면 자기에게 알려달라고 뱃사람에게 부탁한 것이다.

8 但(단) - 오직. 桃花(도화) - 도화원. 여기서는 동가곡이 무릉도원과 같이 이상적인 곳임을 말한 것이다.

其十四

萬古仇池穴[1] 潛通小有天[2] 神魚今不見[3] 福地語眞傳[4]

近接西南境[5] 長懷十九泉[6] 何時一茅屋[7] 送老白雲邊[8]

만고의 구지혈이여
몰래 소유천으로 통한다네.
신어는 지금 보이지 않지만
복지라는 말 정말로 전해지네.
서남 지경과 가까이 접해 있으니
그곳의 열아홉 샘을 늘 그리워한다네.
어느 때나 초가집 하나 엮어
흰 구름 곁에서 늙음을 보낼는지.

제14수는 제13수의 마지막 구절의 '도화원'을 이어받아 도가에서 말하는 신령한 복지福地인 구지혈仇池穴을 상상한 것이다. 위 4구는 예전에 들은 바가 이와 같다는 것이고, 아래 4구는 그리워하는 마음이다.

주 석

1 仇池(구지)- 산 이름. 성주成州 동곡同谷현(지금의 감숙성 성현) 서쪽에 있다. 穴(혈)- 구멍. 여기서는 구지산 위의 샘을 가리킨다.
2 小有天(소유천)- 도가에서 말하는 신선이 사는 곳.
3 神魚(신어)- 구지에 산다고 전하는 신비로운 물고기. 이것을 먹으면 신선이 된다고 전한다.
4 福地(복지)- 신선이 사는 땅. 이 구절은 구지가 신선들이 사는 복지라는 말이 진실하다는 말이다.
5 西南(서남) 구- 구지가 진주 서남쪽과 접하여 있다는 말이다.
6 長懷(장회)- 오래도록 그리워하다. 十九泉(십구천)- 구지산 위에 있는 여러 샘을 말한 것이다. 옛 주석에 따르면 구지 위에는 밭 백 경이 있고,

샘 아흔아홉 곳이 있었다고 한다.

7 何時(하시) - 어느 때나. 언제나.

8 送老(송로) - 만년을 보내다. 白雲邊(백운변) - 여기서는 도화원처럼 세상을 피해 살 수 있는 구지혈이 있는 곳을 가리킨다.

其十五

未暇泛滄海[1] 悠悠兵馬間[2] 塞門風落木[3] 客舍雨連山[4]
阮籍行多興[5] 龐公隱不還[6] 東柯遂疏懶[7] 休鑷鬢毛斑[8]

창해에 배 띄울 겨를도 없이
병마 사이에서 오래 머무노라.
변새 관문의 바람은 나뭇잎을 떨구고
객사의 비는 산에 이어진다.
완적은 떠돎에 흥이 많았지
방공은 숨어 돌아오지 않았노라.
동가곡에서 엉성하고 게으른 천성을 다하려니
귀밑머리 희어진대도 뽑지 않으련다.

제15수는 동가곡에 가서 살 계획을 정하고 지은 것이다. 완적과 방공을 빌려 은거하고자 하는 마음을 드러내고 있다.

주 석

1 泛滄海(범창해) - 넓은 바다에 배를 띄우다. 세속을 떠나 물외의 세계에서 노닌다는 말이다.

2 悠悠(유유) - 오랜 모양. 진주는 항상 토번에 대하여 경비를 하고 있기 때문에 '병마간兵馬間'이라고 말한 것이다.

3 塞門(새문) - 변방의 관문. 落木(낙목) - 잎이 진 나무.

4 雨連山(우연산) - 비가 산에 이어지다.

5 行多興(행다흥) - 돌아다니는 것에 흥이 많았다. 기록에 따르면 완적은 수시로 마음이 내키는 대로 홀로 수레를 몰아서 길이 아닌 곳으로 다니다가 수레가 막다른 골목에 이르면 통곡을 하고 돌아왔다고 한다.

6 龐公(방공) - 방덕공龐德公. 후한대의 은자. 《후한서·일민전》에 "방공은 양양 사람으로 현산의 남쪽에 살면서 한 번도 성중에 들어가지 않았으며, 부부가 서로 공경하기를 손님에게 하는 듯하였다. 형주 자사인 유표가 자주 청하였으나 뜻을 굽히지 않았고 마침내 녹문산에 올라 약초를 캐며 돌아오지 않았다."라는 기록이 있다. 이 구절은 두보가 방덕공처럼 은거하고자 하는 바람을 드러낸 것이다.

7 遂(수) - 이루다. 疏懶(소라) - 엉성하고 게으르다. 일을 차근차근하지 못하고 게으름을 피우다.

8 鑷(섭) - 뽑다. 鬢毛斑(빈모반) - 희어진 귀밑머리. 이 구절은 출사를 위하여 애쓰지 않겠다는 말이다. 좌사左思의 《백발부白髮賦》에 "희끗희끗한 흰 머리털, 늘어진 귀밑머리에 생기네. 뽑고 또 뽑나니, 좋은 벼슬에 매였구나."라는 말이 있다.

[東柯 2구] 동가곡에서 은거하며 벼슬살이에 대한 생각을 접겠다는 생각을 밝힌 것이다.

其十六

東柯好崖谷[1]　不與衆峰羣[2]　落日邀雙鳥[3]　晴天卷片雲[4]
野人矜絶險[5]　水竹會平分[6]　採藥吾將老　兒童未遣聞[7]

동가곡 절벽과 골짜기 아름다워
뭇 봉우리들과 같은 부류가 아니라네
지는 해는 쌍쌍한 새들을 부르고
갠 하늘엔 조각구름이 말려 있네
시골 사람들 심히 험하다 자랑하는데
물가의 대나무를 공평히 나누게 되리라
내사 약초 캐며 장차 늙어 가리니
어린아이들에겐 아직 알리지 않았네

제16수에서는 동가곡의 아름다운 경치를 묘사하고 있으며, 그곳에 살고자 하는 뜻을 적었다.

주 석

1 崖谷(애곡) - 벼랑과 골짜기. 혹은 깊은 골짜기.
2 羣(군) - 무리를 이루다. 같은 부류에 속하다. 이 구절은 동가곡 주변의 풍경이 너무 좋아서 다른 산과 비교할 수 없다는 것이다.
3 落日(낙일) 구 - 해가 질 때 동가곡의 깊은 골짜기로 쌍쌍이 새가 돌아온다는 말이다.
4 卷(권) - 말다. 거두다. 이 구절은 동가곡의 갠 하늘에 조각구름이 걷혀 가고 있다는 말이다.
5 野人(야인) - 시골 사람. 동가곡에 사는 사람을 가리킨다. 矜(긍) - 자랑하다. 絶險(절험) - 매우 험하다.
6 水竹(수죽) - 물가의 대나무. 여기서는 맑고 아름다운 동가곡의 주변 풍경을 뜻한다. 會(회) - 반드시. 꼭. 平分(평분) - 공평히 나누다. 이 구절은 그동안 동가곡의 사람들만 누려 왔던 아름다운 풍경을 이제 함께 나누어 갖게 되었다는 말이다.

[野人 2구] 시골 사람들이 오랫동안 수죽이 있는 이 아름다운 거처를 독차지하였는데, 그들과 함께 이 풍경 좋은 곳을 공평히 나누고 싶다는 말이다.

7 兒童(아동) - 두보의 아이들을 가리킨다. 어린애와 같이 두보 자기의 뜻을 이해하지 못하는 세상 사람들을 가리키는 것으로 보는 경우도 있다. 未遣聞(미견문) - 듣지 못하게 하다. 아직 알리지 않았다는 말이다. 이 구절을 자기를 이해하지 못하고 뒤에서 비난하는 사람들에 대한 개탄을 담고 있다고 보기도 한다.

其十七

邊秋陰易夕[1]　不復辨晨光[2]　簷雨亂淋幔[3]　山雲低度牆[4]
鸕鶿窺淺井[5]　蚯蚓上深堂[6]　車馬何蕭索[7]　門前百草長

변방의 가을, 날 흐려 쉬이 저녁 되고
또 새벽빛도 분간이 안 되네.
처마 비는 어지러이 휘장을 적시고
산 구름은 낮게 담을 넘는데,
가마우지 얕은 우물을 기웃거리고
지렁이 깊숙한 당 위로 오르누나.
수레와 말은 얼마나 쓸쓸한가
문전에는 온갖 풀만 자라네.

제17수에서는 동가곡 산 중 처소에 내리는 오랜 비에 나그네 수심을 기탁한 것을 적고 있다.

주 석

1 陰易夕(음이석)- 날이 흐려서 빨리 저녁이 된다는 말이다.

2 辨晨光(변신광)- 새벽빛을 구분하다. 이 구절은 흐리기 때문에 날이 밝는지 분별이 잘 안 된다는 말이다.

3 簷雨(첨우)- 처마에 내리는 비. 淋幔(림만)- 휘장을 적시다.

4 度牆(도장)- 담장을 넘는다. 이 구절은 비구름이 잔뜩 끼었다는 말이다.

5 鸕鶿(노자)- 가마우지. 窺淺井(규천정)- 얕은 우물을 엿보다. 가마우지가 먹을 것을 구하러 우물가를 기웃거린다는 말이다.

6 蚯蚓(구인)- 지렁이. 深堂(심당)- 집 건물 깊숙한 곳. 이 구절은 지렁이가 물이 많은 곳을 피하여 높이 있는 집 건물로 올라온다는 말이다.

[鸕鶿 2구] 오랫동안 비가 오고 흐려서 이렇게 된 것이다.

7 蕭索(소삭)- 쓸쓸한 모양. 이 구절은 벼슬하는 사람들과 왕래가 없다는 말이다.

其十八

地僻秋將盡[1] 山高客未歸[2] 寒雲多斷續[3] 邊日少光輝[4]
警急烽常報[5] 傳聞檄屢飛[6] 西戎外甥國[7] 何得迕天威[8]

외진 땅 가을은 다 지나가는데
산 높은 곳 나그네 아직 돌아가지 못하네.
찬 구름은 자주 끊어졌다 이어졌다 하고
변방의 태양은 햇살이 시들하구나.
위급함을 경계하느라 봉화는 항시 오르고
소식 전하느라 격문이 거듭 날고 있나니,
서융은 사위의 나라이거늘

어떻게 하늘의 위엄을 거스른단 말이냐.

제18수에서는 진주에 객거하면서 토번을 염려한 것을 적고 있다. 위 4구는 가을이 온 변방의 쓸쓸한 경치를 말하였고, 아래 4구는 변방의 경계가 대단히 위급함을 말하였다. 진주가 아닌 동가곡에서 지은 것으로 보는 경우도 있다.

주 석

1 地僻(지벽) - 땅이 외지다. 두보가 객거하던 진주가 변방 지역이기 때문에 한 말이다.

2 山高(산고) - 여기서 '산'은 두보가 잠시 머물렀던 동가곡을 가리키는 것으로 보인다. 客(객) - 두보 자신을 가리킨다.

3 多斷續(다단속) - 구름이 자주 끊어졌다 이어졌다 하다.

4 邊日(변일) - 변방의 해. 少光輝(소광휘) - 빛이 적다. 구름이 많이 끼었기 때문에 햇빛이 밝지 않다는 말이다.

5 警急(경급) - 위급한 일에 대하여 경계하다. 烽(봉) - 봉화.

6 傳聞(전문) - 소식을 전하다. 변방의 위급한 상황에 대한 소식을 전한다는 말이다. 檄(격) - 격문.

7 西戎(서융) - 서쪽 오랑캐. 여기서는 토번을 가리킨다. 外甥國(외생국) - 사위의 나라. 토번이 당나라 황실과 혼인 관계를 맺었기 때문에 한 말이다. 《당서》에 따르면 중종은 금성공주金城公主를 토번으로 시집보냈고, 숙종은 막내딸 영국공주寧國公主를 회흘로 시집보냈다.

8 迕(오) - 거스르다. 天威(천위) - 황제의 엄위.

其十九

鳳林戈未息[1] 魚海路常難[2] 候火雲峰峻[3] 懸軍幕井乾[4]
風連西極動[5] 月過北庭寒[6] 故老思飛將[7] 何時議築壇[8]

봉림에 전쟁이 쉬지 않아
어해는 길이 늘 어렵구나
봉화 오르는 구름 봉우리는 높기만 한데
고립된 군영의 우물은 말라 버렸네
바람은 서쪽 끝까지 불어 가고
달은 북정을 지나 차가워라
늙은이는 비장군을 사모하나니
어느 때나 단 쌓는 일 의논할는지

제19수에서는 난리를 걱정하여 훌륭한 장수를 사모한 것을 적고 있다. 당시 변경이 평안하지 못하였으므로 병사들은 여전히 멀리까지 가서 수자리를 서야 하였다. 바람이 연이어 불려고 한다는 것은 토번이 서쪽에서 당과 겨룸을 말한 것이요, 달이 지나가며 한기를 더한다고 한 것은 북정에 장수가 없음을 말한 것이다.

주 석

1 鳳林(봉림) - 지명. 하주河州(지금의 감숙성 임하臨夏 동북)에 속한 곳으로 당시 토번의 침략을 받고 있었다.
2 魚海(어해) - 토번 경내의 지명.
3 候火(후화) - 봉화. 雲峰(운봉) - 하늘 높이 솟아 있는 봉우리. 혹은

구름 봉우리. 봉화가 높이 솟은 산봉우리에 설치되어 있음을 뜻한다. 봉화의 연기가 구름 봉우리처럼 높이 피어오르는 것을 묘사한 것으로 보기도 한다.

4 懸軍(현군)- 적지에 깊이 들어가 고립된 군대. 幕井(막정)- 군대 진영 안에 있는 우물.

[候火 2구] 관군이 토번의 지경으로 깊이 들어갔음을 가리킨다.

5 西極(서극)- 서쪽 끝. 토번이 있는 서쪽 지역을 가리킨다. 이 구절은 토번과 전쟁이 계속됨을 비유한 것이다.

6 北庭(북정)- 북정도호부가 있는 농우도 지역을 가리킨다. 이 구절은 북쪽 변방을 지킬 명장이 없음을 은근히 드러낸 것이다.

[風連 2구] 서쪽으로는 토번에 고전하고 북쪽으로는 회흘을 방어하였으므로 '서극西極', '북정北庭'의 말을 쓴 것이다.

7 故老(고로)- 노인. 진주 지역의 노인들을 가리킨다. 飛將(비장)- 한나라 때 흉노를 잘 막아 냈던 명장 이광李廣을 가리킨다.

8 築壇(축단)- 단을 쌓다. 이 구절은 한고조가 단을 쌓고 한신을 대장군에 임명한 고사를 빌려 조정에서 속히 훌륭한 장수를 기용하기를 바라는 마음을 적은 것이다.

其二十

唐堯眞自聖[1]　野老復何知[2]　曬藥能無婦[3]　應門亦有兒[4]
藏書聞禹穴[5]　讀記憶仇池[6]　爲報鴛行舊[7]　鷦鷯在一枝[8]

요임금께서는 진실로 스스로 성스러우시니
촌 늙은이가 또 무엇을 알리요.
약초를 말리는 데 마누라 없을 수 있으랴
문을 지키는 데 아이도 있다네.

책을 숨겨 둔 우혈을 들었거니와

기록을 읽으며 구지를 생각한다네.

조정의 옛 친구들에게 알리노니

초료새는 가지 하나에 깃들이고 있다네.

제20수에서는 세상에서 쓰임 받지 못하고 타향에 객거하게 됨을 탄식하고 있다.

주 석

1 唐堯(당요) - 요임금. 여기서는 당나라 황제 숙종을 비유한 것이다.

2 野老(야로) - 촌 늙은이. 두보 자신을 가리킨다.

3 曬藥(쇄약) - 약초를 햇볕에 말리다.

4 應門(응문) - 대문을 지키다. 손님을 맞다.

[曬藥 2구] 당시 두보는 처자식을 데리고 피난살이를 하고 있었으므로 이렇게 말한 것이다.

5 禹穴(우혈) - 우임금의 굴혈. 우임금이 발견하였다고 한다.

6 憶(억) - '悟'로 된 판본도 있다.

[藏書 2구] 우혈은 남쪽에 있어서 듣기만 할 뿐이지 가 볼 수는 없으므로 아래 구의 '기록을 읽으면서 구지혈을 생각한다'는 말을 끌어낸 것이다. 구지는 동곡군에 있으므로 공은 가 볼 뜻이 있었고, 그래서 기록을 읽으면서 그곳을 생각한 것이다.

7 鴛行(원항) - 조회하는 신하들의 대열. 舊(구) - 옛 동료들을 가리킨다.

8 鷦鷯(초료) - 초료새. 굴뚝새. 이 구절은 두보가 이곳 동가곡에서 평안하고 소박하게 살고자 한다는 말이다. 《장자·소요유》에 "초료새가 깊은 숲에 둥지를 트는 것은 가지 하나에 불과하다."라는 말이 있다.

(**김성곤**)

18. 月夜憶舍弟

달밤에 동생을 생각하다

戍鼓斷人行[1] 邊秋一雁聲[2] 露從今夜白[3] 月是故鄉明[4]
有弟皆分散[5] 無家問死生[6] 寄書長不達[7] 況乃未休兵[8]

수루戍樓 북소리에 사람 발길 끊기고
가을 변방엔 기러기 한 마리 울음소리뿐.
이슬은 오늘 밤부터 희어지고
달은 고향에서처럼 밝구나.
동생들은 모두 흩어지고
생사를 물어볼 집도 없구나.
편지를 부쳐도 늘 도달하지 않는데
게다가 전쟁이 아직 끝나지 않았음에랴.

이 시는 두보가 건원 2년 가을 진주에 있을 때 난리를 만나 멀리 떨어지게 된 동생들을 그리며 지은 것이다. 이해 가을 사사명이 범양에서 군대를 이끌고 남하하여 변주汴州를 함락하고 서쪽으로 낙양에 진격하여 산동, 하남이 모두 전란 속에 빠지게 되었다. 당시 두보의 형제들이 이 일대에 흩어져 있었는데, 전쟁으로 길이 막혀 소식을 알 수 없었으므로 두보는 이들 형제에 대하여 걱정하고 그리워하였던 것이다.

주 석

1 戍鼓(수고) - 수루戍樓의 북소리. 斷人行(단인행) - 사람들 발길이 끊기다.
2 邊秋(변추) - 변방의 가을. 一雁聲(일안성) - 기러기 한 마리 울음소리. 기러기의 행렬을 의미하는 '안항雁行'은 보통 형제를 비유하는 말로 쓰인

다. 따라서 여기에서 한 마리 기러기 울음소리는 형제와 떨어져 있는 두보 자신의 모습을 반영하고 있다.

3 露從(노종) 구- 이슬은 오늘 밤부터 희어지다. 이 구에서의 오늘은 이슬이 희어지기 시작하는 날이므로 절기상 백로에 해당한다.

4 月是(월시) 구- 달이 고향에서처럼 밝다.

5 有弟(유제)구- 형제들이 모두 흩어지다. 안녹산의 난 때 동생 중 하나는 제주濟州에 있었고 하나는 양적陽翟에 있었다.

6 無家(무가)- 집이 없다. 동생이 집이 없음을 가리키는 것으로 보는 견해도 있다.

7 長(장)- 늘. 항상. 오랫동안. 達(달)- 통하다. 도달하다.

8 休兵(휴병)- 전쟁이 끝나다.

(**이석형**)

19. 天末懷李白

하늘 끝에서 이백을 그리워하다

涼風起天末[1]　君子意如何[2]　鴻雁幾時到[3]　江湖秋水多
文章憎命達[4]　魑魅喜人過[5]　應共冤魂語[6]　投詩贈汨羅[7]

서늘한 바람이 하늘 끝에서 일어날 제
군자의 마음은 어떠하신지?
기러기는 언제나 이를까?
강과 호수에 가을 물 많은데.
문장은 영달하는 것을 싫어하고
도깨비는 사람이 지나가는 것을 좋아하는 법.
틀림없이 억울한 혼백과 얘기하며
시를 던져 멱라강에 주시겠구나.

이 시는 건원 2년 진주秦州에서 이백을 그리워하며 지은 것으로 추정된다. 시제에서 '천말天末'은 진주를 가리킨다. 진주가 비교적 벽지에 해당하기에 '하늘 끝'이라는 말로 표현한 것이다.

이백은 영왕永王 이인李璘의 막부에서 막료를 지내다가 반란에 연루되어 건원 원년에 야랑현夜郞縣으로 유배를 당하였다가 건원 2년에 사면을 받아 돌아왔다. 그러나 시에서 굴원屈原의 고사를 언급하며 이백의 마음을 위로하고 있는 것으로 보아 두보는 당시 이백의 사면 사실을 몰랐던 듯하다. 그러기에 시를 통하여 그를 대변하며 그리운 심경을 표출하였을 것이다.

주 석

1 天末(천말)- 하늘 끝. 외진 지역을 뜻하는 말로 여기서는 진주를 가리킨다.

2 君子(군자)- 이백을 가리킨다.

3 鴻雁(홍안)- 기러기. 옛날 사람들은 기러기가 소식을 전하여 준다고 믿었다.

4 憎命達(증명달)- 운명이 현달한 것을 싫어하다. 이 구절은 이백이 글재주는 뛰어나나 불우한 것을 말한다.

5 魑魅(이매)- 도깨비. 喜人過(희인과)- 사람이 지나가는 것을 좋아하다. 즉 사람을 먹잇감으로 좋아한다는 말이다. 이 구절은 이백이 궁벽한 곳으로 유배된 것을 말한다.

[文章 2구] 이백이 문장에 뛰어나지만 운명이 불우하여 유배당한 것을 말한다.

6 冤魂(원혼)- 억울한 혼백. 굴원을 가리킨다.

7 汨羅(멱라)- 굴원이 투신자살하였다고 전해지는 강.

[應共 2구] 멱라강을 지나가다가 굴원을 조문하는 부를 지었던 가의처럼 이백도 굴원을 위로하며 동병상련의 감정을 느꼈을 것이라는 뜻을 담고 있다.

(**김만원**)

20. 空囊

빈 주머니

翠柏苦猶食[1] 明霞高可餐[2] 世人共鹵莽[3] 吾道屬艱難[4]
不爨井晨凍[5] 無衣牀夜寒[6] 囊空恐羞澀[7] 留得一錢看[8]

푸른 잣나무는 맛이 쓰나 그래도 먹으며
밝은 노을은 높지만 먹을 수 있다네.
세상 사람들은 모두 구차스러우나
나의 길은 간난 속에 있구나.
밥은 짓지 않고 우물은 새벽에 얼었는데
옷이 없어 침상은 밤에 차갑다네.
주머니 비면 부끄러울까 염려되어
동전 한 닢 남겨 지켜보게 하였네.

이 시는 건원 2년 가을 진주에서 지은 것이다. 좀 더 나은 생활을 위하여 찾아온 곳이었으나 아직 전란이 멎지 않았던 까닭에 살림은 궁핍하기 이를 데 없었다. 3연에서 보듯 밥을 지을 쌀이 없어 불 때기를 멈추었고, 우물 또한 추위에 얼어붙었으며, 옷이 없어 추위 속에 밤을 지새워야 하였다. 아무리 전쟁 중이라 하여도 상황이 이처럼 나빠지지 않을 수는 있었다. 세상 사람들 모양으로 구차히 생을 영위하는 방식을 추수하였다면 굳이 벼슬을 버리고 떠나오지 않을 수도 있었다. 하지만 두보는 감연히 '나의 길'이 어려움 속에 처하는 쪽을 선택하였다. 2연의 내용이다. 시를 시작하면서 쓰디쓴 '푸른 잣나무'와 '밝은 노을'을 먹는다는 말이 궁핍한 가운데 고결한 절조를 지켜나가겠다는 견결한 선언으로 읽히는 것은 이 때문이다. 마지막 연에는 해학과 비개가 함께 담겼다. 비워진 주머니에 동전 한 닢 넣어 두었다. 거기에서 취해진 제목 '공낭'은 독자들로 하여금 가슴 깊숙이까지 아리게 만드는 묘한 느낌을 공유하게 만든다.

주 석

1 翠柏(취백)- 푸른 잣나무. 여기서는 잣나무의 잎을 가리킨다. 기근과 난리를 만나 먹지 못하게 되면, 잣나무 잎을 잘게 썰어 물과 함께 먹었다.

2 明霞(명하)- 빛나는 노을로서, 선인이 먹는다고 한다.

3 鹵莽(노망)- 대충 처리하다. 자신의 이익을 위하여 구차스럽게 처신하다.

4 吾道(오도)- 나의 길. 두보가 추구하고자 하는 유자로서의 길을 말한다. 屬(촉)- 붙어 있다. 艱難(간난)- 어려움. 처한 바의 험경을 가리킨다.

[鹵莽 2구] 자신의 처지가 곤궁하게 된 까닭을 따져 보고 있다. 사람들은 대부분 그들의 이익을 위하여 구차스런 행동까지도 서슴지 않지만 자신은 이들과 달리 유자로서 바른길을 고수하고 있다는 점을 천명하고 있다.

5 不爨(불찬)- 불을 때지 않는다. 밥을 짓지 않는다는 뜻이다.

6 無衣(무의)- 의복이 없다. 牀(상)- 침상.

[不爨 2구] 자신의 궁핍한 실상을 기술한 부분이다.

7 囊空(낭공)- 주머니가 비다. 羞澀(수삽)- 부끄럽다.

8 一錢(일전)- 동전 한 닢. 看(간)- 지키다. 동전으로 하여금 주머니를 지키게 한다는 뜻이다.

(**이남종**)

21. 病馬

병든 말

乘爾亦已久[1]　天寒關塞深　塵中老盡力[2]　歲晚病傷心[3]
毛骨豈殊衆[4]　馴良猶至今[5]　物微意不淺[6]　感動一沉吟[7]

너를 타고 다닌 지도 이미 오래
날은 차고 변새는 깊기만 하다.
풍진 중에 늙도록 힘을 다하다가
세밑에 병이 들어 마음을 아프게 하는구나.
모골이 어찌 무리와 다르랴만
순량한 성품은 지금까지 여전하구나.
미물임에도 뜻이 얕지 않으니
감동되어 한 번 깊게 읊조린다.

이 시는 두보가 건원 2년 진주에서 지은 것이다. 자신이 오랫동안 타고 다녔던 말이 병이 들었는데, 평범한 말이지만 주인을 섬기는 정성이 갸륵하기에 그 덕을 칭송하며 이를 안타까워하였다. 두보는 미천한 사물을 읊은 영물시를 통하여 자신의 감정을 투영시키는 것을 하나의 특징으로 삼았는데, 이 시는 이러한 시들 가운데 걸작이라고 할 수 있다. 당시 숙종 수복 후 밀려나 여러 관직을 떠도는 시인 자신의 실의한 심정을 잘 기탁하였다.

주 석

1 爾(이) - 너. 시제의 병든 말을 가리킨다.
2 塵中(진중) - 먼지 가운데. 즉 오랜 전란 가운데 있음을 말한다.

3 傷心(상심)- 마음이 아프다. 병든 말의 처지를 보면서 시인이 아파한 것이다.

4 豈殊衆(기수중)- 어찌 무리와 다르겠는가. 말의 모습과 기골이 지극히 평범한 것을 말한다.

5 馴良(순량)- 짐승이 길이 들어 양순하다. 순하고 착하다.

6 物微(물미)- 사물이 미천하다. 여기서는 병든 말을 가리킨다. 意不淺(의불천)- 그 뜻이 얕지 않다.

7 沉吟(침음)- 낮게 읊조리다.

(**박홍준**)

22. 送遠

먼 곳으로 보내다

帶甲滿天地[1] 胡爲君遠行[2] 親朋盡一哭[3] 鞍馬去孤城[4]
草木歲月晚[5] 關河霜雪淸[6] 別離已昨日[7] 因見古人情[8]

갑사甲士가 천지에 가득한 때에
그대는 왜 먼 길을 가나?
친지와 벗이 모두 다 한바탕 우는데
안장 얹은 말 타고 외로운 성을 떠났지.
초목에는 세월이 저물고
관하에는 서리와 눈이 맑구나.
이별이 이미 어제 일이 되고 보니
옛사람의 심정을 이에 알겠네.

이 시는 건원 2년 두보가 진주에서 지은 것이다. 멀리 떠나는 사람을 전송하고서, 그가 온 세상이 전란을 겪고 있을 때 길을 떠나게 되어 갖가지 고초를 겪을 것을 걱정하는 심사를 그렸다. 시는 이별한 뒤에 지어서 부친 것이다. 두보가 진주를 떠나면서 자신에게 지어 준 시라는 설도 있는데, 이 설을 따를 경우 제2구의 '군'은 두보 자신을 가리키는 말이 된다.

주 석

1 帶甲(대갑) - 갑옷 입은 사병. 무장한 사병을 뜻한다. 天地(천지) - 온 세상을 뜻한다.

2 胡爲(호위) - 무엇 때문에.

3 親朋(친붕)- 친한 벗. 또는 친지와 벗. 盡(진)- 다하다. 또는 '모두'라고 풀이할 수도 있다.

4 鞍馬(안마)- 안장을 얹은 말. 사람이 타고 가는 말을 뜻한다. 孤城(고성)- 외따로 떨어진 성. 흔히 변방의 성을 가리키는데 여기서는 진주성을 두고 한 말이다.

5 歲月晚(세월만)- 한 해가 저물었다는 뜻이다.

6 關河(관하)- 관산關山과 하천河川.

7 昨日(작일)- 어제. 지난날로 보는 설도 있다.

8 古人(고인)- 옛사람. '古'가 '故'로 된 판본도 있다. 이 구절은 이별을 해 보니 옛날 이별의 슬픔을 겪었던 사람의 심정을 이해하겠다는 뜻이다.

(**이영주**)

23. 寄李十二白二十韻

이백에게 부치는 20운

昔年有狂客[1]　號爾謫仙人[2]　筆落驚風雨[3]　詩成泣鬼神[4]
聲名從此大　汨沒一朝伸[5]　文彩承殊渥[6]　流傳必絶倫[7]
龍舟移棹晚[8]　獸錦奪袍新[9]　白日來深殿　青雲滿後塵[10]
乞歸優詔許[11]　遇我宿心親[12]　未負幽棲志[13]　兼全寵辱身[14]
劇談憐野逸[15]　嗜酒見天眞[16]　醉舞梁園夜[17]　行歌泗水春[18]
才高心不展[19]　道屈善無鄰[20]　處士禰衡俊[21]　諸生原憲貧[22]
稻粱求未足[23]　薏苡謗何頻[24]　五嶺炎蒸地[25]　三危放逐臣[26]
幾年遭鵩鳥[27]　獨泣向麒麟[28]　蘇武元還漢[29]　黃公豈事秦[30]
楚筵辭醴日[31]　梁獄上書辰[32]　已用當時法　誰將此議陳[33]
老吟秋月下　病起暮江濱　莫怪恩波隔[34]　乘槎與問津[35]

예전에 어떤 미친 나그네가
그대를 귀양 온 신선이라 불렀지요.
붓을 대면 비바람도 놀라고
시를 완성하면 귀신도 눈물 흘렸습니다.
명성이 이로부터 커져서
숨어 지내던 몸을 하루아침에 펴셨지요.
아름다운 문장으로 남다른 은혜를 받았고
전해지는 것은 반드시 남달리 뛰어났습니다.
용주는 노를 젓는 것이 늦었고
동물 문양 비단 도포를 새로이 빼앗아 주었습니다.

대낮에 깊은 어전으로 오면
청운지사가 가득 뒤따르는데,
사직을 청하자 왕명이 허락하였고
저를 만나 오래 생각하였던 마음이 친하게 되었습니다.
깊이 은거하겠다는 의지를 저버리지 않아
총애와 굴욕을 겪은 몸 보전하게 되었습니다.
말씀을 터놓고 하실 때면 순박한 모습을 아껴 주시고
술을 좋아하시어 천진난만함을 보이시니,
밤에 양원에서 술에 취하여 춤을 추시고
봄에 사수에서 길을 걸으며 노래하셨지요.

재주가 높으나 마음을 펴지 못하고
세상의 도가 굽어 선한 사람은 이웃이 없습니다.
처사 예형처럼 준수하시고
유생 원헌처럼 가난하시니,
쌀과 기장을 구하여도 넉넉하지 못하거늘
율무를 비방함이 어찌 그리도 잦은가요?
오령은 푹푹 찌는 무더운 땅
삼위산에 쫓겨난 신하의 신세.
몇 년이나 올빼미를 만나
홀로 울며 기린을 향하셨던가요?

소무는 원래 한나라로 돌아왔거니와
황공이 어찌 진나라를 섬겼던가요?
초왕의 연회에서 감주를 사양하던 날

양왕의 감옥에서 상소문을 올리던 때,
이미 당시의 법을 썼거늘
누가 이에 대한 논의를 펴겠습니까?
가을 달 아래서 늙은 몸으로 시를 읊조리고
저녁 강가에서 병든 몸을 일으키시겠지만,
은혜가 끊겼다고 원망하지 마시고
뗏목을 타고 함께 나루터를 물어 보십시다.

이 시는 두보가 건원 2년에 진주秦州에서 이백李白에게 주기 위하여 지은 것으로 추정된다. 이백은 지덕 원년에 사건에 연루되어 심양의 감옥에 투옥되었다. 지덕 2년 송약사가 군대를 이끌고 하남도로 가는 길에 심양에 들르면서 그를 석방시켜 참모로 발탁하였다. 건원 원년에는 야랑으로 멀리 유배되었다. 두보는 시를 통하여 이백의 빼어난 문재文才와 적선謫仙이란 칭호에 걸맞은 초탈한 성품, 가난을 달갑게 받아들이는 청렴한 생활에 대하여 높이 평가하면서 아울러 그가 겪었던 지난한 고초에 대한 동정을 표현하였다.

주 석

1 狂客(광객) - 미친 나그네. 하지장賀知章을 가리킨다.
2 謫仙人(적선인) - 귀양 온 신선. 이백을 가리킨다. 이백이 촉 지방에서 경사에 도착하자 비서감 하지장이 그의 명성을 듣고 먼저 그를 찾아와 지은 글을 보여 달라고 청하였다. 이백이 〈촉도난蜀道難〉을 꺼내어 보여 주자 여러 차례 칭찬과 감탄을 하고 귀양 온 신선이라고 불렀다. 금장식 담비 옷을 벗어 술로 바꾸어서 함께 취하도록 술을 기울이니 이로부터 명성이 빛났다.
3 筆落(필락) - 붓을 대다. 즉 글을 쓰는 것을 뜻한다. 환온桓溫이 일찍이

그에게 부채에 글을 쓰게 하였는데, 붓을 잘못 떨구었지만 이를 이용하여 얼룩 암소를 매우 절묘하게 그렸다는 이야기가 있다.

4 泣鬼神(읍귀신)- 귀신을 울게 하다. 글이 매우 감동적인 것을 비유한다.

5 汨沒(골몰)- 영락하여 현달하지 못한 모양.

6 殊渥(수악)- 남다른 은혜. 당 현종이 이백을 총애한 것을 가리킨다.

7 絶倫(절륜)- 이백의 문장이 매우 뛰어난 것을 말한다. 하지장이 현종에게 이백에 대하여 말하자 현종이 이백을 금란전金鑾殿으로 불렀다. 송을 한 수 올리자 음식을 하사하면서 현종이 이백을 위하여 몸소 국의 간을 맞추어 주었고, 불러서 한림공봉翰林供奉에 임명하였다.

8 龍舟(용주)- 황제가 타는 배를 가리킨다. 현종이 백련지에 배를 띄웠는데, 기분이 흡족해지자 이백에게 글을 짓게 하였다. 당시 이백은 한림원에서 이미 술에 취하여 있던 터라 고력사高力士 장군을 시켜 그를 부축해서 배에 오르게 하였다. 이 구절은 황제가 이백을 존중하여 늦게까지 기다렸다는 것을 말한다.

9 獸錦(수금)- 동물을 수놓은 아름다운 비단. 이 구절은 황제가 이백의 글에 감탄하여 하사품을 내린 것을 말한다. 측천무후則天武后가 신하들에게 시를 짓게 하였는데 동방규東方虯가 먼저 완성하자 비단도포를 하사하였다. 송지문宋之問이 뒤를 이어 시를 바쳤는데 더 뛰어나자 도포를 빼앗아 그에게 하사하였다. 아마 이백에게도 이런 일이 있었을 것이다.

[龍舟 2구] 현종이 이백을 불러 글을 짓게 하고 상품을 하사한 것을 말한다.

[昔年 10구] 첫 단락에서는 이백의 시재가 조정을 뒤흔들 수 있었다는 것을 서술하였다. 앞의 6구는 비서감 하지장에 의하여 추천된 것을 말하고, 뒤의 4구는 황제에게 인정받은 것을 말한다.

10 靑雲(청운)- 푸른 구름. 이백의 높은 위치를 비유한다고 볼 수도 있고, 뒤를 따르는 문사들의 포부를 가리키는 말로도 볼 수 있을 듯하다. 後塵(후진)- 수레의 뒤에서 일어나는 먼지. 이 구절은 높은 신분에 오른 이백의 뒤를 많은 문사가 따르는 것을 비유하는 말로도 볼 수 있고, 청운의 뜻을 품은 많은 문인이 이백의 뒤를 따르는 것을 비유하는 말로도 볼 수 있다.

[白日 2구] 이백이 현종의 총애를 받아 우대받았던 것을 말한다.

11 乞歸(걸귀)- 귀향을 요청하다. 즉 사직을 뜻한다. 이백은 고력사에게 참언을 당한 뒤 스스로 임금의 근친들에게 용납되지 않을 것을 알고 산으로 돌아가겠다고 청하였다. 황제가 금을 하사하고 돌아가도록 놓아 주었다. 優詔(우조)- 총애가 넘치는 조서. 왕명에 대한 미칭.

12 宿心(숙심)- 예전부터 품고 있던 마음.

[乞歸 2구] 이백이 궁궐을 떠나 두보를 만난 것을 말한다.

13 幽棲(유서)- 깊고 조용한 곳에 머물다. 즉 은거 생활을 뜻한다.

14 兼全(겸전)- 아울러 보전하다. 寵辱(총욕)- 총애와 굴욕. 이 구절은 왕의 신임을 얻을 때나 그렇지 못할 때나 몸을 보전할 수 있었다는 말이다.

15 劇談(극담)- 터놓고 얘기하다. 野逸(야일)- 순박하고 한적함. 두보 자신을 가리킨다.

16 嗜酒(기주)- 술을 좋아하다. 이 구는 이백을 두고 한 말이다.

17 梁園(양원)- 궁원 이름. 이백이 예전에 두보와 함께 양 지방을 노닌 것을 말한다. 당시 고적高適과 함께 변주汴州를 유람하였는데, 술이 거나하여 취대吹臺에 올라 강개한 심정으로 회고하였다. 이백의 문집을 보면 〈양원취가梁園醉歌〉가 있다. 변주는 바로 양원의 옛터이다.

18 泗水(사수)- 산동 지역의 물 이름. 두보가 이백과 함께 유람하던 곳이다.

[醉舞 2구] 이백과 함께 노닐던 옛일을 회상하고 있다.

[白日 10구] 이 단락에서는 이백이 사직하고 돌아간 뒤 두 사람이 맺은 우정을 서술하고 있다.

19 心不展(심부전)- 마음을 펴지 못하다. 포부를 펼치지 못하는 것을 말한다.

20 道屈(도굴)- 도가 굽다. 세상 이치가 잘못된 것을 말한다.

21 處士(처사)- 벼슬하지 않는 사람. 禰衡(예형)- 한나라 때 사람. 바탕이 올곧고 밝으며 재주는 단연 타의 추종을 불허하였다고 한다. 이백을 비유한다.

22 諸生(제생)- 학생. 유생. 原憲(원헌)- 주나라 때 공자의 제자. 《공자가어孔子家語》에 따르면 원헌이 "재산이 없는 것을 가난하다고 하고, 도를

배웠으나 실천할 줄 모르는 것을 어렵게 산다고 하오. 나와 같은 사람은 가난할지언정 어렵게 사는 것은 아니오."라고 말하였다고 한다. 여기서는 이백을 비유한다.

23 稻粱(도량) - 쌀과 기장. 좋은 음식을 가리킨다.

24 薏苡(의이) - 율무. 앞의 '도량'과 비교하여 열악한 음식을 가리킨다.

[稻粱 2구] 이백이 누린 것도 없는데 참언을 당한 것을 말한다.

25 五嶺(오령) - 중국 남방으로 통하는 다섯 고개 이름. 炎蒸(염증) - 푹푹 찌듯이 무더운 모양.

26 三危(삼위) - 산 이름. 사주沙州 돈황현燉煌縣 동남쪽 20리 되는 곳에 있었는데, 산에 봉우리가 셋이어서 삼위라고 하였다. 삼묘三苗족이 유배된 곳이다.

[五嶺 2구] 이백이 사건에 연루되어 야랑으로 유배된 것을 말한다.

27 鵩鳥(복조) - 올빼미의 일종. 울음소리를 들으면 불길하다고 한다. 가의賈誼는 쫓겨나서 장사왕長沙王의 태부太傅가 되었는데 숙소 모퉁이에 올빼미가 모여 있자 〈복조부鵩鳥賦〉를 지었다

28 麒麟(기린) - 전설상의 동물로 천하가 화평하면 나타난다고 한다.《춘추》에 "서쪽으로 사냥을 가 기린을 잡았다."라는 말이 있는데《공양전》에 "공자가 소매로 얼굴을 훔치며 도포 자락에 눈물을 적시고는 '내 도가 다하였구나!' 하고 말하였다."라고 하였다.

[幾年 2구] 이백이 유배를 당하고 불우한 일을 겪은 것을 비유한다.

[才高 10구] 이 단락에서는 이백이 여산에 은거하다가 영왕에 의하여 오욕을 당한 것을 마음 아파하고 있다.

29 蘇武(소무) - 한대 사람. 흉노에서 19년을 억류되어 있다가 돌아왔다.

30 黃公(황공) - 진나라 말엽 상산사호商山四皓 중의 한 사람.

[蘇武 2구] 이백의 결백을 비유적으로 말하고 있다.

31 楚筵(초연) - 초나라에서의 연회. 초 원왕元王이 목생穆生을 공경하여 예우하느라 늘 그에게 감주를 마련해 주었는데, 왕무王戊가 즉위하면서 감주를 베푸는 것을 잊어버리자 목생이 물러나며 "갈 때가 되었구나."라고 하고는 병을 핑계로 떠났다.

32 梁獄(양옥) - 양왕의 감옥. 한나라 추양은 양왕의 노여움을 사 하옥되었다가 옥중에서 상소문을 올렸다. 이백의 〈서회시〉에 "한밤중에 수군이 몰려와 심양에 군기가 가득하였다. 부질없는 명예 때문에 마침 스스로 그르쳐 핍박에 못 이겨 누선에 올랐다. 단지 오백금을 하사받았지만 미련 없이 그것을 버렸다. 관직을 사양하고 작위를 받지 않았는데 도리어 야랑 하늘 아래 폄적되었다."라는 구절이 있는데, 두보의 이 시와 더불어 서로 의미를 잘 드러낸다.

[楚筵 2구] 이백이 반군의 휘하에서 벼슬을 받지 않았는데, 억울하게 야랑에 투옥된 것을 말한다.

33 此議(차의) - 이백의 억울함에 대한 변론을 가리킨다.

[已用 2구] 이미 이백에게 법이 적용되어 아무도 변론을 해 주지 않는다는 것을 말한다.

34 恩波(은파) - 은혜의 물결. 황제의 총애를 뜻한다.

35 乘槎(승사) - 뗏목을 타다. 問津(문진) - 나루터를 묻다. 《박물지》에 "바다에 사는 사람이 있었는데 8월이면 뗏목을 타고 하늘에 올라 견우성을 범하였다."라는 말이 있다. 공자는 자로를 시켜 나루터를 물은 일이 있다.

[莫怪 2구] 이백에게 자신의 처지를 원망하지 말고 마음 편히 먹으라는 당부의 말을 담고 있다.

[蘇武 10구] 마지막 단락에서는 이백이 억울함을 풀지 못하고 심양의 강변을 떠돌게 된 것을 가슴 아파하고 있다.

(**김만원**)

24. 卜居

거처를 정하다

浣花溪水水西頭[1] 主人爲卜林塘幽[2]
已知出郭少塵事[3] 更有澄江銷客愁[4]
無數蜻蜓齊上下[5] 一雙鸂鶒對沉浮[6]
東行萬里堪乘興[7] 須向山陰入小舟

완화계 시냇물 서편에
주인이 숲과 못 그윽한 곳에 집을 정하였다네.
성곽 밖이라 속세의 일 적음을 알고 있는데
또 맑은 강이 나그네 시름을 삭여 준다네.
무수히 잠자리 떼는 나란히 오르내리고
한 쌍 자원앙은 짝하여 잠기고 뜨고 하네.
동쪽으로 만 리 길 가는 흥을 탐직 하니
모름지기 산음 향하여 작은 배에 들어야겠지.

성도에 도착 뒤 한동안 초당사에서 지내던 두보는 상원 원년 봄 지인의 도움을 통하여 초당을 지을 수 있었다. 이 시는 이때 지어진 작품이다. '집 자리를 정한다'는 제목 '복거'와 어울리게 1연에서는 완화계를 중심에 두고 집의 위치와 그 분위기를 적는 것으로 시작하였다. 가운데 2연은 초당의 깊숙하고 고요한 분위기를 거듭 말하였다. 성곽을 벗어나 있어 세상사 번거로움과 멀어졌는데, 또 시내는 맑은 강을 이루어 시름을 풀 수 있다. 잠자리의 군무와 한 쌍 자원앙의 자맥질은 한 폭의 전원 산수를 그려 낸 그림인 듯 한가하고 평화롭다. 4연은 평소 산음의 풍경을 깊이 동경해 왔던 두보가 완화계 초당에서 그 아름다운 경치를 읽어 낸 것이다. '동쪽으로 만 리 길을 떠난다'는 표현을 두고 지인의 박정함에 대한 서운한 감정을 드러내고 있다는 등의 여러 의견이 있으나 취할 바가 되지 못한다. 전체적으로 오랫동안 떠돌던 시절의 신고를 뒤로하고 새 안식처를 얻은 기쁨이 한껏 고조되어 있어 두시 일반의 침울 풍격과 크게 구별되는 작품이다.

주 석

1 浣花溪(완화계)- 성도 서쪽 성곽 밖에 있는 시내.
2 主人(주인)- 주인. 두보를 가리킨다.
3 出郭(출곽)- 성곽을 나서다. 초당이 성도의 서쪽 성곽 밖에 위치한다는 말이다.
4 澄江(징강)- 물이 맑은 강. 여기서 강은 금강錦江을 가리킨다.
5 蜻蜓(청정)- 잠자리.
6 鸂鶒(계칙)- 새 이름. 원앙보다 크고 보랏빛이 짙어 자원앙이라고도 불린다.
7 東行(동행) 2구- 눈이 내리는 밤 문득 섬계剡溪에 사는 대안도戴安道가 생각나서 배를 타고 찾아갔다가 흥이 다하여 그냥 돌아왔다는 산음山陰 사람 왕자유王子猷의 고사와 오나라에 사신으로 가는 비위費褘를 송별하면서 (만리교를 가리켜) "만리길이 여기서부터 시작되는구나.(萬里之行, 始於此矣.)"라고 탄식한 제갈양諸葛亮의 고사를 이용하였다. 만리교는 완화계의 동쪽에 있었다.

(**이남종**)

25. 堂成

초당이 이루어지다

背郭堂成蔭白茅[1] 緣江路熟俯青郊[2]
榿林礙日吟風葉[3] 籠竹和煙滴露梢[4]
暫止飛烏將數子[5] 頻來語燕定新巢[6]
旁人錯比揚雄宅[7] 懶惰無心作解嘲[8]

성곽을 등지고 지은 초당 흰 띠로 지붕을 이었고
강 따라 길이 익숙해지자 푸른 들이 내려다보인다.
해를 가리고 바람을 속삭이는 오리나무 잎과
안개에 싸여 이슬 듣는 농죽의 가지.
날다가 잠시 멈추었던 까마귀는 여러 새끼 거느리고
지저귀며 자주 와서 떠들던 제비는 새집으로 정하였네.
주위 사람 양웅의 집이라 잘못 비유하나
게을러 〈해조〉를 지을 뜻이 전혀 없다네.

이 시는 두보가 성도에서 초당을 완성한 후 집 주변의 경관을 묘사한 작품이다. 상원 원년 봄에 지었다. 두보는 건원 2년 12월 동곡同谷에서 성도로 옮겨 왔는데, 이때 벗들의 도움을 받아 초당을 짓기 시작하였다. 이듬해 상원 원년 늦봄 드디어 초당을 완성하자 이 시를 지어 그 기쁨을 드러내었다. 하지만 시의 내용을 살펴보면 두보가 이 당시 초당에 완전히 정착하려 하였던 것은 아니고, 여전히 떠나려는 마음을 지니고 있었음을 알 수 있다. 5, 6구에서 '잠시 머물다'와 '자주 온다'는 말을 하여 마음속에 여전히 방황하는 뜻이 담겨 있으며, 결련에서 주변 사람들이 이 집을 이 사람의 집이라고 착각하여 말하지만 떠도는 자신의 신세를 돌이켜보고 빙긋이 웃으며 스스로 자조하고 끝내 이곳에 살 수 없다는 뜻을 밝히고 있기 때문이다.

주 석

1 背郭(배곽) - 성곽을 등지다. 여기서 성곽은 성도의 외곽 성을 가리킨다. 두보의 초당은 성도성 서남쪽에 있었다. 蔭(음) - 가리다. 여기서는 지붕을 이은 것을 말한다.

2 俯(부) - 굽어보다. 青郊(청교) - 푸른 들.

3 榿林(기림) - 오리나무 숲. 礙(애) - 막다. 가리다. 吟風(음풍) - 바람을 읊조리다.

4 籠竹(농죽) - 대나무의 이름. 和煙(화연) - 안개에 싸여 있다. 滴露(적로) - 이슬이 떨어지다.

5 暫止(잠지) - 잠시 멈추다. 將(장) - 데려오다. 인솔하다.

6 頻來(빈래) - 자주 오다. 定(정) - 정하다.

7 旁人(방인) - 주위 사람. 錯比(착비) - 잘못 비유하다. 揚雄(양웅) - 동한의 유명한 문인.

8 懶惰(나타) - 게으르다. 無心(무심) - 할 뜻이 없다. 作解嘲(작해조) - 〈해조〉를 짓다. 〈해조〉는 양웅의 작품이다. 한 애제哀帝 때 정부丁傅와 동현董賢이 정권을 잡고 있었는데, 양웅이 마침 《태현太玄》을 짓자 혹자는 그 현玄이 아직 희다는 것으로 양웅을 조롱하였다. 이에 양웅이 그것을 변호한 글을 지었는데 그것이 바로 〈해조〉이다.

(**박홍준**)

26. 蜀相
촉상

丞相祠堂何處尋[1] 錦官城外柏森森[2]
映階碧草自春色[3] 隔葉黃鸝空好音[4]
三顧頻繁天下計[5] 兩朝開濟老臣心[6]
出師未捷身先死[7] 長使英雄淚滿襟[8]

승상의 사당을 어디서 찾으리
금관성 밖 측백나무 빽빽한 곳.
섬돌에 비치는 푸른 풀은 절로 봄빛
잎 사이 노란 꾀꼬리는 속절없이 좋은 소리.
초려를 세 번 자주 찾은 천하를 위한 계책,
두 조정 열고 경영한 늙은 신하의 마음.
군사를 내었으나 못 이기고 몸이 먼저 죽어
길이 영웅들 옷깃에 눈물 흥건하게 하다.

이 시는 성도 교외에 있는 제갈양의 사당을 찾아 그를 추모하여 지은 것이다. 촉의 승상은 삼국시대 촉한의 재상 제갈양이다. 유비는 221년에 제위에 올라 제갈양을 승상으로 삼았다. 두보는 성도에 도착한 이듬해 상원 원년 봄 제갈양의 사당을 찾아 경치와 감회를 읊었다. 제갈양의 사당 무후사武侯祠는 성도시 유비의 사당 소열제묘昭烈帝廟 옆에 있다. 군신은 죽어서도 떨어지지 못할 만큼 서로 깊이 신뢰하였다. 오죽하면 아들이 불초하면 황제 자리를 차지하라고 유언하였을까. 중원을 회복하려 노심초사 애쓰다가 오장원五丈原에서 죽은 제갈양의 충정은 중국인뿐만 아니라 그를 아는 모든 사람의 가슴을 아리게 만든다. 빽빽한 측백나무는 충신의 절개를 천고에 푸르르게 내비친다. 이를 아는지 모르는지 꾀꼬리는 잎 사이를 오가며 어여쁘게도 울어 댄다. 천하를 위하여 몸을 굽힌 삼고초려, 그 정성에 감읍하여 피폐한 촉한을 2대에 걸쳐 섬긴 제갈양의 마음을 시인은 깊이 공감한다. 영웅은 아닐지라도 누군들 눈물짓지 않겠는가.

주석

1 丞相祠堂(승상사당) - 제갈양의 사당 무후사武侯祠. 서진西晉 말년 대성국大成國을 세운 이웅李雄이 처음 세웠다. 유비의 소열묘昭烈廟 옆에 있어 명나라 초에 소열묘에 병합하였다. '丞'은 '蜀'으로 된 판본도 있다.

2 錦官城(금관성) - 성도. 柏(백) - 측백나무. 이 구절의 '백'을 흔히 잣나무로 번역하지만 실제로는 측백側柏이다.

3 映階碧草(영계벽초) - 섬돌에 비친 푸른 풀. 自(자) - 절로. 春色(춘색) - 봄빛. 봄 경치가 완연함을 말한다.

4 隔葉(격엽) - 잎 건너. 黃鸝(황리) - 꾀꼬리. 空(공) - 공연히. 속절없이. '多'로 된 판본도 있다. 好音(호음) - 좋은 소리. 꾀꼬리 울음소리가 듣기 좋음을 말한다.

5 三顧(삼고) - 삼고초려三顧草廬. 頻繁(빈번) - 자주. 누차. 유비가 제갈양을 세 번이나 찾아갔음을 말한다. 天下計(천하계) - 천하를 위한 계책. 유비가 제갈양을 찾아가 당시 천하를 구제할 계책을 의논하였다. 제갈양은 천하를 통일하기 위해서는 먼저 동으로 손권孫權과 연합하고 북으로 조조曹操에 항거하며, 서쪽으로는 유장劉璋의 봉지를 취하여 천하를 셋으로 나누어 안정을 취하자는 계책을 건의하였다.

6 兩朝(양조) - 두 조정. 두 임금. 선주 유비와 후주 유선劉禪을 말한다. 전한 고조高祖와 후한 광무제光武帝로 보기도 한다. 開濟(개제) - 나라를 열고 경영하다. 老臣(노신) - 제갈양.

7 出師(출사) - 출병하다. 未捷(미첩) - 이기지 못하다. '捷'은 '用'으로 된 판본도 있다.

8 淚滿襟(누만금)- 눈물이 옷깃에 가득하다. 눈물을 흘려 옷깃을 흠뻑 적시다. 제갈양이 뜻을 이루지 못하고 죽었음을 슬퍼하는 것이다.

(**이창숙**)

27. 賓至
손님이 오다

幽棲地僻經過少[1] 老病人扶再拜難[2]
豈有文章驚海內 漫勞車馬駐江干[3]
竟日淹留佳客坐[4] 百年粗糲腐儒餐[5]
不嫌野外無供給[6] 乘興還來看藥欄[7]

숨어 사는 외진 땅 찾는 이 적은데
늙고 병들어 부축을 받느니 절 두 번 하기도 어렵네.
천하를 놀라게 할 문장이 어디 있으리오
괜스레 번거롭게 강가에 거마를 멈추셨구려.
종일토록 훌륭한 손님 머물러 계시는데
평생의 거친 밥 이 보잘것없는 유생의 찬이라오.
이곳 야외에 드릴 것 없음이 싫지 않으시거든
기분 날 때 작약 화원을 또 보러 오시구려.

이 시는 상원 원년 초당이 낙성된 후에 지은 것이다. 두보의 문명을 듣고 찾아온 손님이 있어 지은 것인데, 겸손한 필치로 담담한 감정을 적어 내고 있다. 늙고 병든 내게 천하를 놀라게 할 만한 글이 어디 있다고 찾아왔느냐는 말에서는 겸손과 함께 은근한 자부심도 느낄 수가 있고, 거친 밥 외에는 대접할 게 없으니 나중에 꽃이나 보러 오라는 말에서는 가난에 매이지 않는 작가의 자유로운 정신도 읽을 수가 있다. 이 시의 제목을 〈유객有客〉으로 쓴 판본도 있는데 여기서는 《두시상주》를 따라서 〈빈지〉로 하였다. 시 전체에서 경치를 묘사한 부분이 한 구절도 없어 칠언율시의 독특한 격식을 보여 준다는 평을 받기도 한다.

주 석

1 幽棲(유서)- 은거하다. 숨어 살다. 經過少(경과소)- 지나는 사람이 적다. 두보의 초당을 찾는 이가 적다는 말이다.

2 人扶(인부)- 남이 부축하다. 再拜難(재배난)- 재배하기도 어렵다. 늙고 병들어 찾아온 손님에게 예를 갖추기도 힘들다는 말이다.

3 漫(만)- 괜스레. 江干(강간)- 강변.

4 竟日(경일)- 종일. 淹留(엄류)- 머무르다.

5 百年(백년)- 한평생을 뜻한다. 粗糲(조려)- 매조미쌀. 왕겨만 벗겨 낸 현미. 腐儒(부유)- 썩은 유생. 두보가 자신을 낮추어 한 말이다.

6 嫌(혐)- 싫어하다. 불평하다. 野外(야외)- 두보가 살고 있는 초당을 두고 한 말이다. 無供給(무공급)- 공급할 것이 없다. 손님이 왔지만 변변하게 대접할 것이 없다는 말이다.

7 乘興(승흥)- 흥을 타다. 기분을 타다. 還來(환래)- 다시 오다. 藥欄(약란)- 작약이 피어 있는 난간. 혹은 약초를 재배하는 밭의 울타리.

(**김성곤**)

28. 狂夫

미친 사내

萬里橋西一草堂[1] 百花潭水卽滄浪[2]
風含翠篠娟娟淨[3] 雨裛紅蕖冉冉香[4]
厚祿故人書斷絶[5] 恒飢稚子色淒涼
欲塡溝壑惟疏放[6] 自笑狂夫老更狂[7]

만리교 서편 초당 하나
백화담 물이 곧 창랑수로다.
바람 머금은 푸른 대는 곱게 깨끗하고
비에 젖은 붉은 연꽃은 점점 향기로워져 간다.
봉록 많이 받는 친구는 서신이 끊어져
늘 굶주리는 어린 자식은 낯빛이 처량하다.
죽어 구덩이를 메우려 하는데 그저 제멋대로 행동하며,
미친 사내 늙어 갈수록 더욱 미쳐 감을 내 웃는다.

이 시는 상원 원년 여름 성도의 초당에서 지은 것이다. '만리교'에는 고향을 뒤로하고 떠나온 머나먼 거리가 느껴지고, '초당 하나'에는 몸을 붙여 살 곳을 정하기까지의 신고와 안도감이 함께 배어난다. '백화담'에선 또 지천으로 피고 지는 꽃들이 눈에 선하니, 그곳을 세계인 듯 살고자 하는 시인의 마음에서 달관이 엿보인다. 어렵게 얻었기에 부서질까 봐 마음 졸여 가만가만 가는 붓으로 둘째 연을 이었다. 미풍은 푸른 대를 품고 머금은 물기로 곱게 씻어 주고, 부슬비는 붉게 핀 연꽃을 적셔 그 맑은 향기를 조금씩 전한다.

후반에 접어들자 이내 굵고 거친 붓놀림이 속도를 더하였다. 그동안 살펴준 친구들은 어인 까닭인지 소식이 끊겼다. 결과는 어린 것조차 주린 기색에 처량함이 역력하다. 일견 반전이 느껴지는 부분이다. 하지만 '만리교 서편' '초당 하나'가 끝 모를 방랑길에 잠시 찾아든 기항지였음을 떠올리면 시인의 역경은 예정된 것이나 다름없었다. 오히려 급한 진전이다.

빈사에 몰려 물러설 데 없는 지점에서 두보가 취할 수 있는 행동은 '소방'으로 표현된 일탈과 방종이었다. 자의식의 상실은 자신을 '미친 사내'로 몰아갔고 '늙어 더욱 미쳐 간다'고 한 데서 그의 소방은 극에 이른다. 말미에 소방한 행위를 '스스로 웃음'으로써 수습해 내고 다시 '미친 사내'를 제목으로 사용하여 자신의 '소방'을 내외에 표방하였다. 전반부의 한적과 후반부의 우수, 그 양자를 절묘하게 접합시켜 고도로 완성된 작품으로 형성해 낸 힘이 바로 일상의 책임에 대한 시인 특유의 방기, 즉 '소방'이라 하겠다.

주 석

1 萬里橋(만리교)- 성도 남문 밖의 금강에 놓여 있던 다리. 삼국 시기 제갈양이 동오東吳로 사신가는 비위費褘를 송별한 장소이다. 비위는 동오로 떠나면서 "만 리 길이 이곳에서부터 시작되는구나"라고 탄식하였는데, 이 때문에 만리교라는 이름을 얻게 되었다고 한다.

2 百花潭(백화담)- 완화계浣花溪를 말한다. 滄浪(창랑)- 본디 한수漢水 하류라는 설 등이 있지만 굴원의 〈어부사漁父辭〉 이래로 은거지의 의미가 있게 되었다. 육유陸游의 《노학암필기老學庵筆記》 등에 보이는 '두보초당의 창랑정'은 아마도 이 〈광부〉 시를 근거로 후인들이 지은 것일 것이다.

3 翠篠(취소)- 푸른 대. 娟娟(연연)- 예쁜 모습.

4 雨裛(우읍)- 비에 젖다. '裛'은 '浥'과 통하여 젖는다는 의미이다. 紅蕖(홍거)- 붉은 연꽃. 冉冉(염염)- 점차 많아지는 모습.

5 厚祿故人(후록고인)- 높은 지위를 차지하여 봉록을 많이 받는 사람

가운데 두보가 알고 지내던 사람이다. 배면裴冕을 가리킨다는 설이 있으나 대체로 받아들여지지 않는다. 이 구는 사귀는 태도가 각박한 것을 말한다.

6 塡溝壑(전구학)- 구덩이를 채우다. 죽음을 가리킨다. 疏放(소방)- 구속을 당하지 않고 방종함을 의미한다. 이 구는 비록 극히 곤궁한 지경에 처하였지만, 태연히 게으를 수 있음을 말한 것이다.

7 自笑(자소)- 절로 웃음이 난다.

[欲塡 2구] 위 구는 장차 구덩이를 채워 죽게 될 것 같지만, 오히려 다만 내키는 대로 행동하며 돌아보지 않음을 말하였는데, 이것이 그가 미친이가 되는 까닭이다. 아래 구는 구덩이를 채우는 일에 대하여 근심하지 않게 되는 까닭이다.

(이남종)

29. 江村
강 마을

清江一曲抱村流[1] 長夏江村事事幽[2]
自去自來梁上燕[3] 相親相近水中鷗[4]
老妻畵紙爲棋局[5] 稚子敲針作釣鉤[6]
但有故人供祿米[7] 微軀此外更何求[8]

맑은 강 한 굽이 마을을 안아 흐르고
긴 여름 강 마을 일마다 그윽하다.
절로 갔다 절로 오는 들보 위 제비
서로 친하고 서로 가까운 물 가운데 갈매기.
늙은 아내는 종이를 그어 바둑판 삼고
어린 아이는 바늘을 두드려 낚싯바늘 만든다.
다만 녹미를 보내 줄 벗만 있다면
보잘것없는 몸이 이 밖에 또 무엇을 구하리오.

이 시는 상원 원년 성도 초당에 살던 때 여름날 강 마을의 한가한 정취를 읊은 것이다. 해맑은 강물이 휘감아 흐르는 마을 긴긴 여름날에 달리 할 일도 없다. 제비는 새끼를 먹인다고 오락가락, 무심한 갈매기는 내 좇는가 제 좇는가. 이런 풍경 속에 시인의 삶은 모처럼 그윽하기만 하다. 먼 유랑 길에 늙어 버린, 한때는 고왔던 아내가 남편을 불러 앞에 앉힐 요량인지 종이에 바둑판을 긋는다. 이런 여름날 아이들에게는 물놀이 낚시질이 제격이다. 시인은 그저 쌀독이 비지만 않으면 더 무얼 바라냐고 하였지만 이마저도 쉽지 않은 시절을 살았다. 풍경은 고즈넉한 여름날의 강 마을이지만, 그 속에 깃들어 사는 백성들의 삶은 이처럼 간단하지 않았을 터이다. 그래서 시인의 소박한 꿈은 더 절실하게 다가온다.

주 석

1 淸江(청강) - 맑은 강. 완화계를 가리킨다. 抱村流(포촌류) - 마을을 안고 흐르다. 강물이 휘돌아 마을을 안고 흐른다는 뜻이다.

2 長夏(장하) - 낮이 긴 여름. 또는 음력 6월이라고도 한다. 幽(유) - 그윽하다. 한가하다.

3 自去自來(자거자래) - 절로 왔다 갔다 하다. '來'는 '歸'로 된 판본도 있다. 梁上(양상) - 들보 위. '梁'은 '堂'으로 된 판본도 있다.

4 相親相近(상친상근) - 서로 가까이하다. 갈매기 떼가 서로 좇으면서 나는 모양을 묘사하였다.

5 畫紙(획지) - 종이에 줄을 긋다. 爲棋局(위기국) - 바둑판을 만들다. '爲'는 '成'으로 된 판본도 있다.

6 稚子(치자) - 어린 자식. 敲針(고침) - 바늘을 두드리다. 낚싯바늘을 만들기 위하여 곧은 바늘을 두드려 굽힘을 말한다. 釣鉤(조구) - 낚싯바늘.

7 故人(고인) - 벗. 배면裵冕을 가리킨다는 설이 있다. 供祿米(공록미) - 녹미를 제공하다. 녹미는 봉급으로 받는 곡식이다. '供'은 '分'으로 된 판본도 있다. 이 구는 '多病所須惟藥物'로 된 판본도 있다.

8 微軀(미구) - 보잘것없는 몸. 시인 자신을 말한다. 更何求(갱하구) - 다시 무엇을 구하랴. 더 이상 필요한 것이 없다는 뜻이다. '何'는 '無'로 된 판본도 있다.

(**이창숙**)

30. 遣興
마음을 달래다

干戈猶未定[1]　弟妹各何之[2]　拭淚沾襟血[3]　梳頭滿面絲[4]
地卑荒野大[5]　天遠暮江遲[6]　衰疾那能久[7]　應無見汝期[8]

전쟁은 아직도 끝나지 않았는데
동생들은 각각 어디로 갔는가.
눈물을 닦으니 옷깃을 적시는 붉은 피
머리를 빗으니 얼굴 가득 덮는 흰 머리칼.
땅은 낮아 거친 들은 드넓고
하늘 멀어 저녁 강이 더디기만 한데,
쇠하여 병들었으니 어찌 오래 살 수 있으랴
분명 너희를 다시 볼 기약이 없겠구나.

이 시는 상원 원년 성도 초당에 우거할 당시에 지은 것으로 추정된다. '견흥遣興'은 시를 지어서 마음을 달랜다는 뜻이다. 전쟁 속에 뿔뿔이 흩어진 동생들을 그리워하는 절절한 마음을 적었다. 성도성 외곽에 있는 완화계에 친구들의 도움을 받아 초당을 짓고 두보는 오랜만에 가족들과 함께 평안한 시절을 보내게 되었다. 전쟁과 기근에 쫓겨 장구한 세월을 얼마나 촛불처럼 위태롭게 흔들리며 버티어 왔던가. 그 시절에 비하면 지금 성도 초당에서의 생활은 그 얼마나 따뜻하고 행복한가. 하지만 이런 생각도 잠시, 전쟁 통에 이리저리 흩어진 동생들을 생각하니 금세 맘이 심란해지고 복잡해진다. 자신은 동생들을 돌봐야 하는 집안의 장남이 아닌가. 자신이 지금 누리고 있는 이 평안과 행복이 오히려 죄스럽기만 하다. 이 저주스러운 전쟁은 언제나 끝날 것인가. 전쟁이 끝나고 동생들이 고향으로 돌아올 때까지만이라도 버티고 살아 주었으면 좋겠는데 시나브로 사위어 가는 늙고 병든 몸이라 그것도 기약하기 어렵다. 이 말로 다할 수 없는 비통한 심정을 달래려 이렇게 글로 써놓고 '견흥'이라 제목을 붙여 보지만 슬픔은 저 저녁 강처럼 끝이 없다.

주 석

1 干戈(간과) - 전쟁.

2 弟妹(제매) - 아우와 누이. 두보에게는 남동생 넷과 여동생 하나가 있었는데, 당시 남동생 한 명만 두보 곁에 있었고 나머지는 뿔뿔이 흩어져 살고 있었다.

3 拭淚(식루) - 눈물을 닦다.

4 梳頭(소두) - 머리를 빗다. 滿面絲(만면사) - 실처럼 하얀 머리카락이 얼굴을 가득 덮는다는 말이다.

5 地卑(지비) - 땅이 낮다. 땅이 평평하다는 말이다. 荒野大(황야대) - 거친 들이 크다. 이 구절은 땅이 평평하고 낮아서 들이 더욱 넓게 보인다는 말이다.

6 天遠(천원) - 하늘이 멀다. 하늘이 넓게 펼쳐져 있다는 말이다. 暮江遲(모강지) - 저녁 강물이 더디다. 이 구절은 강물 위의 하늘이 넓게 펼쳐져 있어서 강물이 느리게 흐르는 것처럼 보인다는 말이다.

7 衰疾(쇠질) - 쇠약하고 병 들다. 那(나) - 어찌. 어떻게.

8 見汝期(견여기) - 너희들을 만날 기약.

(**김성곤**)

31. 南鄰
남쪽 이웃

錦里先生烏角巾[1] 園收芋栗不全貧[2]
慣看賓客兒童喜[3] 得食階除鳥雀馴[4]
秋水纔深四五尺[5] 野航恰受兩三人[6]
白沙翠竹江村暮[7] 相送柴門月色新[8]

검은 각건 두르신 금리 선생
전원에서 토란과 밤을 거두시니 가난한 것만은 아니라네.
손님을 익히 봐 온 터라 아이들이 기뻐하고
섬돌에서 먹이를 얻나니 새들 길들어 있네.
가을 물이 겨우 네댓 척 깊이라
들 배는 두세 사람 타니 딱 맞춤이라.
흰 모래와 푸른 대나무 강촌에 날이 저무는데
손을 보내는 사립문에 달빛이 새롭구나.

이 시는 상원 원년 두보가 성도 초당에 거할 때 지은 것이다. 남쪽 이웃에 사는 은자를 방문하여 그 은자의 담박하고 그윽한 삶을 칭송하고 있다. 이 시와 비슷한 시기에 지어진 것으로 보이는 〈남쪽 이웃 주산인의 물가 정자에 들르다過南鄰朱山人水亭〉라는 시에 근거하여 많은 주석가는 이 은자를 '주산인'으로 보고 있다. '산인'은 은자와 같은 말이다. 전원에서 소박한 농사로 자급하며 자연 속에서 조화롭게 살아가는 이 은자의 모습은 하얀 모래밭과 푸른 대숲으로 둘러싸인 아름다운 강촌처럼 두보에게는 닮고 싶은 이상적인 삶의 모습이었을 것이다. 그 은자와 온종일 노닐다

헤어지는 시간, 은자의 집 사립문 위로 쏟아지는 달빛이 유난히 새롭다. 좋은 이웃을 얻게 된 데서 오는 새로운 기쁨을 표현한 것이 아닐까. 〈남쪽 이웃 주산인의 물가 정자에 들르다〉에서 "돌아갈 객은 마을이 멀지 않다고, 남은 술로 자리를 다시 옮기네.(歸客村非遠, 殘樽席更移.)"라고 하였고, "그대를 보건대 도기道氣가 많으니, 이제부터 자주 따라다녀야겠네.(看君多道氣, 從此數追隨.)"라고 한 것으로 보아 두보는 이 이웃 은자와 꽤나 자주 어울렸던 것 같다.

주 석

1 錦里(금리) - 금관성 성도에 있는 마을. 烏角巾(오각건) - 검은색의 각진 두건. 옛날 은자의 복장이다.

2 芋栗(우율) - 토란과 밤. 不全貧(부전빈) - 전적으로 가난한 것만은 아니다.

3 慣看(관간) - 익히 보다. 賓客(빈객) - 손님. 이 구절은 금리 선생이 손님을 좋아하여 아이들이 손님 오는 것을 즐겁게 여긴다는 말이다.

4 得食(득식) - 먹을 것을 얻다. 이 구절은 금리 선생이 마음에 기심機心이 없어 동물들조차 가까이 따른다는 말이다.

5 纔(재) - 겨우.

6 野航(야항) - 들판에 있는 배. 恰(흡) - 꼭. 딱 들어맞게.

7 江村(강촌) - 강 마을. 暮(모) - 저녁.

8 相送(상송) - 금리 선생이 두보 자신을 전송한다는 말이다. 柴門(시문) - 사립문.

(**김성곤**)

32. 和裴迪登蜀州東亭送客逢早梅相憶見寄

배적이 〈등촉주동정송객봉조매상억〉을 부쳐 주었기에 화답하다

東閣官梅動詩興[1] 還如何遜在揚州[2]
此時對雪遙相憶[3] 送客逢春可自由[4]
幸不折來傷歲暮[5] 若爲看去亂鄕愁[6]
江邊一樹垂垂發[7] 朝夕催人自白頭

동각의 매화가 그대의 시흥을 일으키니
하손이 양주에 있는 듯도 하구나.
이때 눈을 대하여 멀리 나를 생각하였음이여
손을 보내고 봄을 맞음에 마음 자유로울 수 있었으랴.
세모에 슬퍼할까 꺾어 보내지 않음이 다행이려니
바라보다 고향 그리움 어지럽게 되면 어쨌으리오.
이곳 강변에도 한 그루 점점 꽃을 피워
조석으로 절로 머리 희어지게 재촉하나니.

이 시는 상원 원년 겨울에 지은 것이다. 이해 가을 두보는 배적과 함께 촉주, 신진 등지에서 노닐었다. 세모에 배적이 〈촉주 동정에 올라 객을 전송하다 조매를 보게 되어 그대를 그리워하다登蜀州東亭送客逢早梅相憶〉 시를 써서 부쳐 왔기에 두보가 이에 화답하여 이 시를 지었다. 매화를 소재로 하면서도 매화에 대한 직접적인 묘사보다는 매화가 환기하는 정회를 위주로 하여 엮었다. 앞 4구에서는 매화를 보고 자신을 생각해 준 친구에 대한 고마운 마음을 적었고, 뒤 4구에서는 매화라는 매개를 통하여 세모에 객지를 떠도는 쓸쓸함과 고향에 대한 그리움을 적었다. 역대로

영매시의 상품上品으로 평가되었는데, 명대 왕세정王世貞 같은 사람은 '고금 영매시의 으뜸(古今咏梅第一)'이라고 평하기도 하였다.

주 석

1 東閣(동각) - 여기서는 촉주에서 배적이 올라 시를 읊은 동정東亭을 가리킨다. 官梅(관매) - 관에서 심은 매화. 관에서 심은 버들을 '관류官柳'라 칭하는 것과 같다.

2 還(환) - 또. 何遜(하손) - 육조 시기 시인으로 두보의 존숭을 받았다. 이 구절은 하손이 양주에서 임직할 때 지은 〈영조매詠早梅〉 시처럼 배적이 지은 매화시가 빼어나다는 말이다. 하손은 당시 양주에서 건안왕建安王의 기실記室로 있었고, 배적이 왕시랑王侍郎의 막부에 있었으므로 이 말을 써서 서로 견준 것이다.

3 對雪(대설) - 눈을 대하다. 눈처럼 하얗게 핀 매화꽃을 대한다는 말로 볼 수도 있다. 遙相憶(요상억) - 멀리 나를 생각해 주다. 배적이 멀리 있는 두보를 그리워한다는 말이다.

4 逢春(봉춘) - 봄이 되다. 可(가) - '更'으로 쓴 판본도 있다. 이 구절은 두보 자기 자신이 걸핏하면 슬퍼하기 때문에 배적 역시 그러할 것이라고 생각한 것으로 시의 하단부를 적절하게 이끌어 내고 있다.

5 幸(행) - 다행이다. 다행으로 여기다. 折來(절래) - 꺾어 보내오다. 傷歲暮(상세모) - 세모에 슬퍼하다. 이 구절은 배적이 매화꽃을 꺾어 보내지 않았기에 그나마 세모에 마음이 상하지 않게 되었다고 자위하는 것이다. 혹은 배적이 보내온 시에 꽃을 꺾어 보낸다는 말이 없어서 그나마 다행이라는 뜻으로 볼 수도 있다.

6 若爲(약위) - 어찌 ~할 수 있겠는가? 만약에 ~라면. 이 구절은 배적이 매화 가지를 꺾어 보내왔다면 그 가지가 환기하는 고향에 대한 그리움 때문에 심란한 마음을 주체할 수 없었을 것이라는 말이다.

7 江邊(강변) - 두보가 살고 있는 완화계 주변을 가리킨다. 垂垂(수수) - 점점. 이 구절은 단지 이곳 강가에 매화 한 그루가 피어도 사람으로 늙어

가게 재촉하는데, 다시 또 동정의 조매를 보게 되면 오죽하겠느냐는 말이다.

(**김성곤**)

33. 絶句漫興九首
흥이 나는 대로 쓴 절구 9수

眼見客愁愁不醒[1]　　無賴春色到江亭[2]
卽遣花開深造次[3]　　便教鶯語太丁寧[4]

나그네 시름, 그 깨지 않는 시름을 빤히 보면서도
무뢰한 봄빛은 강변 정자에 이르렀네.
즉시로 꽃을 피움이여, 심히 갑작스럽구나.
곧장 꾀꼬리를 울게 함이여, 너무나 빈번하구나.

이 시는 상원 2년 봄에 지은 연작시이다. 성도 초당에 찾아온 봄을 대하여 느끼는 객수를 적었다. '만흥漫興'은 흥이 나는 대로 꾸밈없이 쓴 시를 뜻한다. 봄날의 다양한 풍경을 대하며 그때그때 느낀 감정을 꾸밈없이 쓴 것인데, 대체로 두보의 초당에 찾아온 봄은 환희가 아닌 근심을 더하는 무뢰배일 뿐이다. 봄의 정령인 꽃과 새가 모두 그렇다. 봄날 풍경에 생기를 더하는 제비조차 작자를 무시하는 무뢰배요, 물결 따라 흘러가는 화사한 복사꽃도 그저 작자의 부아를 돋우는 경박한 무리이다. 그리고 열다섯 소녀의 허리 같은 버들가지를 꺾어 버리는 봄바람은 아예 작심하고 작자를 괴롭히는 무뢰배 중의 무뢰배이다. 무엇 때문일까? 혹자는 이 연작시를 비유적인 뜻으로 풀이하기도 하나 그렇게 되면 뜻은 얻을지 몰라도 글자 사이사이로 불어 나오는 1300년 전 성도 완화계의 나른한 봄바람과 그 봄바람 앞에서 나그네 설움을 삭이려고 가슴 두드리고 있는 늙은 시인의 한숨을 느낄 수가 없게 된다. 고향 그리움 때문이었으리라. 봄은 모든 나그네로 하여금 더욱 섧게 만드는 시절이 아니런가.

제1수는 실의한 나그네 처지에서 맞이하는 봄이 마치 무뢰배와 같다는 푸념이니, 이른바 '시절을 느끼어 꽃에도 눈물 뿌리고, 이별을 한하여 새소리에도 가슴 놀란다.(感時花濺淚, 恨別鳥驚心.)'라는 〈춘망春望〉의 구절과 같은 것이다.

주 석

1 眼見(안견)- 눈으로 보다. 이 구절은 봄날의 경치인 춘색이 시름겨운 나그네를 본다는 말이다.
2 無賴(무뢰)- 무뢰하다. '무뢰'는 본래 사람에 해당되는 것인데, 두시에서는 사물을 가리키는 것으로 빌려 썼다.
3 卽(즉)- 곧장. 즉시로. 遣(견)- ~로 하여금 ~하게 하다. 造次(조차)- 급작스럽다. 경솔하다.
4 便(변)- 곧. 문득. 教(교)- ~로 하여금 ~하게 하다. 丁寧(정녕)- 거듭하다. 장황하다.

其二

手種桃李非無主[1]　　野老牆低還是家[2]
恰似春風相欺得[3]　　夜來吹折數枝花

복숭아 오얏나무 몸소 심었으니 주인 없는 게 아니고
촌 늙은이네 담장이 낮다 해도 그래도 집이거늘,
봄바람이 나를 업신여기는가
밤새 꽃나무 몇 가지를 불어 꺾어 버렸네.

제2수에서는 갑작스럽게 불어와 꽃나무를 꺾어 버린 봄바람을 빌려 불평스런 심사를 기탁하고 있다.

주 석

1 手種(수종) - 몸소 심다. 두보가 심었다는 말이다.

2 野老(야로) - 촌 늙은이. 두보 자신을 가리킨다. 還是(환시) - 그래도 ~이다.

3 相欺得(상기득) - 나를 무시하다. 나를 기만하다.

其三

熟知茅齋絶低小[1] 江上燕子故來頻[2]
銜泥點汚琴書內[3] 更接飛蟲打著人[4]

초당이 너무 낮고 작은 것을 잘도 아는지
강가 제비들 짐짓 자주 날아오네.
진흙을 물어 거문고와 서책을 더럽히고
또 날벌레 잡는나고 사람을 치고 간다네.

제3수에서는 제비를 빌려 그 감개를 기탁하고 있으며, 거문고와 서책을 더럽히고 옷소매를 치고 가는 새들 역시 사람을 조롱하는 듯하다.

주 석

1 熟知(숙지) - 잘 알다. 제비를 두고 한 말이다. 茅齋(모재) - 초가집. 두보의 초당을 가리킨다. 絶(절) - 매우. 대단히.

2 故(고) - 짐짓. 일부러.

3 點汚(점오) - 더럽히다.

4 打著(타착) - 치다. 때리다.

其四

二月已破三月來[1] 漸老逢春能幾回
莫思身外無窮事[2] 且盡生前有限杯

이월이 이미 다하고 삼월이 오네
점점 늙어 가니 봄은 몇 번이나 맞을 수 있을까?
몸 밖의 무궁한 일을 생각하지 말 것이니
그저 생전의 유한한 술잔이나 다 기울이련다.

제4수에서는 머물지 않고 금세 떠나는 봄을 제때에 즐기자는 급시행락及時行樂의 뜻을 적고 있다.

주 석

1 破(파) - 다하다. 끝나다.
2 莫思(막사) - 생각하지 마라.

其五

腸斷江春欲盡頭[1] 杖藜徐步立芳洲[2]
顚狂柳絮隨風舞[3] 輕薄桃花逐水流[4]

애끊는구나, 강가의 봄이 다할 무렵이여
지팡이 짚고 천천히 걸어 방초 우거진 섬에 섰더니,
미친 버들솜은 바람 따라 춤을 추고
경박한 복사꽃은 물결 따라 흘러가네.

제5수에서는 저물어 가는 봄에 흥을 기탁하고 있다.

주 석

1 江春(강춘) - 강가의 봄. 頭(두) - 무렵. 즈음.
2 杖藜(장려) - 명아주 지팡이를 짚다. 芳洲(방주) - 방초가 우거진 강가의 모래톱.
3 顚狂(전광) - 미쳐 날뛰다.
4 輕薄(경박) - 경망스럽다. 경박하다.

其六

懶慢無堪不出村[1] 呼兒日在掩柴門[2]
蒼苔濁酒林中靜[3] 碧水春風野外昏[4]

게을러 할 만한 일이 없어 마을을 나서지 않느니
아이를 불러 매일 사립문 닫게 하네.
푸른 이끼에 앉아 탁주를 기울이니 숲은 고요하고
푸른 물 봄바람에 들 밖이 어둑하구나.

제6수에서는 봄날 술을 따르며 물외에서 소요하는 유유자적한 마음을 읊고 있다.

주 석

1 懶慢(나만)- 게으름. 나태함. 無堪(무감)- 감당할 만한 것이 없다.
2 呼兒(호아)- 아이를 부르다. 日在(일재)- 매일.
3 林中靜(임중정)- 숲속이 고요하다. 마을 안에 있는 숲이 고요하다는 말이다.
4 野外昏(야외혼)- 들 밖이 어둑하다. 마을 밖에 녹음이 우거져서 어둑어둑하다는 말이다.

其七

糝徑楊花鋪白氈[1]　　點溪荷葉疊青錢[2]
筍根雉子無人見[3]　　沙上鳧雛傍母眠

길에 달라붙은 버들솜은 흰 모전을 펼쳤고
시내에 점점이 떠 있는 연잎은 푸른 동전을 겹쳐 놓았네.
죽순 뿌리 밑 꿩 새끼 보는 사람 없고
백사장에 오리 새끼 어미 곁에 잠자고 있네.

제7수에서는 자연 경물을 빌려 스스로 즐긴 것을 적고 있으며, 여름이 다가오는 계절적 아름다움이 잘 표현되었다.

주 석

1 糝(삼) - 섞이다. 달라붙다. 白氈(백전) - 흰 모전. 모전은 솜털로 짠 모직물을 가리킨다.

2 疊(첩) - 겹쳐 있다. 青錢(청전) - 청동전青銅錢.

3 筍根(순근) - 죽순 뿌리. 雉子(치자) - 꿩 새끼.

其八

舍西柔桑葉可拈[1] 江畔細麥復纖纖[2]
人生幾何春已夏[3] 不放香醪如蜜甛[4]

집 서쪽 부드러운 뽕나무, 그 잎새 딸 만하고
강가 작은 보리 이삭 또 가늘고 길게 자랐구나.
인생은 얼마런가, 봄은 벌써 여름이라
향기로운 막걸리 꿀처럼 달콤하여 내려놓을 수가 없네.

제8수는 제4수와 서로 응하니 앞에서는 봄을 만나 술을 마신 것이고, 여기서는 여름이 되어 술을 마신 것이다. 푸른 뽕잎과 보리 이삭으로 초여름 농사의 즐거움을 드러내고 있다.

주 석

1 拈(염) - 잡아 따다.

2 江畔(강반) - 강변. 강가. 纖纖(섬섬) - 가늘고 긴 모습.

3 春已夏(춘이하) - 봄이 이미 여름이 되었다. 계절이 빨리 바뀌었음을 말한 것이다.

4 香醪(향료) - 향기로운 막걸리. 蜜甛(밀첨) - 꿀처럼 달다.

其九

隔戶楊柳弱嫋嫋[1] 恰似十五女兒腰
誰謂朝來不作意[2] 狂風挽斷最長條

지게문 너머로 버드나무 살랑거린다.
흡사 열다섯 소녀 허리 같구나.
아침나절 작심한 게 아니라고 뉘 말하리오
광풍이 제일 긴 가지를 당겨 끊어버렸네.

제9수는 제2수와 서로 호응하니, 여름날까지 푸르렀다가 광풍에 꺾임을 당한 버들로써 인생사 조우의 불행함을 탄식하고 있다. 이 작품을 이 연작시의 제1수로 보는 경우도 있다.

주 석

1 隔戶(격호) - 지게문 건너편. 嫋嫋(요뇨) - 바람에 산들산들 흔들리는 모양.

2 誰謂(수위) - 누가 ~할 줄 생각이나 하였으랴? 어찌 ~할 줄 알았으랴? 朝來(조래) - 아침나절. 作意(작의) - 작심하다. 이 구절은 바람이 버들가지를 꺾을 작심을 하였다는 말이다. 작심의 주체를 조물주로 보는 해석도 있다.

(**김성곤**)

34. 客至
손님이 오다

舍南舍北皆春水[1] 但見羣鷗日日來[2]
花徑不曾緣客掃[3] 蓬門今始爲君開[4]
盤飧市遠無兼味[5] 樽酒家貧只舊醅[6]
肯與鄰翁相對飮[7] 隔籬呼取盡餘杯

집의 남쪽 집의 북쪽이 모두 봄물인데,
떼 지은 갈매기들 날마다 오는 것만 보이네.
꽃길은 손님 때문에 쓴 적이 없는데,
쑥대 문은 이제야 그대 위하여 열었네.
음식은 저자가 멀어 고루 갖추지 못하였고,
술은 가난한 탓에 그저 묵은 술뿐이라네.
이웃 늙은이 마주해 마시기를 바라시면,
울 사이로 불러다가 남은 술잔 다 비우시라.

이 시는 상원 2년 봄 성도 서쪽 교외의 완화계 변에 마련한 초당에서 지은 것이다. 이전 떠돌던 시절의 작품들과는 달리 평화로움이 물씬 배어나고 있다. 1연의 집 주위를 두르고 있는 시내에 불어난 봄물과 무리 지은 갈매기들은 봄을 맞은 전원의 생기와 함께 은거처의 적적함을 그리고 있다. 2연의 꽃길과 쑥대로 엮은 문에서는 초당을 경영해낸 시인의 살뜰함과 소박함이 묻어나고, 그것을 처음 쓸고 열었다는 말에서 찾아 준 손님이 예사로운 인물이 아님을 알게 된다. 3연의 저자가 멀어 차려내는 음식이 간소하고, 집안이 가난하여 오래된 술을 낼 수 있을 뿐이라는 말에서는 외딴 초가의 궁색함보다는 오히려 주객 사이의 허물없는 친밀감이 더 크게 느껴진다. 4연에는 이웃 노인을 등장시켰다. 손님을 접대한 내용만으로 자칫 단조로움에 빠질 수 있음을 비켜 간 대가다운 솜씨가 드러나는 부분이다. 원주에 의하면 "최명부가 들러 줌을 기뻐하여 지은 것(喜崔明府相過)"이라고 하였다. 명부는 현령의 다른 이름이다. 두보의 모친은 최씨 성이기 때문에 최명부를 외숙으로 보기도 한다.

평이한 시어로 시종 말하는 듯 쓰고 있어 고졸한 느낌을 주고 있으나 완정한 칠언율시라는 점에서도 눈여겨볼 만하다 하겠다.

주 석

1 舍南舍北(사남사북)- 초당의 남쪽과 북쪽.

2 羣鷗(군구)- 갈매기 무리.

3 花徑(화경)- 꽃길. 이 구절은 이전까지는 손님을 맞이하지 않았다는 말이다.

4 蓬門(봉문)- 쑥대로 만든 문. 가난한 살림을 뜻한다.

[舍南 4구] 손님으로 오는 사람이 없고 또한 가벼이 손님을 맞아들이지 않음을 말하고 있다.

5 盤飧(반손)- 소반에 담긴 음식. 음식을 가리킨다. 兼味(겸미)- 두 가지 이상의 음식.

6 樽酒(준주)- 술통 속의 술. 술을 가리킨다. 舊醅(구배)- 오래된 술. '醅'는 거르지 않은 술이다. 예전에는 새로 담근 술을 좋은 술로 여겼다.

7 肯與(긍여) 2구- 최명부가 이웃 늙은이와 함께 마시기를 기꺼이 원한다면 불러서 함께 마시겠다는 뜻이다. 두보가 당시 병이 많아 혼자서 술대접이 어려웠기 때문에 이웃 노인을 부르고자 하였다는 견해가 있다.

(**이남종**)

35. 春夜喜雨

봄밤에 기쁘게 내리는 비

好雨知時節[1]　當春乃發生[2]　隨風潛入夜[3]　潤物細無聲[4]
野徑雲俱黑[5]　江船火獨明　曉看紅濕處　花重錦官城[6]

좋은 비가 시절을 알아
봄이 되니 만물을 싹틔우는구나.
바람 따라 몰래 밤에 들어와
만물을 적시는데 가늘어 소리조차 없구나.
들길엔 구름이 온통 어두운데
강배엔 불빛만이 홀로 밝구나.
새벽에 붉게 젖은 곳 바라보면
금관성에 꽃이 무겁겠지.

이 시는 상원 2년 봄에 성도에서 지은 것으로, 봄날 밤의 비 내리는 모습을 묘사하면서 봄비의 공을 예찬하고 봄비를 반기는 심사를 드러내고 있다. 당시 두보는 성도에 거처를 마련하여 생활이 안정되었고, 여기저기 떠돌아다닐 때보다는 심정이 훨씬 여유로워졌을 때이다. 이 시에서 시인은 세밀한 관찰을 통하여 강촌의 밤비 내리는 경물을 묘사하고 아울러 내심의 기쁨을 표현하고 있다. 시 전체의 결구가 엄정하며 표현이 정확하고 정련되어 가장 많은 사람에 의하여 회자되는 명편이다.

주 석

1 好雨(호우) - 좋은 비. 때에 맞춰 알맞게 내리는 비.
2 發生(발생) - 싹을 틔우다.

3 入夜(입야)- 밤으로 들다. 밤에 내린다는 말이다.

4 潤物(윤물)- 만물을 적시다. 細無聲(세무성)- 가늘어 소리가 없다.

5 野徑(야경)- 들길. 여기서는 사방 교외 들판을 가리킨다. 雲俱黑(운구흑)- '구'는 '모두' 혹은 '함께'의 뜻이다. '모두'의 뜻으로 보면 구름이 온통 어둡다는 의미이고, '함께'의 뜻으로 보면 구름이 비와 함께 검다는 의미가 된다.

6 花重(화중)- 꽃이 비에 젖어 무겁다. 錦官城(금관성)- 성도.

(**이석형**)

36. 琴臺
금대

茂陵多病後[1] 尙愛卓文君[2] 酒肆人間世[3] 琴臺日暮雲[4]
野花留寶靨[5] 蔓草見羅裙[6] 歸鳳求凰意[7] 寥寥不復聞[8]

무릉은 병이 많아진 후에도
여전히 탁문군을 사랑하였지.
주점은 사람 사는 세상이요
금대는 저문 구름 속이라.
들꽃에는 보조개 장식이 남아 있고
덩굴풀에는 비단 치마가 보이는 듯.
돌아가는 봉이 황을 구하는 뜻이여
적막하여 다시는 들리지 않는구나.

'금대'는 완화계 북쪽에 있으며, 한대 사마상여와 그의 부인 탁문군의 고사가 전해지는 곳이다. 두보가 금대에 올라 옛일을 회상한 것으로 상원 2년 봄에 지은 것으로 보인다. 한나라 때 사마상여는 대문장가로서 많은 시인 묵객의 존경을 받기도 하였지만, 재색을 겸비한 탁문군과의 낭만적인 애정고사로 고금을 넘고 계층을 넘어 많은 사람으로부터 부러움을 산 사람이다. 금을 타며 노래하여 천금 같은 사랑을 얻고, 세상의 시선을 아랑곳하지 않고 술집을 차려 그 사랑을 지키고, 늙고 병들어도 한결같은 마음으로 사랑하여 마침내 사랑을 완성한 사마상여, 그 사마상여와 탁문군이 노닐던 금대에 올라 옛일을 회상하는 두보의 속내가 자못 궁금하다. 시인의 가슴속에 타올라 시를 빚어내는 성스러운 불꽃이야말로 예나 지금이나 다 사랑의 정염에서 비롯된 것이 아니겠는가!

주 석

1 茂陵(무릉) - 지명. 여기서는 무릉에서 살았던 사마상여를 가리킨다. 《사기》에 따르면 사마상여는 항상 소갈증을 앓고 있었는데, 병으로 관직을 그만둔 후에는 무릉에서 살았다.

2 卓文君(탁문군) - 탁왕손의 딸로 재색을 겸비하였다고 한다. 남편과 사별한 후 사마상여를 사랑하여 부부가 되었다.

[茂陵 2구] 《사기》에 따르면 사마상여는 촉군 성도 사람이다. 자는 장경이고 돈을 써서 낭관이 되었다가 병으로 그만두고 고향에 돌아갔는데 집안이 빈한하였다. 당시 탁왕손에게는 갓 과부가 된 딸이 있어 음악을 좋아하였는데, 사마상여가 금을 연주하여 그녀를 충동하였다. 탁문군이 밤에 도망하니 사마상여가 함께 임공으로 갔다. 수레와 말을 다 팔아서 술집 하나를 마련하여 술을 팔았다. 사마상여는 탁문군으로 하여금 목로를 맡게 하였고 자신은 저자에서 그릇을 씻었다.

3 酒肆(주사) - 술집. 人間世(인간세) - 인간 세상. 이 구절은 사마상여와 탁문군이 사람들이 사는 세상에서 술집을 차렸다는 말이다.

4 琴臺(금대) - 누대 이름. 日暮雲(일모운) - 저물녘 구름.

[酒肆 2구] 사마상여와 탁문군이 저자에서는 술을 팔고 금대에 올라서는 저녁 구름을 사랑하였다는, 두 남녀의 거리낄 것 없고 다정다감한 풍도를 표현한 것으로 본다. 사마상여가 탁문군과 함께 술집을 차렸던 이야기가 인간 세상에 전해지는데, 지금 그 술집 자리에 들어선 금대는 저녁 구름 속에 쓸쓸하다는 말로 보기도 한다.

5 寶靨(보엽) - 보조개 장식. 여인들이 얼굴에 붙이는 아름다운 장식을 말한다.

6 羅裙(나군) - 비단 치마.

7 歸鳳(귀봉) 구 - 이 구절은 사마상여가 탁문군을 유혹하기 위하여 불렀던 금가琴歌의 가사를 말한 것이다. 《옥대신영玉臺新咏》에 수록된 사마상여의 〈금가〉는 다음과 같다. "봉鳳이여, 봉이여 고향으로 돌아가자. 사해를 노닐며 황凰을 구하건만, 때를 만나지 못해 데려갈 이 없구나. 어찌 알았으랴 오늘 이 집에 올랐더니 아름다운 숙녀가 규방에 있음이여, 방은 가까워도 사람은 멀어 애간장 끊어진다. 무슨 수로 목을 비비며 원앙

이 될꼬."

8 寥寥(요료) - 적막한 모습. 不復聞(불부문) - 다시 들리지 않는다. 사마상여의 노랫소리를 다시 들을 수 없다는 말이다.

(**김성곤**)

37. 江上值水如海勢聊短述

강가에서 바다 같은 기세의 물결을 만나 애오라지 짧게 쓰다

為人性僻耽佳句[1] 語不驚人死不休[2]
老去詩篇渾漫與[3] 春來花鳥莫深愁[4]
新添水檻供垂釣[5] 故著浮槎替入舟[6]
焉得思如陶謝手[7] 令渠述作與同遊

타고난 성벽이 아름다운 시구를 탐하여
말이 남을 놀라게 하지 않으면 죽어도 그만두지 않았거늘,
늙어 가며 시 짓는 것을 모두 대충하니
봄날 꽃과 새에도 깊이 근심하지 말 것이라.
새로 물가 난간을 지어 낚시에 사용하고
짐짓 뗏목 묶어 두고 배에 탄 셈이라 여기네.
어떻게 시상이 도연명 사영운 같은 사람을 얻어서
그들로 하여금 시를 짓게 하고 함께 노닐 수 있을까?

이 시는 당 숙종 상원 2년 두보가 성도에 있을 때 지은 것이다. 그해 봄 강물이 갑자기 불어나 금강의 파도가 바닷물같이 되었다. 두보는 이러한 기이한 풍경을 마주하고 시를 짓기 시작하였으나 마땅히 좋은 표현이 떠오르지 않자 자신의 시작에 대한 견해를 밝히며 짧게 마무리하였다. 그래서 시 가운데 물의 위세에 대해서는 간략히 언급하고, 주로 시를 지으며 얻은 체험에 대하여 겸손한 말투로 이야기하고 있다. 다른 사람을 놀라게 하는 기이한 표현을 얻지 못하면 절대 그만두지 않는다는 치열한 시작에 대한 태도를 언급하면서도, 노년에 들어서는 그러한 것에 대한

부담을 떨쳐 내고 보다 원숙한 경지에서 짓게 되었음을 언급하였다. 이때 두보는 이미 50세였고, 초당에서 지낸 것도 1년이 넘었다.

주 석

1 爲人(위인) - 사람됨. 性僻(성벽) - 성질과 버릇.

2 死不休(사불휴) - 죽어도 쉬지 않는다. 시를 창작함에 있어 공교함을 끝까지 추구하겠다는 뜻을 강조하여 말한 것이다.

3 渾(혼) - 모두. 거의. 언제나. 漫與(만여) - 대충 상대하다. 대충 처리하다.

4 莫深愁(막심수) - 깊게 근심하지 말라. 근심의 주체를 꽃과 새로 보는 견해도 있으나 여기서는 시인으로 파악하여 해석하였다.

5 水檻(수함) - 물가의 난간.

6 故著(고착) - 일부러 묶어 두다. 浮槎(부사) - 떠 있는 뗏목.

7 陶謝手(도사수) - 도연명 사영운 같은 시의 고수. '사'를 사혜련謝惠連으로 보는 설도 있다.

(**박홍준**)

38. 水檻遣心二首
물가 난간에서 마음을 풀며 지은 2수

去郭軒楹敞[1] 無村眺望賒[2] 澄江平少岸[3] 幽樹晩多花[4]
細雨魚兒出[5] 微風燕子斜[6] 城中十萬戶[7] 此地兩三家[8]

성곽에서 떨어진 누마루 훤하고,
마을 없으니 멀리 보인다.
말간 강 펀펀하여 언덕이 줄었고
그윽한 나무 저녁에 꽃이 많다.
가랑비에 물고기 뛰고
미풍에 제비 빗겨난다.
성 안은 십만 호,
여기는 두세 집.

초당 앞 강가에 지은 정자 난간에서 비 온 후의 경물을 보며 마음을 풀었다. 번화한 성내에서 떨어져 인가도 드문 한적한 곳에 비는 오고 갠다. 물고기는 수면 위로 뛰어오르고, 제비는 바람 속에 빗겨난다. 《시경·대아·한록旱麓》에서 "솔개는 하늘에서 날고 물고기는 연못에서 뛴다.(鳶飛戾天, 魚躍於淵.)"라고 노래하였다. 만물이 제자리를 찾아 편안하고 즐겁게 지내니 이는 성인이 세상을 잘 살핀 까닭이다. 성 밖 한적한 인가도 몇 없는 이곳 물가 정자에서 밝은 세상의 조짐을 본다. 보응 원년에 지었다. '心'은 '興'으로 된 판본도 있다.

주 석

1 去郭(거곽) - 성곽에서 떨어지다. 성도에서 떨어진 곳임을 말한다. 軒楹

(헌영)- 처마와 기둥. 물가의 정자를 말한다. 초당의 헌영으로 보기도 한다. 敞(창)- 높이 솟다. 트이다. 물가의 정자에서 보는 시야가 트였음을 말한다.

2 無村(무촌)- 시야를 막는 마을이 없음을 말한다. '村'은 '材'로 된 판본도 있다. 眺望(조망)- 멀리 바라보다. 賒(사)- 아득하다.

3 澄江(징강)- 맑은 강. 平(평)- 강물이 불어 수면이 강 언덕과 나란하다. 少岸(소안)- 언덕이 줄다. 수면이 높아져 강 언덕이 물에 많이 잠겼음을 말한다.

4 幽樹(유수)- 그윽한 나무.

5 魚兒(어아)- 물고기. 出(출)- 수면 위로 뛰어오르다.

6 燕子(연자)- 제비. 斜(사)- 비스듬히 날다.

7 城中(성중)- 성도 성을 말한다. 十萬戶(십만호)- 성도는 인구가 10만 호로 매우 번성함을 말한다.

8 此地(차지)- 여기. 자신이 사는 완화계 일대를 말한다. 兩三家(양삼가)- 두세 집. 인가가 드물어 한적한 곳임을 말한다.

其二

蜀天常夜雨[1]　江檻已朝晴[2]　葉潤林塘密[3]　衣乾枕席淸[4]
不堪祗老病[5]　何得尙浮名[6]　淺把涓涓酒[7]　深憑送此生[8]

촉 하늘에는 자주 밤비,

강가 난간에는 하마 맑은 아침.

잎은 젖어 숲과 못에 빽빽하고

옷은 말라 베개와 자리가 시원하다.

마침 늙고 병듦을 이기지 못하니

헛된 명성을 어찌 숭상할 수 있으리.
졸졸 술을 얕게 부어 쥐고서
깊이 기대 이 생을 보내리라.

제2수에서는 초당의 경물을 대하여 느끼는 감회를 읊었다. 비 맞은 잎새는 더욱 무성하고, 젖은 옷이 마르니 상쾌하다. 이제 늙고 병들어 가니 명성은 부질없다. 평생 호주가였지만 이제는 그저 졸졸 술을 잔에 조금씩 부어 오래도록 마실 수 있기만 바란다. 질긴 신념을 이제 내려놓고 자연 속의 한 존재로서 존재함이 바로 도를 실현하는 삶임을 깨달았을까.

주 석

1 蜀天(촉천) - 촉의 하늘. 촉의 날씨. 夜雨(야우) - 밤에 비가 내리다. 밤비.
2 江檻(강함) - 강가에 지은 정자의 난간. 朝晴(조청) - 아침에 개다.
3 葉潤(엽윤) - 잎이 젖다. 밤비에 잎이 젖었다. 林塘(임당) - 숲과 연못.
4 衣乾(의건) - 옷이 마르다. 비에 젖은 옷이 말랐다는 뜻이다. 枕席(침석) - 베개와 자리.
5 祇(지) - 다만. 마침. 老病(노병) - 늙고 병들다.
6 何得(하득) - 어찌할 수 있으리. 불가능하다. 浮名(부명) - 헛된 명성.
7 淺(천) - 얕게. 조금. 약간. 술을 잔에 얕게 따랐다는 뜻이다. 把(파) - 잡다. 쥐다. 술잔을 쥐다. 涓涓(연연) - 물이 가늘게 흐르는 모양. 또는 희고 깨끗하다.
8 深(심) - 깊이. 매우. 憑(빙) - 의지하다. 술에 의지하다. 送(송) - 보내다. 마치다.

(**이창숙**)

39. 江漲

강이 붇다

江發蠻夷漲[1]　山添雨雪流　大聲吹地轉[2]　高浪蹴天浮[3]
魚鼈爲人得[4]　蛟龍不自謀[5]　輕帆好去便[6]　吾道付滄洲[7]

강이 만이의 땅에서 발원하여 불어났으니
산이 비와 눈을 더하여 흘렀음이라.
큰 소리는 땅을 불어 굴리고
높은 물결은 하늘을 차서 띄운다.
고기와 자라가 사람에게 잡히게 되었으니
교룡도 자기 살길을 꾀하지 못할 판.
가벼운 돛 쉽게 잘 가리니
내 길을 창주에 부치리라.

이 시는 상원 2년 성도에서 지은 것이다. 봄에 강물이 불어난 상황을 묘사하면서 세속을 벗어난 곳에 가고 싶은 심사를 담고 있다. 포기룡은 대력 2년에 편재하였다.

이 시의 함련은 두보의 필력과 상상력을 보여 주는 구절로 유명하다. '취吹'와 '축蹴' 두 자가 각 구의 시안詩眼인데, '땅을 불다'와 '하늘을 차다'라는 표현은 일반인이 생각해 내기 어려운 것으로 필세가 웅장하기 짝이 없다.

주 석

1 蠻夷(만이) - 여기서는 중국 서북 지역을 가리킨다.
2 大聲(대성) - 강이 흐르면서 내는 소리를 뜻한다.

3 蹴(축)- 차다.

4 魚鼈(어별)- 물고기와 자라.

5 不自謀(부자모)- 자신이 살길을 찾지 못함을 뜻한다.

6 好去便(호거편)- 잘 가기에 편하다.

7 滄洲(창주)- 흔히 은사의 거처를 뜻한다.

(**이영주**)

40. 江畔獨步尋花七絶句

강가에서 꽃을 찾아 홀로 걸으며 지은 절구 7수

江上被花惱不徹[1]　　無處告訴只顚狂[2]
走覓南鄰愛酒伴[3]　　經旬出飮獨空床[4]

강가에서 꽃 때문에 번뇌 그치지 않는데
어디 하소연할 데 없으니 그저 미쳐 날뛸 수밖에
술친구 찾아 남쪽 마을로 달려갔지만
술 마시러 나간 지 열흘도 넘어 그저 빈 침상뿐이네.

이 시는 꽃이 활짝 핀 어느 봄날 두보가 강가를 홀로 거닐며 지은 연작시이다. 모든 작품에 꽃을 등장시켜 복잡한 시인의 마음을 다양하게 표현하였고, 당시 속어를 적절히 활용하여 거침없는 느낌을 주고 있다. 시인은 봄날 흐드러지게 핀 꽃을 바라보며 울적한 마음에 술친구를 찾아 나섰지만 만나지 못하고 그저 강가에 핀 꽃을 따라 무작정 걷고 있다. 그 꽃은 때로는 내숲 고요한 마을에 핀 화사한 꽃이기도 하고, 안개에 가려 흐릿한 높은 누대의 꽃이기도 하다. 그런가 하면 이미 세상을 떠난 스님의 무덤가에 핀 복사꽃이기도 하고, 어느 아가씨의 집 앞길에 흐드러지게 핀 꽃이기도 하다. 성도 서쪽 교외에 초당을 마련하고 오랜만에 찾아온 안정에 조금은 마음을 놓고 편히 쉴 만도 하건만, 시인의 마음은 여전히 불안하다. 고향에 돌아가지 못한 아쉬움과 세월이 속절없이 흐른다는 안타까움이 크게 자리한 때문일 것이다. 꽃을 향하여 부디 천천히 피어 달라는 시인의 마지막 당부가 자못 애잔하다. 저작 시기는 상원 2년으로 추정되며, 보응 원년이라는 설도 있다.

주 석

1 被花(피화) - 꽃으로 인하여. 꽃으로 말미암다. 惱(뇌) - 번뇌. 시름. 不徹(불철) - 다 하지 않다.

2 顚狂(전광) - 미쳐서 날뛰다. 광란.

3 愛酒伴(애주반) - 술을 좋아하는 친구, 곧 술친구로 원주에서는 '곡사융 斛斯融'이라고 하였다. 곡사는 복성이며, 융은 이름이다. 공이 쓴 시 가운데 〈문곡사육관미귀聞斛斯六官未歸〉라는 작품이 있다.

4 經旬(경순) - 열흘이 지나다. 出飮(출음) - 술 마시러 나가다.

其二

稠花亂蕊裹江濱[1] 行步欹危實怕春[2]
詩酒尙堪驅使在[3] 未須料理白頭人[4]

빽빽하고 어지러운 꽃이 강가를 감싸고
비틀거리다 보니 실로 봄이 두렵구나.
시와 술은 그런대로 부릴 수 있으니
흰머리 늙은이라 돌봐줄 필요 아직은 없다네.

제2수에서는 비틀거리며 걷는 것은 노년의 모습인데, 시와 술을 부릴 수 있으니 죽음을 염려할 필요가 없다고 적고 있다. 앞 2구는 자신을 슬퍼한 것이고, 뒤 2구는 자신을 위로한 것이다.

주 석

1 裹(과) - 감싸다. 양쪽 강 언덕에 모두 꽃이 활짝 피어 있는 것이다.

2 攲危(기위) - 비스듬한 모양. 나이 들어 비틀거리며 걷는 모습을 형용한 것이다. 이 구는 시인이 나이 들어 걸음도 제대로 못 걷다 보니 봄이 두렵다는 말이다.

3 驅使(구사) - 부리다. 在(재) - '得'의 뜻으로, 가능의 의미를 전하는 당시의 구어이다.

4 料理(요리) - 돌보다. 白頭人(백두인) - 늙은이. 두보 자신을 가리킨다.

其三

江深竹静兩三家　　多事紅花映白花[1]
報答春光知有處[2]　　應須美酒送生涯

강 깊고 대숲 고요한 곳에 두세 집
부질없이 붉은 꽃이 흰 꽃을 비추고 있네.
봄빛에 보답하는 방법을 알고 있으니
마땅히 좋은 술로 인생을 보내야 하지.

제3수에서는 술로 남은 생을 보내어 봄빛을 저버리지 않음이 바로 봄빛에 보답하는 방법이라고 말하고 있다. 두세 집은 집이 적은 것이고, 붉은 꽃, 흰 꽃은 꽃이 무성한 것이다. '일이 많다多事'라고 한 것은 또한 꽃 때문에 시름에 잠긴다는 뜻이 담겨 있다.

주 석

1 多事(다사) - 부질없다는 뜻이다. 고요한 곳에 화려한 꽃이 피어난 것을 두고 말한 것이다.

2 有處(유처) - 처리할 방법이 있다. 보답할 방법을 알고 있다는 뜻이다.

其四

東望少城花滿烟[1] 百花高樓更可憐[2]
誰能載酒開金盞[3] 喚取佳人舞繡筵[4]

동으로 소성을 바라보니 꽃이 연무로 가득한데
온갖 꽃 만발한 높은 누대 더욱 아름답구나.
누가 술 싣고 와 술잔 열고서
미인 불러다가 수놓은 자리에서 춤추게 할 수 있으리오.

제4수에서는 온갖 꽃이 만발하였는데 불러서 술 마실 이 아무도 없어 누대를 바라보며 탄식하는 시인의 마음을 표현하고 있다.

주 석

1 少城(소성) - 소성. 성도 서쪽에 있는 성. 花滿烟(화만연) - 꽃이 연무로 가득하다.
2 百花高樓(백화고루) - 온갖 꽃이 만발한 높은 누대.
3 金盞(금잔) - 금 술잔. 술잔에 대한 미칭이다.
4 佳人(가인) - 미인. 繡筵(수연) - 화려한 자리.

其五

黄師塔前江水東[1] 春光懶困倚微風[2]
桃花一簇開無主[3] 可愛深紅愛淺紅[4]

황사탑 앞 강물 동쪽에서
봄빛에 나른하여 미풍에 기대었네.
주인 없는 복사꽃 한 무더기 피어 있는데
짙은 홍색이 좋은지 아니면 옅은 홍색이 좋은지?

제5수에서는 봄날 나른하고 피곤하여 바람에 기대어 잠시 휴식을 취하고 있음을 적고 있다. 마침 바라본 황사탑 앞 강물의 아름다운 경치에 감탄하고 있는데, 스님이 죽고 주인이 없기에 짙고 옅은 붉은 색 꽃을 사람마다 취향에 따라 즐기도록 맡겨 둘 따름이다.

주 석

1 黃師塔(황사탑) - 황사탑. 승려를 장사 지낸 곳으로 보인다.
2 懶困(나곤) - 피곤하고 권태롭다.
3 一簇(일족) - 한 무더기.
4 愛淺紅(애천홍) - 옅은 홍색을 좋아하다. 이 구는 아름다운 경치에 감탄한 것이다.

其六

黃四娘家花滿蹊[1] 千朶萬朶壓枝低[2]
留連戲蝶時時舞[3] 自在嬌鶯恰恰啼[4]

황사낭 집에는 꽃이 길에 가득하여
천 송이 만 송이로 가지가 축 늘어졌는데
희롱하는 나비 머물러 때때로 춤추고
아름다운 꾀꼬리는 한가롭게 꾀꼴꾀꼴 우는구나.

제6수에서는 아름다운 봄빛도 결국 쉬 지나가고 영락으로 돌아갈 뿐임을 말하였다. 황사낭 집 앞에 꽃이 무성하지만 머지않아 꽃이 다하면 늙음을 재촉할 것이라는 느낌을 주고 있다.

주 석

1 黃四娘(황사낭) - 황씨 집안의 넷째 딸. 이웃에 사는 기녀라는 설도 있다.
2 朶(타) - 송이.
3 留連(유련) - 머무르다. 아쉬움에 쉽게 떠나지 못하고 머뭇거리는 모양이다.
4 自在(자재) - 편안하고 자득한 모양. 恰恰(흡흡) - 의성어로 꾀꼬리의 울음소리이다. '때마침, 공교롭게'라는 설도 있다.

其七

不是愛花卽欲死 只恐花盡老相催

繁枝容易紛紛落　　　　　　嫩蕊商量細細開[1]

꽃을 좋아하여 죽을 지경은 아니나
꽃이 다 지면 늙음을 재촉할까 염려할 뿐이라네.
꽃이 무성한 가지 쉽게도 분분히 떨어져 내리니
여린 꽃잎이여 상의해서 부디 천천히 피렴.

제7수에서는 늙음을 슬퍼하고 젊음을 아쉬워하는 뜻을 담고 있다. 꽃을 좋아하여 죽을 지경이라는 것은 소년의 마음이며, 꽃이 다하여 늙음을 재촉한다는 것은 노년의 감정이다. 무성한 가지가 쉽게 진다는 것은 때가 지난 것이 장차 시들려는 것이다.

주 석

1 嫩蕊(눈예) - 여린 꽃술. 細細開(세세개) - 가늘게 피다. 즉 천천히 핀다는 뜻이다.

(**박홍준**)

41. 進艇

거룻배를 타다

南京久客耕南畝[1] 北望傷神坐北窗[2]
晝引老妻乘小艇[3] 晴看稚子浴淸江[4]
俱飛蛺蝶元相逐[5] 並蒂芙蓉本自雙[6]
茗飮蔗漿攜所有[7] 瓷罌無謝玉爲缸[8]

남경 오랜 나그네 남녘 이랑을 갈고
북녘 바라며 마음 아파 북창에 앉았다.
낮에 늙은 아내를 작은 배에 태우고
갠 날 맑은 강에 멱 감는 아이들 본다.
함께 나는 나비 원래 서로 좇고
꼭지 나란한 부용 본래 절로 쌍이로다.
차와 사탕수수즙을 있는 대로 가져오니
오지단지가 옥항아리 못지않구나.

이 시는 성도에 거처를 정한 후 아내와 자식을 데리고 뱃놀이하는 광경을 읊고 있다. 작은 배에 아내를 태우고 강에서 멱 감는 아이들을 지켜본다. 여전히 북쪽 경사를 잊지 못하며 고향이 그리워 북창 앞에 앉았지만, 그래도 성도의 소박한 생활에 만족한다. 모처럼 누리는 안정을 가족과 함께하니 가난한 가운데 즐거운 심정이 보인다. 상원 2년에 지었다.

주 석

1 南京(남경) - 성도를 말한다.

2 北望(북망)- 북쪽을 바라보다. 북쪽은 중원 또는 장안을 가리킨다. 坐北窗(좌북창)- 북창 앞에 앉다. '坐'는 '臥'로 된 판본도 있다.

3 小艇(소정)- 작은 배.

4 晴看(청간)- 갠 때에 보다. 稚子(치자)- 어린아이. 자신의 아이들을 말한다.

5 俱飛(구비)- 함께 날다. 蛺蝶(협접)- 호접. 나비. 元(원)- 원래. 相逐(상축)- 서로 좇다.

6 並蒂(병체)- 꼭지를 나란히 하다. '蔕'는 꽃이나 열매가 줄기에 달리는 부분. 꼭지. 本(본)- 본래. 自雙(자쌍)- 절로 쌍을 이루다.

7 茗飮(명음)- 차. 蔗漿(자장)- 사탕수수즙. 所有(소유)- 가진 것 모두.

8 瓷罌(자앵)- 오지단지. 無謝(무사)- 뒤지지 않다. 못하지 않다. 玉爲缸(옥위항)- 옥으로 항아리를 만들다.

(**이창숙**)

42. 一室
집 한 채

一室他鄉遠　空林暮景懸[1]　正愁聞塞笛[2]　獨立見江船
巴蜀來多病[3]　荊蠻去幾年[4]　應同王粲宅[5]　留井峴山前[6]

집 한 채가 멀리 타향에 있는데
빈 숲에 저녁 해가 걸렸다.
한창 근심 중에 변새 피리 소리 듣고
홀로 서서 강의 배를 본다.
파촉으로 와서 병 많아졌으니
형만으로 가는 것은 어느 해일까?
응당 왕찬의 집과 같이
현산 앞에 우물을 남겨 두리라.

이 시는 상원 2년 초당에 살 때 지은 것이다. '일실一室'은 초당을 가리킨다. 촉에 살면서 초 지역을 생각하여 배를 타고 떠나려고 하는 심사가 담겨 있다.

조선朝鮮 시인 김시습金時習이 〈화소릉시삼수和少陵詩三首〉 중 제1수에서 이 시를 차운하여 "겨우 무릎 들일 정도의 방 하나, 썰렁하니 안에는 아무것도 없다. 이내 생애 담담하기는 물과 같고 내 발자취는 배보다도 더 정처 없이 떠다닌다. 우연히 석 달을 머물더니 결국 한 해가 지났구나. 산 모습이 아름답기는 하지만 어찌 화산 앞과 같으리오?(一室僅容膝, 蕭然如磬懸. 生涯淡若水, 蹤跡泛於船. 偶爾留三月, 居然已隔年. 峰巒雖信美, 爭似華山前.)"라고 하였다.

주 석

1 暮景(모경)- 저녁 햇빛.

2 塞笛(새적)- 변새의 피리 소리. 변방 요새의 군사가 부는 피리 소리를 가리킨다.

3 巴蜀(파촉)- 초당이 있는 성도 지역을 가리킨다.

4 荊蠻(형만)- 초 지역을 가리킨다.

5 王燦(왕찬)- 후한 말의 문인. 자가 중선仲宣이다.

6 峴山(현산)- 산 이름.

(**이영주**)

43. 送韓十四江東省覲

부모를 뵈러 강동으로 가는 한씨를 전송하다

兵戈不見老萊衣[1] 嘆息人間萬事非
我已無家尋弟妹 君今何處訪庭闈[2]
黃牛峽靜灘聲轉[3] 白馬江寒樹影稀[4]
此別應須各努力 故鄉猶恐未同歸[5]

전쟁으로 노래자의 옷을 보지 못하니
세상만사가 잘못되었음을 탄식한다.
나는 이미 아우와 누이 찾아갈 집도 없는데
그대는 지금 어디로 부모님을 찾아뵈려는가?
황우협은 고요하여 여울 소리 메아리칠 텐데
백마강은 추워 나무 그림자 드물다.
이제 이별하면 각자 노력해야 하거니와
고향에 함께 돌아가지 못할까 오히려 두렵다.

이 시는 상원 원년 가을 두보가 촉주에서 지은 것이다. 당시 고적高適이 팽주彭州자사에서 촉주자사로 자리를 옮기자 성도에 있던 두보가 그를 만나러 촉주에 갔다. 마침 그곳에서 고향 사람인 한씨를 만나 촉주의 백마강 가에서 강동으로 부모를 찾아뵈러 떠나는 그를 전송하면서 지은 것이 바로 이 작품이다. 성도에 있을 때 지은 것이라는 설이 많으나 따르지 않는다. 시제의 '韓十四'가 누구인지는 자세하지 않다. 시 내용으로 보건대 두보의 고향 사람인 듯하다. 안사의 난이 아직 평정되지 않아 부모형제가 뿔뿔이 흩어져 있는 시대 상황에 대한 개탄과 함께 부모를 찾아

먼 길을 떠나는 한씨의 여정에 대한 걱정과 속히 고향에 돌아가고픈 시인의 마음이 시에 잘 드러나 있다.

시제의 '江東'은 지금의 강소성 남부와 절강성 북부 지역을 아우르는 장강 하류 지역을 가리킨다.

주 석

1 老萊衣(노래의) - 노래자老萊子의 옷. 춘추시대 초나라의 은사隱士였던 노래자는 부모에 대한 효성이 지극하여 70세 때에도 늘 부모 앞에서 색동옷을 입고 아이 흉내를 내며 부모를 즐겁게 해 드렸다고 한다.

2 庭闈(정위) - 내실內室. 보통 부모가 사는 곳을 말하며 여기서는 부모를 가리킨다.

3 黃牛峽(황우협) - 협 이름. 지금의 호북성湖北省 의창시宜昌市 서쪽의 장강 서릉협西陵峽 가운데 있는데, 그 남쪽 언덕에 황우산黃牛山이 있어 황우협이라고 부른다. 轉(전) - 맴돌다. 메아리치다. 이 구는 한씨가 협곡을 벗어나 동쪽으로 내려가며 지나갈 황우협의 모습을 상상한 것이다.

4 白馬江(백마강) - 강 이름. 당唐 촉주蜀州 동북쪽 10리에 있었다. 한씨는 여기서 배를 타고 떠나 두보와 이별하였다.

5 동(同) - 함께.

(**이석형**)

44. 贈花卿

화경에게 주다

錦城絲管日紛紛[1] 半入江風半入雲[2]
此曲祗應天上有[3] 人間能得幾回聞[4]

금관성에 음악 소리 날마다 어지러워
반은 강바람에 들고 반은 구름에 든다.
이 노래는 하늘에만 있을 터
세상에서 몇 번이나 들을 수 있나.

이 시는 화경정이 단자장을 토벌한 공을 믿고 교만하게 천자의 예악을 사용하자 이를 풍자하여 지은 것이다. 화경정花驚定은 당나라 때 장수로서 이름을 경정敬定이라고도 한다. 숙종 상원 초에 단자장段子璋이 촉에서 반란을 일으키자 최광원崔光遠을 성도윤으로, 화경정을 아장牙將으로 삼아 토벌하였다. 단자장을 주벌하고 나서 화경정이 군사를 데리고 동촉을 노략질하자 숙종은 최광원을 먼 곳으로 내쫓았다. 화경은 화경정이 아니라 당시 성도의 가기라고도 한다. 상원 2년에 지었다.

주 석

1 錦城(금성) - 성도成都. 絲管(사관) - 현악기와 관악기. 모든 악기. 음악. 日(일) - 날마다. 온종일. '曉'로 된 판본도 있다.

2 入江風(입강풍) - 소리가 강바람에 들어가다. 入雲(입운) - 소리가 구름에 들어가다. 이 구는 음악 소리가 맑고 높이 퍼짐을 말한다.

3 此曲(차곡) - 〈예상우의가霓裳羽衣歌〉를 가리킨다는 설도 있다. 有(유) - '去'로 된 판본도 있다. 이 구는 이 음악은 천자만 쓸 수 있음을 말한다.

4 人間(인간) - 지상. 사람이 사는 세상. 幾回(기회) - 몇 번.

(**이창숙**)

45. 江頭五詠

강가에서 읊은 다섯 영물시

丁香

정향

丁香體柔弱　亂結枝猶墊[1]　細葉帶浮毛[2]　疏花披素艷[3]
深栽小齋後　庶使幽人占[4]　晩墮蘭麝中[5]　休懷粉身念[6]

정향은 몸체가 유약하여
어지러운 꽃망울에도 가지 오히려 처졌다.
가는 잎은 솜털을 띠었고
성근 꽃 피어 깨끗하고 곱다.
작은 서재 뒤에 깊이 심은 것은
은사가 차지하게 되기를 바람이니,
늘그막에 난과 사향 가운데 떨어져도
몸을 가루로 만들 생각일랑 품지 말라.

이 시는 보응 원년 봄 성도에서 지낼 때 주변에서 접하게 된 나약한 동식물을 소재로 자신의 상황을 빗대어 표현한 연작시이다. 진한 향기를 내뿜고 있는 정향, 아름다운 자태를 자랑하는 여춘, 강 물결에 비친 치자, 새장 속에 갇혀 있는 자원앙, 섬돌 앞에서 노니는 비오리에 대한 묘사와 당부 속에서 당시 작가 자신의 처지와 마음가짐을 함께 표현하였다. 이 연작시에 보이는 공통의 주제는 당시 조정으로부터 버림받은 자신의 처지를 편안히 받아들이고 더 이상 밖으로 자신의 재주를 자랑하여 사람들의 시기와 질투를 받지 말자는 다짐이다. 연작시이긴 하나 5수의 시 형식이 모두 일치하지는 않으니 앞 2수는 오언고시이고, 뒤 3수는 오언율시이다. '강두'는 초당 부근의 완화계를 가리킨다.

제1수에서는 정향에 대하여 몸체가 유약하고 냄새가 그윽하여 은사의 작은 서재에나 어울리는 꽃이니 난과 사향 가운데서 향기를 뽐내려는 분에 넘치는 생각을 품어 화를 자초하지 말라고 권고하고 있다. '정향'은 상록교목으로 계설향雞舌香, 정자향丁子香이라고도 한다. 잎은 긴 타원형이고 표면에 털이 있다. 꽃은 못처럼 생겼는데 옅은 붉은 빛을 띠며 향기가 있다. 열매는 길고 둥글다. 꽃은 약용으로, 열매에서 짜낸 정향유는 방향제로 사용된다. 씨앗은 닭의 혀 같은 모양의 떡잎 두 조각이 합쳐져 이루어졌다.

주 석

1 亂結(난결) - 어지러운 꽃망울. 墊(점) - 처지다. 아래로 떨어지다.
2 浮毛(부모) - 솜털.
3 披(피) - 피다.
4 幽人(유인) - 은사隱士.
5 蘭麝(난사) - 난과 사향. 모두 귀한 향료이다.
6 粉身(분신) - 몸을 가루로 만들다. 분골쇄신하다. 자신을 희생하는 것을 말한다.

麗春
여춘

百草競春華[1]　麗春應最勝　少須顏色好[2]　多漫枝條賸[3]
紛紛桃李姿　處處總能移　如何此貴重　却怕有人知

온갖 풀 다투어 봄에 꽃이 피지만

여춘이 응당 가장 뛰어날 것이라.
적으면 당연히 빛깔이 아름답고
많으면 공연히 가지에 남아돈다.
어지러운 복사와 오얏의 자태
곳곳에 다 옮겨 심을 수 있는데,
어째서 이 귀중한 것은
도리어 사람이 알아볼까 두려워하나?

제2수에서는 여춘이 아름답게 여겨지는 것은 꽃이 적기 때문이고, 이곳저곳 이식이 가능한 복사꽃이나 오얏꽃과 달리 옮겨 심으면 죽어 버리는 특성 때문에 더욱 귀중한 대접을 받는 것이라는 묘사를 통하여 자신을 스스로 잘 보전하면서 재주를 드러내어 남에게 알려지기를 구하지 말 것을 당부하고 있다. '여춘'은 양귀비의 일종으로 선녀호, 장춘화, 우미인화虞美人花 등으로 불리기도 한다.

주 석

1 春華(춘화) - 봄꽃. 봄에 꽃이 피다. 봄의 광채로 보는 견해도 있다.
2 須(수) - 응당. 당연히. 顔色好(안색호) - 빛깔이 아름답다.
3 漫(만) - 쓸데없이. 공연히. 賸(승) - 남다.

梔子
치자

梔子比衆木　人間誠未多　於身色有用[1]　與道氣相和[2]

紅取風霜實　青看雨露柯　無情移得汝[3]　貴在映江波

치자를 뭇나무에 견주어 보자면
세상에 참으로 많지 않은 것이다.
몸에 있어서 빛깔이 쓸모가 있고
도와 더불어 기운이 서로 조화를 이룬다.
바람과 서리 맞은 붉은 열매를 따고
비와 이슬에 젖은 푸른 가지를 보거니와,
너를 옮겨다 심을 마음이 없음은
강 물결에 비친 모습을 귀하게 여김이라.

제3수에서는 염료와 약재로 세상에 쓸모 있는 치자가 버려져 우로와 풍상에 시달리고 있지만, 강물에 비친 모습에 절로 귀한 자태가 드러난다고 하여 세상과 동떨어져 있어도 나름대로 귀한 모습을 유지할 수 있으니 쓰임 받기를 바랄 필요는 없다고 권고하고 있다. '치자'는 상록관목으로 열매는 황색 염료나 약재로 쓰인다.

주 석

1 色有用(색유용) - 빛깔이 쓸모가 있다.

2 氣相和(기상화) - 기운이 서로 조화를 이루다. '相'은 '傷'으로 된 판본도 있다. 포기룡은 '傷'이 옳은 것으로 보았으며 이를 따를 경우 이 구절은 '도의 관점에서 보면 기가 조화를 해친다'는 뜻이 된다.

3 無情(무정) - 마음이 없다. 移得汝(이득여) - 너를 옮겨 심어 가지다. 치자나무를 정원에 옮겨 심는 것을 말한다.

鸂鶒

자원앙 紫鴛鴦

故使籠寬織　須知動損毛　看雲猶悵望[1]　失水任呼號
六翮曾經剪[2]　孤飛卒未高[3]　且無鷹隼慮[4]　留滯莫辭勞[5]

일부러 새장을 널찍하게 짰거니와
움직이면 깃털 상하리라는 것 알아야 하리.
구름을 보는데 오히려 슬프게 바라보고
물을 잃어 마구 울부짖는구나.
여섯 깃촉 일찍이 가위질당하여
외로이 날고자 해도 끝내 높이 오르지는 못하리.
잠시 매 걱정은 없으리니
머물러 있음에 힘든 것을 사양치 말라.

제4수에서는 새장에 있는 자원앙에 대하여 비록 하늘을 날고 물에서 헤엄칠 수 있는 자유는 잃어버렸지만, 날개를 다쳐 높이 날아오르지 못한 처지에서 매와 같은 맹금류의 공격을 면할 수 있게 된 것이 다행이라고 위로하고 있다. 시제의 '계칙'은 자원앙이다. 오리과에 속하는 물새로 원앙과 비슷하나 좀 더 크며 자줏빛이 많은 날개는 오색이 찬란하고 암수가 늘 함께 논다.

주 석

1 猶(유) - 오히려.

2 六翮(육핵) - 본래는 새의 날개 가운데에 있는 여섯 개의 중심 깃촉을

말하는데 일반적으로 새의 양 날개를 가리키는 말로 쓰인다.

3 卒(졸) - 마침내. 포기룡은 '졸猝'과 통한다고 보았다.

4 鷹隼(응준) - 매. 맹금의 총칭.

5 留滯(유체) - 머물러 있다. 억류되어 있다. 辭(사) - 사양하다.

花鴨

비오리

花鴨無泥滓[1]　階前每緩行[2]　羽毛知獨立[3]　黑白太分明

不覺群心妬　休牽衆眼驚　稻粱霑汝在[4]　作意莫先鳴[5]

비오리 더러운 흙 묻은 데 없이

섬돌 앞을 늘 느릿느릿 다니네.

깃털이 홀로 남다름을 알거니와

흑백이 너무나 분명하구나.

뭇 마음의 질투를 알지 못하는가?

무리의 눈길을 끌어 놀라게 하지 마라.

벼와 수수가 너에게 베풀어졌으니

일부러 남보다 먼저 울지는 마라.

제5수에서는 깨끗하고 흑백이 분명한 남다름으로 인하여 질투를 쉬 받게 될 수도 있을 비오리에 대하여 벼와 수수 같은 먹이 앞에서 남보다 먼저 울지 말라고 경고함으로써 자신을 뽐내어 사람들의 시기와 질투를 불러오는 일을 하지 말자는 두보 자신의 다짐을 표현하고 있다. '화압'은 오리과의 물새인 비오리이다.

주 석

1 泥滓(이재)- 더러운 흙.

2 階前(계전)- 섬돌 앞.

3 獨立(독립)- 홀로 서다. 홀로 우뚝 뛰어나다. 이 구절은 비오리 깃털이 일반 새와 다르게 깨끗하다는 말이다.

4 霑(점)- 적시다. 은혜를 베풀다.

5 作意(작의)- 일부러. 특별히. 先鳴(선명)- 먼저 울다.

(**이석형**)

46. 野望

들에서 바라보다

西山白雪三城戍[1] 南浦淸江萬里橋[2]
海內風塵諸弟隔[3] 天涯涕淚一身遙[4]
惟將遲暮供多病[5] 未有涓埃答聖朝[6]
跨馬出郊時極目[7] 不堪人事日蕭條[8]

흰 눈 덮인 서산 세 성의 수루
맑은 강 남쪽 포구에는 만리교.
온 세상 풍진 속에 동생들은 떨어져 있고
하늘 끝에서 눈물 흘리며 이 한 몸 멀리 있다.
오로지 노년을 많은 병에 내주었을 뿐
성은을 갚은 게 조금도 없구나.
말을 타고 교외로 나가 때로 멀리 바라보니
인간사 나날이 쓸쓸해짐을 견딜 수 없구나.

이 시는 두보가 보응 원년에 성도成都에서 지은 것으로 보인다. 당시 두보는 형제들과 떨어져 혼자 성도에서 쓸쓸한 나날을 보내고 있었다. 노환으로 힘든 생활을 보내면서도 군주를 생각하는 마음이 간절하다. 마음을 달래기 위하여 들판에 나가 멀리 경관을 조망하지만 세상사 쓸쓸함을 견디기 어려워한다. 나라와 가족을 염려하는 두보의 진심이 잘 표현되어 있다.

앞 4구는 들판에서 바라보며 감회에 젖었으니 집을 그리워하는 마음이 담겨 있고, 뒤 4구는 들판에서 바라보며 시절을 생각하였으니 나라를 걱정하는 감정이 담겨 있다. 다리에서 세 성을 바라보는 것은 가까이 토번을 염려하는 것이고, 하늘 끝에서 천하를 바라보는 것은 멀리 하북 땅을 근심하는 것이다. 5, 6구는 자신에 대하여 감개하는 것이고, 마지막 구는 세상에 대하여 감개하는 것이다. 교외에 나가 멀리까지 바라본다는 말은 본 시제를 상기시켜 준다. 국가의 행보가 어려움이 많은 것은 모두가 인간사에서 비롯되는 것이니 마지막 구절에 감개가 심장하다.

주 석

1 西山(서산) - 성도부 서쪽에 있는 산. 三城(성) - 세 성. 송주松州, 유주維州, 보주堡州라는 설과 양관羊灌, 전붕田朋, 착승교笮繩橋라는 설이 있다. 당시 검남을 두 절도로 나누었는데, 서산의 세 성은 수루戍樓가 늘어서 있어 백성들이 부역에 시달렸기에 고적이 상소문을 올려 이를 논한 적이 있다.

2 萬里橋(만리교) - 성도에 있는 다리 이름. 두보의 초당은 그곳 서쪽에 있다.

3 風塵(풍진) - 난리, 혼란을 비유한다.

4 天涯(천애) - 하늘 끝. 두보 자신이 성도에 있음을 나타낸다.

[海內 2구] 두보는 난리를 만나 단신으로 촉에 들어갔기에 형제들과 결국 떨어지게 되었다.

5 遲暮(지모) - 해 질 녘. 만년을 비유한다. 供(공) - 주다. 이 구절은 병치레하느라 노년을 다 보내고 있다는 말이다.

6 涓埃(연애) - 가는 물줄기와 먼지. 미세한 것을 비유한다. 聖朝(성조) - 성스러운 조정.

7 極目(극목) - 눈길을 다하다. 최대한 멀리 바라보는 것을 뜻한다.

8 蕭條(소조) - 쓸쓸한 모양.

(**김만원**)

47. 戲爲六絶句

장난삼아 절구 6수를 짓다

庾信文章老更成[1] 凌雲健筆意縱橫[2]
今人嗤點流傳賦[3] 不覺前賢畏後生[4]

유신의 문장은 늙어서 더욱 성숙하여
구름에 오를 듯한 씩씩한 붓에 뜻이 종횡으로 드러난다.
요즈음 사람이 전해 오는 부를 비웃어대지만
전현이 후생을 두려워할 것 같지 않다.

이 시는 중국 최초의 '논시절구論詩絶句', 즉 절구 형태로서 시에 대하여 논의한 것이다. 후세에 여러 문인이 이를 모방하여 문학 비평을 하였다.

시 속에 두보의 문학관이 토로되어 있는데, 절구라는 형태를 빌려 표현하다 보니 말하고자 하는 뜻이 모호한 부분이 있어서 이에 대한 제가의 해설에 차이가 있지만, 대체로 고금을 막론하고 훌륭한 작가의 성취를 아울러 취하여 작시作詩해야 한다는 것, 중국 시학의 근원이라 할 수 있는 시경과 초사를 모범으로 하고 굴원과 송옥의 수준을 목표로 삼아 분발해야 한다는 것, 육조와 초당 시기의 시인이라고 하여 함부로 그들을 경시해서는 안 된다는 것 등이 그 주된 주장이다.

상원 2년에 지은 것으로 추정된다. 시제가 '戲爲六絶'로 된 판본도 있다.

제1수에서는 유신을 추숭하여 찬미하고 있다.

주 석

1 庾信(유신) - 북조에서 활동한 저명한 시인. 처음에는 남조의 양梁에서

벼슬하였으며 뒤에 북주北周에서 벼슬하였다. 서릉徐陵과 함께 서유徐庾로 병칭되었다.

2 凌雲(능운) - 구름 위로 오르다. 뜻이나 기상이 높은 것을 비유한다.

3 嗤點(치점) - 비웃으며 지적하다. 流傳賦(유전부) - 전해 오는 부. 유신의 부로는 특히 〈애강남부哀江南賦〉가 유명하다. 여기에서 '부'를 문학작품 전반을 다 포괄하는 것으로 볼 수도 있다.

4 不覺(불각) 구- '전현이 후생을 두려워하리라고 생각되지 않다'는 뜻이다. '전현'은 이전의 어진 사람, 여기서는 유신을 가리킨다. 후생은 당시 유신을 비판하던 사람이다. 이 구절을 '(요즈음 사람이) 선현이 후생을 두려워한다는 사실을 알지 못하다'로 풀이하는 설이 있고, 이 외에도 여러 설이 있어 풀이가 다양하다.

其二

楊王盧駱當時體[1]　　輕薄爲文哂未休[2]
爾曹身與名俱滅[3]　　不廢江河萬古流[4]

양형, 왕발, 노조린, 낙빈왕의 당시의 체를
경박한 이들이 글을 지어 비웃어 마지않는구나.
너희의 몸과 이름 다 없어질 것이나
장강과 황하가 만고에 흐르는 것 폐하지 못하리라.

제2수에서는 양형, 왕발 등 초당사걸初唐四傑을 찬양하고 있다.

주 석

1 楊王盧駱(양왕노락)- 양형, 왕발, 노조린, 낙빈왕. 초당사걸이라 칭해지는 당 초기의 저명한 문인들이다. '楊王'이 '王楊'으로 된 판본도 있다.

2 輕薄(경박)- 경박한 자. '경박하게'라 풀이할 수도 있다. 哂(신)- 비웃다. 이 구절을 '그 글을 가벼이 여겨서 비웃어 마지않다'로 풀이하는 설도 있다.

3 爾曹(이조)- 초당사걸을 비웃는 무리를 가리킨다.

4 江河萬古流(강하만고류)- 초당사걸의 시문이 길이 전해질 것을 비유한다.

其三

縱使盧王操翰墨[1] 劣於漢魏近風騷[2]
龍文虎脊皆君馭[3] 歷塊過都見爾曹[4]

설령 노조린, 왕발 등이 글을 지어도
한위의 시들이 풍소에 가까운 것보다는 못하겠지만,
용문과 호척은 모두 임금이 모는 것
흙덩이 지나듯 도성을 지나며 너희들을 보리라.

제3수에서는 제2수를 이어서 초당사걸을 평가하고 있다.

주 석

1 盧王(노왕)- 초당사걸을 대표하여 두 사람을 든 것이다.

2 漢魏(한위)- 한나라와 위나라. 風騷(풍소)- 국풍과 이소를 가리킨다.

3 龍文虎脊(용문호척)- 용문과 호척. 둘 다 준마의 이름. 여기서는 초당사걸을 비유한다.

4 歷塊過都(역괴과도)- 도성을 지나가기를 하나의 흙덩어리 지나듯 하다. 말이 빨리 달리는 것을 말한다.

其四

才力應難跨數公[1] 凡今誰是出群雄[2]
或看翡翠蘭苕上[3] 未掣鯨魚碧海中[4]

재력은 틀림없이 이 몇몇 분들을 능가할 수 없거니와
지금은 대체 누가 출중한 영웅일까?
간혹 비취 새가 난초 꽃 위에 앉아 있는 것 보게 되나
아직 고래를 푸른 바닷속에서 끌어내지는 못한다네.

제4수에서는 앞 3수를 총괄하면서 당시 문인의 기량이 앞에서 말한 시인들과 현격한 차이가 있음을 말하고 있다.

주 석

1 跨(과)- '誇'로 된 판본도 있다. 數公(수공)- 앞에서 언급한 유신 및 초당사걸을 말한다.

2 凡今(범금)- 지금.

3 翡翠(비취)- 새 이름. 蘭苕(난초)- 난초 꽃. 이 구절은 어쩌다가 문사가 아름다운 작품을 보게 됨을 비유한다.

4 掣(철)- 끌다. 이 구는 필력이 웅건한 작품이 없음을 비유한다.

其五

不薄今人愛古人[1] 清詞麗句必爲隣
竊攀屈宋宜方駕[2] 恐與齊梁作後塵[3]

지금 사람은 가벼이 여기지 않고 옛사람은 아끼며
맑은 말 아름다운 구는 반드시 이웃 삼는다.
굴원과 송옥을 부여잡고 나란히 가야 할 것이니
제량의 뒤 먼지 되는 것이 두려워할 일이다.

제5수에서는 시를 배우는 올바른 태도에 대하여 말하고 있다.

주 석

1 不薄(불박) 구- '지금 사람이 옛사람을 좋아하는 것을 가벼이 여기지 않다'라 풀이하는 설도 있다.

2 屈宋(굴송)- 굴원屈原과 송옥宋玉. 모두 초사의 대표적 작가이다. 方駕(방가)- 나란하게 달리다.

3 齊梁(제량)- 제나라와 양나라. 이 시기의 시는 대체로 형식적 아름다움만 추구하는 경향이 있었다.

其六

未及前賢更勿疑 遞相祖述復先誰[1]
別裁僞體親風雅[2] 轉益多師是汝師

선현에 미치지 못함을 결코 괴이하게 여기지 말 것이니
번갈아 서로 본받았으니 또한 누구를 먼저라 하겠는가?
거짓된 체재 가려내 버리면 풍아에 가까워지거니와
갈수록 더욱 스승 많아지리니 그들이 네 스승이라.

제6수도 제5수와 마찬가지로 시를 배우는 올바른 태도에 대하여 말하고 있다.

주 석

1 遞相祖述(체상조술) - 선현에게는 각기 사승師承이 있음을 말한다. 모방하고 답습하는 것이 기풍이 되어 버린 것을 뜻한다는 설도 있다.

2 風雅(풍아) - 《시경》의 풍과 아. 최고最古의 시이면서 시의 전범으로 간주되었다.

(**이영주**)

48. 野人送朱櫻

농부가 붉은 앵두를 보내오다

西蜀櫻桃也自紅[1] 野人相贈滿筠籠[2]
數回細寫愁仍破[3] 萬顆勻圓訝許同[4]
憶昨賜霑門下省[5] 退朝擎出大明宮[6]
金盤玉筯無消息[7] 此日嘗新任轉蓬[8]

서촉의 앵두 역시 절로 붉어
농부가 대바구니에 가득 보내왔네.
여러 번 조심스레 옮기면서도 여전히 깨질까 걱정하였는데
수많은 알이 고루 둥글어 이처럼 똑같은 것에 놀랐네.
생각난다, 옛날 문하성에서 앵두를 하사받아
퇴조할 때 받쳐 들고 대명궁을 나오던 일이.
금 쟁반 옥 젓가락은 소식이 없거니와
오늘 새 앵두 맛보며 굴러다니는 쑥대 신세 내버려 둔다.

이 시는 상원 보응 연간에 성도에서 지은 것으로 보인다. 어떤 농부가 보내온 앵두를 보면서 과거 조정에서 앵두를 하사받은 일을 떠올리고 여기저기 떠도는 자신의 신세에 대한 감회를 서술하였다. 시 전체가 앵두라는 하찮은 사물을 대상으로 하면서도 자신의 감정을 기탁하여 심원한 심사를 드러내었다.

시의 저작 시기는 제7구에 대한 해석을 어떻게 하느냐에 따라 다르게 볼 수 있을 것 같다. 일반적으로는 제7구를 숙종의 죽음을 언급한 것으로 보고 저작 시기를 숙종의 죽음 직후인 보응 원년으로 보고 있다. 그러나

두보 자신이 현재 조정의 소식을 접할 수 없는 신세라는 의미로 해석한다면 이 시의 저작 시기는 두보가 성도에 있었던 상원 보응 연간으로 폭넓게 추정할 수 있다. 여기서는 후자를 따른다.

주 석

1 西蜀(서촉)- 서쪽에 있는 촉 땅을 말한다. 촉은 장안의 서쪽에 위치하였다. 也(야)- 역시. 서촉에서도 옛날 장안에서와 똑같이 앵두가 붉게 익었다는 의미를 내포한다.

2 筠籠(균롱)- 대바구니.

3 寫(사)- 옮겨 놓다. 옮겨 담는 것을 말한다. 仍(잉)- 여전히.

4 勻(윤·균)- 고르다. 許(허)- 이와 같이.

5 賜霑(사점)- 은택을 내려 주다. 앵두를 하사받은 것을 말한다. 門下省(문하성)- 당나라 황궁 안의 선정전宣政殿 동쪽에 있던 내각기관. 두보의 관직이었던 좌습유는 문하성에 속한다.

6 擎(경)- 받쳐 들다. 大明宮(대명궁)- 황궁 금원禁苑의 동쪽에 위치하였으며 회조할 때 지나던 곳이다.

[憶昨 2구] 두보가 좌습유로 있던 시절 앵두를 하사받아 퇴조하던 일을 기억한 것이다.

7 金盤玉筯(금반옥저)- 조정에서 앵두를 하사할 때 쓰던 기구. 이 구절에 대하여 구조오는 숙종의 죽음을 언급한 것이라고 보았다. 그러나 두보가 지금 조정을 멀리 떠나 있어 조정에서는 소식이 없다. 즉 자신이 조정과 상관없는 인물이 되어 앵두를 다시 하사받을 수 없는 처지라는 불편한 심사를 드러낸 것으로 이해하는 것이 다음 구와의 연결로 볼 때 자연스럽다.

8 嘗新(상신)- 새 앵두를 맛보다. 轉蓬(전봉)- 바람 따라 이리저리 굴러다니는 쑥대.

(**이석형**)

49. 客亭
객정

秋窗猶曙色[1]　落木更高風　日出寒山外　江流宿霧中[2]
聖朝無棄物[3]　衰病已成翁　多少殘生事[4]　飄零任轉蓬[5]

가을 창 이미 새벽빛인데
잎 진 나무에선 더욱 바람이 거세구나.
해는 차가운 산 너머에서 떠오르고
강물은 묵은 안개 속을 흐른다.
성스런 조대에서는 버려지는 인물 없는데
쇠하고 병들어 이미 노인이 되었구나.
남은 인생살이 얼마나 될까
이리저리 굴러다니는 쑥대 같은 신세.

이 시는 두보가 보응 원년 재주에서 지은 것으로 가을날 객정에서 머물며 느낀 감회를 서술한 것이다. 당시 두보는 엄무를 전송하러 금주錦州로 나왔다가 서지도의 반란으로 성도로 돌아가는 길이 막혀 잠시 금주에 머물다 다시 재주로 전전하게 되었는데, 이때 두보의 가족들은 여전히 성도 초당에 남아 있었다. 그래서인지 어지러운 시국에 어디 한 곳 마음 붙이지 못하고 떠도는 시인의 어수선한 심정이 그대로 전해진다. 두보는 밤새 잠 못 이루며 고민을 하다 어느덧 새벽을 맞게 되지만 시인을 맞아주는 것은 거센 바람과 새벽 안개에 싸인 강물뿐이다. 언제쯤 나라가 제대로 설 수 있을지, 자신은 이렇게 나이 들고 병든 몸으로 계속 떠돌 수밖에 없는 것인지 답답한 마음을 토로하고 있다.

주 석

1 猶(유)- 이미. 曙色(서색)- 새벽 동틀 때의 하늘빛.

2 宿霧(숙무)- 전날 밤부터 낀 안개라는 말이다.

3 聖朝(성조)- 어진 임금이 다스리는 조대. 성인은 항상 사람을 잘 구하기에 버려지는 사람이 없으며, 항상 사물을 잘 구하기에 버려지는 사물이 없다는 《노자》의 뜻을 엿볼 수 있다.

4 殘生(잔생)- 남은 세월이나 생명.

5 飄零(표령)- 떠다니다.

(**박홍준**)

50. 聞官軍收河南河北
관군이 하남과 하북을 수복하였다는 소식을 듣다

劍外忽傳收薊北[1] 初聞涕淚滿衣裳
却看妻子愁何在[2] 漫卷詩書喜欲狂[3]
白首放歌須縱酒[4] 青春作伴好還鄕[5]
卽從巴峽穿巫峽[6] 便下襄陽向洛陽[7]

검문관劍門關 밖으로 갑자기 계북 수복 소식이 전해져
처음 소식을 듣고는 눈물 흘려 옷을 흠뻑 적셨다.
고개 돌려 처자식 바라보는데 시름은 어디에 있는가?
대충 《시경》과 《서경》을 말아 두니 기뻐서 미칠 것 같구나.
머리는 세었지만 목청껏 노래 부르고 맘껏 술을 마셔야 할 터
푸른 봄을 벗 삼으니 고향에 돌아가기 딱 좋구나.
곧 파협에서부터 무협을 뚫고 나아가고
바로 양양으로 내려갔다가 낙양으로 향해야지.

이 시는 광덕 원년 봄 재주에서 지은 것이다. 보응 원년 겨울 당唐의 군대는 낙양 부근의 횡수橫水에서 치른 반군과의 전투에서 대승을 거두고 낙양과 정주鄭州, 변주汴州 등을 차례로 수복하였다. 이 전투의 승리로 반군의 우두머리인 설숭薛嵩, 장지충張志忠 등이 투항하였다. 이듬해 광덕 원년 정월에는 사사명의 아들 사조의가 스스로 목을 매었고 그의 부장이었던 전승사田承嗣, 이회선李懷仙 등이 잇달아 당조에 투항하였다. 이로써 8년여를 끌었던 안사의 난이 마침내 끝나게 된다. 당시 두보는 전란으로 인하여 오랜 시간 이곳저곳을 전전하는 떠돌이 신세였던 터라 관군의 하남, 하북

지역 수복 소식에 놀라움과 기쁨을 주체할 수 없었다. 이 시의 전반부에서는 수복 소식을 전해 듣고 미칠 듯이 기뻐하는 두보 자신의 모습을 가감 없이 그려 내었고, 후반부에서는 고향으로 돌아갈 수 있다는 설렘의 감정과 기대를 그대로 드러내었다. 흥분과 희열의 감정이 거침없이 드러나 있다는 점에서 두보의 다른 시와는 구별되는 작품이다. 제2, 3, 4연은 모두 대장을 이루고 있지만 마치 말을 하듯 자연스럽게 표현되어 대장이라는 느낌이 들지 않는다.

시제의 '河南河北'은 '兩河'로 된 판본도 있다.

주 석

1 劍外(검외) - 검문관劍門關 밖. 즉 검문관 이남의 촉 땅으로 여기서는 재주를 가리킨다. 薊北(계북) - 계주薊州의 북쪽. 하북河北 북부의 땅으로 안사安史 반군의 오랜 근거지였다.

2 却看(각간) - 고개를 돌려 바라보다. 愁何在(수하재) - 근심이 어디에 있는가? 근심이 사라졌다는 말이다.

3 漫卷(만권) - 대충 말다. 당시 서책은 두루마리 형태였으므로 말아서 정리하였다. 詩書(시서) - 《시경》과 《서경》. 喜欲狂(희욕광) - 기뻐서 미치려 하다. 미칠 듯이 기쁘다.

4 白首(백수) - 흰 머리. 두보 자신이 늙었음을 말한다. 放歌(방가) - 소리 질러 노래하다.

5 青春作伴(청춘작반) - 푸른 봄을 벗하다.

6 巴峽(파협) - 파현巴縣에 있는 협곡 이름. 巫峽(무협) - 무산현巫山縣에 있는 협곡 이름. 장강 삼협의 하나.

7 便下(변하) - 바로 내려가다. 襄陽(양양) - 지금의 호북성 양양시襄陽市에 해당한다. 洛陽(낙양) - 두보의 관적은 하남 공현鞏縣인데 3세 때 낙양으로 이사하여 낙양을 고향으로 여겼다.

(**이석형**)

51. 有感五首

유감 5수

將帥蒙恩澤[1] 兵戈有歲年[2] 至今勞聖主[3] 何以報皇天[4]
白骨新交戰[5] 雲臺舊拓邊[6] 乘槎斷消息[7] 無處覓張騫[8]

장수가 은택을 입었으나
전쟁은 여러 해 이어지네.
지금까지 훌륭하신 임금께 걱정 끼치니
무엇으로 하늘에 보답할 것인가?
백골이 널려 있는 새 전장은
운대에 그려진 공신들이 예전에 개척한 변경이네.
뗏목 타고 나가 소식이 끊겼으니
장건을 찾을 곳 없다네.

광덕 원년 7월 토번의 침입에 잘못 대처해 토번이 내지 깊숙이 들어와 대종은 섬주로 피난하였다. 10월에는 마침내 장안이 적의 수중에 들어갔다가 이듬해인 광덕 2년 봄에서야 장안이 수복될 수 있었다. 그렇게 토번과의 전쟁은 일단락되었으나 여러 번진의 장수들은 당 황실에 신복하지 않고 있었다. 두보는 그들이 장차 난리를 일으키게 될 것이라고 우려하였는데 이 5수의 연작시는 바로 이를 반영한 것이다. 이 시는 대체로 장안이 수복된 광덕 2년 봄 이후에 지어진 것으로 추정된다.

두보는 〈번민을 풀다釋悶〉에서 이미 토번의 침입에 이렇다 할 대책을 세우지 못하고 무릎을 꿇었던 조정의 무능에 대한 시름을 노래하였었다. 〈유감오수〉 이 시는 한 걸음 더 나아가 국정과 시사에 대한 구체적 대안을 제시하고 있는 정론시라는 점에서 그리고 벼슬에서 멀어져 타향을 떠돌고 있는 나그네의 몸으로 줄곧 나라 걱정을 놓지 않았다는 점에서 주목할 만한 작품이다.

제1수에서는 번진이 외적의 침략을 막지 못하는 데 대한 개탄을 나타내고 있다. 예전의 공신들이 애써 지킨 영토를 절도사로 나가 있는 장수들이 제대로 지키지 못하고 있는 까닭에 토번으로 간 당나라 사신이 억류되는 황당한 사건이 이어지고 있다고 질타하였다.

주 석

1 將帥(장수)- 장수. 변경의 수비를 맡은 장수, 절도사 등을 가리킨다. 蒙恩澤(몽은택)- 은택을 입다. 천자의 은택을 입고 있다는 말이다.

2 兵戈(병과)- 병기. 여기서는 전쟁을 뜻한다. 有歲年(유세년)- 오랜 세월 지속되고 있음을 뜻한다. '세년'은 세월과 같은 의미이다.

3 勞聖主(노성주)- 성명한 군주를 수고롭게 하다. 대종代宗이 섬주陝州로 출분한 일을 두고 한 말이다.

4 皇天(황천)- 임금을 가리켜 한 말이다.

5 白骨(백골)- 백골. 토번과의 전쟁으로 희생된 사람들을 가리킨다.

6 雲臺(운대)- 동한 남궁南宮 중의 고대高臺이다. 후한 명제明帝 때 이곳에 공신과 명장들을 그려 넣었다. 여기서는 당 태종이 정관 17년 염립본閻立本에게 명하여 능연각凌烟閣에 개국척변공신 24인을 그려 넣도록 하였던 일을 가리킨다. 拓邊(척변)- 변경을 개척하다. 영토의 확장을 의미한다.

7 乘槎(승사) 구- 뗏목을 타고 가서 소식이 끊어졌다는 말이다. 광덕 원년 4월 토번에 사신으로 나갔던 이지방 등이 억류된 일을 가리킨다.

8 張騫(장건)- 한 무제 때 사람으로 서역에 사신으로 나갔다가 흉노에게 억류된 바 있다. 여기서는 광덕 원년 4월 토번에 사신으로 갔다가 억류되었던 어사대부 이지방을 가리킨다.

其二

幽薊餘蛇豕[1] 乾坤尙虎狼[2] 諸侯春不貢[3] 使者日相望[4]
愼勿呑靑海[5] 無勞問越裳[6] 大君先息戰[7] 歸馬華山陽[8]

유수 계수에 뱀과 돼지가 남았고
천지에 범과 이리가 아직도 있다네.
제후들이 봄에 조공하지 않으니
사자가 날마다 서로 바라본다네.
삼가 청해를 삼키지 말고
월상에게 묻는 수고도 하지 마시라.
임금께서 먼저 전쟁을 그치시고
말을 화산의 남쪽에 돌려보내셨네.

제2수에서는 번진의 장수들이 병력을 지니고 힘을 키워 가는 것에 대한 우려를 나타내고 있다. 안녹산 반군의 잔존 세력과 이민족의 위협이 남아 있는 때 절도사들이 조정에 충성을 바치지 않는 위험한 상황이 연출되고 있다고 하였다. 조정에서 평화만을 내세우고 번진 장수들의 야심에 적절히 대응하지 못하여 내란이나 외침에 무방비 상태로 노출되고 있지 않은지 걱정하였다.

주 석

1 幽薊(유계) - 유주幽州와 계주薊州. 蛇豕(사시) - 뱀과 돼지. 안녹산과 사사명 이후의 잔존 세력을 가리킨다.

2 虎狼(호랑) - 범과 승냥이. 도적. 토번과 강이羌夷를 말한다.

3 諸侯(제후)- 하북의 항장으로 이미 임용된 자들을 가리킨다. 春不貢(춘불공)- 봄에 공물을 바치지 않다. 신복하지 않았다는 뜻이다.

4 使者(사자)- 사신. 相望(상망)- 서로 보다. 신복하지 않는 세력에게 귀순을 종용하는 사신들이 서로 바라볼 정도로 빈번히 파견되고 있다는 말이다.

5 青海(청해)- 지명. 당시에 토번이 차지하고 있었다.

6 問越裳(문월상)- 월상에게 책임을 묻다. 월상은 남방의 옛 나라 이름이며, 당대에는 월상현越裳縣이었다. 여기서는 남조南詔를 가리킨다. 천보 이후 남조는 당에 반기를 들고 토번에 붙어 있었다.

7 大君(대군)- 천자. 息戰(식전)- 전쟁을 그치다.

8 歸馬(귀마) 구- 말을 화산의 남쪽으로 돌려보내다. 더 이상 용병할 수 없게 된 것을 안타깝게 여겨서 완곡한 표현 속에 대종에 대한 기롱의 뜻을 기탁한 것이다.

其三

洛下舟車入[1]　天中貢賦均[2]　日聞紅粟腐[3]　寒待翠華春[4]
莫取金湯固[5]　長令宇宙新[6]　不過行儉德[7]　盜賊本王臣[8]

낙하에 배와 수레가 들어가는데
천하 가운데라 공물의 수송 거리가 같아졌다네.
근자에 듣자니, 붉게 조가 썩어 가고
추위 속에 취화의 봄을 기다리고 있다네.
금탕의 굳음을 취하지 말고
길이 세상을 새롭게 하시며,
그저 검박의 덕을 행하시라

도적도 본디 왕의 신하이니.

제3수에서는 낙양에 천도하는 것이 나라를 흥기시키는 계책이 아님을 설파하고 있다. 토번이 침입하자 정원진程元振과 곽자의郭子儀 등이 낙양 천도를 두고 갑론을박을 벌였다. 천도를 지지하는 측에서는 낙양이 세금과 공물을 거두기에 유리하다는 이유를 들었지만, 두보는 이에 반대하는 입장에서 '지리地利'를 따지기에 앞서 임금이 사치를 멀리하는 검약의 품덕을 먼저 보여 새로운 시대를 열어 가는 것이 더 중요하다고 하였다.

주 석

1 洛下(낙하) - 낙양洛陽을 가리킨다.

2 天中(천중) - 천하의 한가운데. 낙하, 즉 낙양을 일컫는다. 貢賦均(공부균) - 공부貢賦는 토공土貢과 부세賦稅. 각 지역에서 토공과 부세를 운반하는 거리가 균등해졌다는 말이다.

3 日聞(일문) - 최근에 들었다는 말이다. 紅粟(홍속) - 저장한 지 오래되어 붉게 변색한 묵은 곡식. 여기서는 양식이 풍족함을 뜻한다.

4 翠華(취화) - 천자의 의장儀仗 가운데 물총새의 깃털로 장식한 깃발 또는 수레 덮개. 이 구절은 추위 속에서 낙양 사람들이 천자가 와서 따뜻한 봄이 되기를 기다린다는 뜻이다.

5 金湯(금탕) - 금성탕지金城湯池. 쇠로 쌓은 성과 끓는 물이 흐르는 호성하護城河로 험고한 성지城池를 뜻한다. 여기서는 '낙하'를 가리킨다.

6 長令(장령) 구 - 세상으로 하여금 길이 새롭게 되도록 하라는 말이다.

7 儉德(검덕) - 검약의 품덕.

8 盜賊(도적) - 신복하지 않는 번진의 장수를 가리켜 한 말이다. 王臣(왕신) - 군왕의 신민.

其四

丹桂風霜急[1]　青梧日夜凋[2]　由來强幹地[3]　未有不臣朝[4]
授鉞親賢往[5]　卑宮制詔遙[6]　終依古封建[7]　豈獨聽簫韶[8]

붉은 계수나무에 바람과 서리 급하고
푸른 오동은 밤낮으로 시드네.
예로부터 줄기를 강하게 한 땅에는
조정에 신복하지 않음이 없었네.
부월을 주어 종실 어진 이를 가게 하시고
궁궐을 낮추고 멀리 조서를 내리셨지.
끝내 예전의 봉건책을 따라야지
어찌 다만 소소를 듣고 계시는가?

제4수에서는 종번宗藩을 분봉하여 번진 세력을 억제하게 하라고 건의하고 있다. 계수나무는 왕실을 비유하고 오동나무는 종번을 비유하니, 나무처럼 나라의 뿌리와 줄기가 튼튼하면 저절로 조정에 충성을 바칠 것이라고 하였다. 종실의 친족과 공신들을 제후로 봉하였던 봉건제를 적극적으로 시행하여야 할 때이지 태평성대의 음악을 듣는다고 평화가 찾아오는 것은 아니라고 설파하였다.

주 석

1 丹桂(단계) - 계수나무의 한 종류로 껍질이 붉은색이다. 본디 한나라의 상징이나 여기서는 당唐 왕실에 대한 비유이다.

2 靑梧(청오) - 오동나무의 한 종류로 줄기가 푸른색이다. 종번宗藩, 즉

천자가 분봉한 종실 제후를 비유한다.

3 由來(유래) - 예로부터. 强幹(강간) - 줄기를 강하게 하다. 중앙 역량의 강화를 의미한다.

4 臣朝(신조) - 신하로서 천자를 조현朝見하다. 중앙 정부에 신복함을 이른다.

5 授鉞(수월) - 도끼를 주다. 대장이 출정할 때에 병권을 일임한다는 뜻으로 임금이 도끼를 주어 보냈다. 親賢(진현) - 농성의 현신.

6 卑宮(비궁) - 누추한 궁실. 制詔(제조) - 황제의 명령.

7 封建(봉건) - 봉건제도. 제왕이 작위와 토지를 친척이나 공신에게 하사하여 해당 지역에 방국을 세워 중앙에 대한 의무를 다하게 하였던 제도로서 황제黃帝가 처음 시작하였다고 전해지며 주나라에 이르러 전면적으로 시행되었다.

8 簫韶(소소) - 순舜임금의 음악 이름.

其五

胡滅人還亂[1]　兵殘將自疑[2]　登壇名絶假[3]　報主爾何遲[4]
領郡輒無色[5]　之官皆有詞[6]　願聞哀痛詔[7]　端拱問瘡痍[8]

오랑캐 섬멸되었어도 백성들은 여전히 어지럽고
병사들 줄어드니 장수는 스스로 의심하네.
단에 올라 벼슬을 받아 이름에 거짓이 없거늘
임금께 보답함이 너희 어찌 더딘가?
고을을 거느리면 곧 기쁜 낯빛 없어지고
관직에 부임하면 모두 말들이 있네.
듣기를 바라는 것은, 슬퍼하고 아파하는 조서 내려

단정히 손 모으고 백성의 어려움 물어 주심이라네.

제5수에서는 당시 조정에서 번진의 장수를 우대하고 지방관을 경시하는 것에 대하여 개탄하고 있다. 전반부에서는 아직 나라가 어지러운 때에 번진의 장수들이 조정에 딴마음을 품는다고 질타하였고, 후반부에서는 번진의 발호로 지방관들이 제 역할을 하지 못하여 불평하는 말이 나오는 현실을 고발하였다. 군주인 대종이 이런 상황을 철저히 인식하고 현명하게 대처해 나가기를 기원하였다.

주 석

1 胡滅(호멸)- 오랑캐가 멸망하다. 人還亂(인환란)- 사람들이 여전히 어지럽다.

2 兵殘(병잔)- 병졸이 쇠잔하여 소수만 남아 있다는 말이다. 將自疑(장자의)- 장수들이 스스로 의심하다. 휘하 병사가 적어지니 절진의 장수들이 조정에 대하여 의심을 하기에 이르렀다는 말이다.

3 登壇(등단)- 단에 오르다. 한 고조가 한신을 대장에 임명할 때 단을 쌓고서 한신을 오르게 하였다. 여기서는 광덕 원년 제도의 절도사에게 실제의 봉호를 더해 준 것을 의미한다. 名絶假(명절가)- 이름이 전혀 거짓이 아니다. 직함을 실제의 권한과 함께 주었다는 말이다.

4 報主(보주)- 주군께 보답하다. 爾何遲(이하지)- 그대들은 어찌하여 늦어지는가?

5 領郡(영군)- 군을 거느리다. 주의 자사에 임명되는 것을 가리킨다. 輒無色(첩무색)- 번번이 낯빛이 없다. 절도사의 권한이 무겁고 징세의 부담이 날로 더해져 자주적인 행정이 불가능한 까닭에 자사가 되어도 얼굴에 즐거운 기색이 없다는 말이다.

6 之官(지관)- 관직에 나아가다. 명을 받아 부임하는 것을 뜻한다. 皆有詞(개유사)- 모두 말이 있다. 명을 받들어 지방관으로 부임할 때에 하나같

이 원망의 말이 있다는 뜻이다.

7 哀痛詔(애통조)- 황제가 자신의 허물을 책하는 조서. 재해가 자주 일어나 백성들이 어려움에 처하게 될 때 내렸다.

8 端拱(단공)- 단정히 앉아 두 손을 맞잡다. 임금이 엄숙한 태도로 정치에 임하는 것을 뜻한다. 瘡痍(창이)- 상처. 곤궁한 삶으로 고생하는 백성들을 뜻한다.

(**이남종**)

52. 送路六侍御入朝

입조하는 노시어를 보내다

童稚情親四十年[1] 中間消息兩茫然[2]
更爲後會知何地[3] 忽漫相逢是別筵[4]
不分桃花紅似錦[5] 生憎柳絮白於綿[6]
劍南春色還無賴[7] 觸忤愁人到酒邊[8]

아이 적 친한 정으로 사십 년이 흘렀는데
그사이 소식은 서로 간에 아득하였네.
뒤에 다시 만남은 어느 곳이 될 것인지
우연히 만난 자리가 헤어지는 자리이네.
복숭아꽃이 비단처럼 붉을 줄은 생각지도 못하였고
버들솜이 솜보다 하얀 것도 사뭇 미워지네.
검남 봄빛이 여전히 무뢰하여
시름겨운 사람 거스르려 술자리까지 찾아왔네.

이 시는 광덕 원년 봄 재주에서 지은 것이다. 관군이 하남, 하북 지역을 수복하였다는 소식을 듣고 기쁨과 희망에 벅차 단숨에 써 내려 간 '평생 가장 호쾌한 한 편의 시[生平第一首快詩]' 〈문관군수하남하북聞官軍收河南河北〉을 남겼던 시기가 바로 이해 정월이었다. 8년여 세월을 끌어왔던 안사의 난이 종식되는 순간이었다. 그러나 '푸른 봄을 벗 삼으니 고향에 돌아가기 딱 좋구나(青春作伴好還鄕)'라고 희망을 노래하였던 그 봄날이 이 시에서는 그저 '무뢰배'의 모습으로 가엾은 시인을 다그칠 따름이다. 비단처럼 붉은 복숭아꽃과 솜보다 하얀 버들솜, 이렇듯 아름다운 봄 경치가 대관절 무슨 까닭에 술자리까지 따라와 시름겨운 사람을 더욱 힘들게 하는 무뢰배로 느껴졌는가?

이 시는 노시어를 전별하는 자리에서 지어졌다. 전별의 대상 노시어가 시어사의 이력을 가지고 있는 노씨 성의 인물이라는 점 외에 알려진 바가 없다. 다만 그는 어린 시절 친구로서 그사이 40여 년간 소식이 '망연' 하였던 인물이다. 그를 다시 만난 곳이 재주였고 또 그를 보내는 자리였다. 재주는 두보의 이력에 있어 역시 특별한 곳이다. 난리를 피하여 낯선 곳을 떠돌다 어렵사리 찾아냈던 성도 초당, 다시 그곳을 떠나서 또 다른 타향 재주에 막혀 있는 것 역시 난리 때문이었다. 지난해 7월 조정의 부름을 받고 떠나는 엄무를 전송하여 면주까지 동행하였다가 당시 검남병마사를 맡고 있던 서지도가 반란을 일으키자 돌아갈 수 없었던 것이다. 재주는 그의 기구한 인생길에 보태진 하나의 가파른 비탈길이었던 것이다. 노시어를 만난 자리는 또 그를 전별하는 자리였다. 두보는 노시어 외에도 그곳 재주에서 몇몇 지인들을 전별하였었다. 그들을 보낼 때의 정서 또한 다르지 않다. 위창조를 전송하면서 '제향은 수심 밖이요, 춘색은 눈물 자국 언저리라.(帝鄕愁緖外, 春色淚痕邊.)'라고 하였고, 위반을 배웅하면서는 '정처 없이 떠돌며 나그네 신세 된 지 오래되니, 노쇠한 이 몸 돌아가는 그대가 부럽디오.(飄零爲客久, 衰老羨君還.)'라고 하였다. 서지도의 난리도 평정되고 안사의 난도 일단락되어 경사로 고향으로 돌아가는 사람들을 눈으로 보며 그들을 보내고 있다. 하지만 시인은 그들이 하는 것처럼 하지 못하고 있다. 바로 이 점이 시인 두보의 운명이었다.

40년 세월 속에 동란과 그에 따른 이산의 기간이 존재한다. 그러나 타향에서 만나 다시 훗날의 기약도 가질 수 없는 어린 시절 친구와의 이별을 그저 시대의 동란 탓으로만 돌릴 수는 없을 듯하다. 타향에서 친구와의 만남이 찰나에 불과하였듯이 무엇인가에 이끌려서 각자의 길을 가는 기나긴 인생의 행로 또한 돌아보면 찰나에 지나지 않는다. 이것이 떠나는 친구를 그토록 아쉬워하며 아울러 봄을 상심해 마지않았던 시인의 마음이 아니었을까?

주 석

1 童稚(동치)- 어린 시절. 情親(정친)- 사귐의 정이 친밀하였다는 말이다.

2 中間(중간)- 사이. 어렸을 때 헤어진 뒤 지금까지의 세월을 뜻한다. 兩茫然(양망연)- 두 사람 모두 아득하다. 두 사람 사이에 내왕은 물론 소식도 전하지 못하였다는 말이다.

3 後會(후회)- 나중에 다시 만나는 일. 知何地(지하지)- 어느 곳이 될 것인지 알 수 없다는 말이다.

4 忽漫(홀만)- 홀연히. 우연히. 別筵(별연)- 이별의 잔치 자리.

5 不分(불분)- 생각지 못하였다는 말로 '불료不料'와 같은 뜻이다. 桃花(도화)- 복숭아꽃. 紅似錦(홍사금)- 붉기가 비단과 같다.

6 生憎(생증)- 가장 밉다. 사뭇 한스럽다. '生'은 부사로서 '매우', '가장', '아주'의 뜻이다. 柳絮(유서)- 버들솜. 白於綿(백어면)- 솜보다 희다.

7 劍南(검남)- 지명. 재주와 검각 남쪽 지역을 가리킨다. 無賴(무뢰)- 무뢰하다. 힘입을 바가 없다, 도움 될 것이 없다는 뜻으로 봄빛을 나무라는 말이다.

8 觸忤(촉오)- 거스르다. 愁人(수인)- 시름에 겨운 사람. 到酒邊(도주변)- 봄빛이 술자리 주변까지 찾아왔다는 말이다.

(이남종)

53. 送元二適江左
강동으로 가는 원씨를 전송하다

亂後今相見 秋深復遠行 風塵爲客日 江海送君情
晉室丹陽尹[1] 公孫白帝城[2] 經過自愛惜[3] 取次莫論兵[4]

난리 후 오늘에야 서로 만나게 되었는데
가을 깊어 가는 시절 또 먼 길 떠나는구려.
풍진 속에서 나그네로 떠도는 날에
강해로 그대를 보내는 마음이라니.
진나라 왕실의 단양윤
공손술의 백제성이니,
지나갈 때 스스로 몸을 아껴서
내키는 대로 군대 일을 논하지 마시게.

이 시는 광덕 원년 늦가을 재주에서 강동으로 가는 원씨를 전송하여 지은 것이다. 풍진 속에 오랜 세월 이곳저곳을 떠도는 처지에서 난리 전에 알고 지냈던 사람을 만났으니 얼마나 반가웠겠는가? 그러나 그 반가움은 잠시뿐이고 만나자마자 바로 먼 길을 떠나는 이를 전송해야 하는 마음은 또 얼마나 아쉬움으로 채워졌을까? 두보는 이별의 슬픔을 표현하는 데 그치지 않고 떠나는 이의 앞날에 대한 걱정 어린 마음을 드러내었다. 시의 후반부는 토번의 침입이 있었고 또 곳곳에 아직 사태의 추이를 살피며 당 왕조에 투항하지 않은 세력들이 잔존하고 있는 상황에서 섣불리 자신의 재능을 드러내지 말고 더욱 자신을 아끼고 근신하기를 부탁하는 내용이다. 시제의 '元二'가 누구인지는 자세하지 않으나 결구의 내용으로 보건대 군대에 대하여 잘 아는 인물이었던 것 같다. '강좌'는 강동으로 장강 하류의 동쪽 지역에 해당한다.

주 석

1 晉室(진실) 구- 진나라의 남도南渡 초기에 나라가 어지러웠던 상황을 두고 한 말로서 원씨가 가는 강동 지역에 번진이 발호하고 있음을 비유한다.

2 公孫(공손) 구- 동한 초에 공손술公孫述이 백제성의 험준함을 근거지로 하여 칭제하였다. 이 구 역시 당시 번진이 발호하고 있는 것을 비유한다.

3 經過(경과) 구- 단양이나 백제성을 지날 때 조심하라는 말이다.

4 取次(취차)- 내키는 대로. 마음대로. 論兵(논병)- 군대 일을 논하다. 원이는 손오과孫吳科라고 하는 무과武科에 응시한 적이 있었다.

(**이석형**)

54. 傷春五首

상춘 5수

天下兵雖滿[1] 春光日自濃 西京疲百戰[2] 北闕任羣兇[3]
關塞三千里[4] 煙花一萬重[5] 蒙塵淸路急[6] 御宿且誰供[7]
殷復前王道[8] 周遷舊國容[9] 蓬萊足雲氣[10] 應合總從龍[11]

천하에 전란이 비록 가득하지만
봄빛은 나날이 절로 짙어 간다.
서경은 무수한 싸움에 피폐해졌고
북궐은 흉악한 무리에 맡겨졌네.
관새 삼천리에
이내 낀 꽃송이 일만 겹.
몽진 길 벽제도 급하였을 터
임금의 잠자리는 또 누가 챙겼는지.
은나라는 전왕의 도를 회복하였고
주나라도 옛 노읍으로 옮겼거니와
봉래전에 구름 기운 족하니
모두 용을 따르는 것이 마땅하리라.

이 시는 광덕 2년 봄 낭주에서 지은 배율 연작시이다. 그 전해인 광덕 원년 10월에 당 대종이 토번의 침입을 피해 섬주로 피난을 나섰다가 12월에 환도하였는데, 두보는 아직 그 소식을 듣지 못하고서 이 시를 지었다. 원주原注에서도 "파주와 낭주는 멀리 외져 있어 〈상춘〉 시를 마치고서야 비로소 봄 이전에 이미 궁궐을 수복하였음을 알게 되었다.(巴閬僻

遠, 傷春罷始知春前已收宮闕.)"라고 하였다. 이 시는 토번에게 경사를 빼앗기고 임금마저 피난길에 나서게 된 가슴 아픈 사연을 봄날 경치를 배경으로 기록하고 있는데, 임금에 대한 안타까운 심정과 무너진 조정을 다시 일으키고자 하는 충심이 자연스럽게 드러나 있다. 완전한 배율로 연작시를 지은 것은 두보가 처음인 데다가 개별적인 시들이 긴밀하게 서로 연관되어, 마치 하나의 작품과 같은 엄정한 장법을 보이고 있어 두보의 독창적인 특징이 두드러진다. 작품의 순서가 하나의 흐름으로 연결되어 있지 않은 것 같으나 이면적으로는 상춘의 의미가 전체적으로 관통하고 있어 유기적인 면모를 보인다. 임금의 피난이라는 사건을 중심으로 시인의 아픔 마음을 절절히 표현하고 당시 현안에 대한 시인의 식견을 밝히는 데 중점을 두고 있다.

제1수에서는 토번이 경사를 함락한 것을 기록하고 있다. 앞 8구는 오랑캐가 쳐들어와 피난 나간 일을 서술하였고, 뒤 4구는 대종이 나라를 회복할 것을 기대하였다. 난리를 근심하여 봄날에 가슴 아파함을 첫머리에서 분명히 밝히고 있다.

주 석

1 天下(천하) 구- 온 천하에 전쟁이 끊이지 않는 것으로 여기서는 토번의 침략을 가리킨다.

2 西京(서경)- 장안.

3 北闕(북궐)- 궁궐 혹은 조정을 가리킨다. 羣兇(군흉)- 여러 사악한 무리. 고휘高暉, 왕헌충王獻忠을 가리킨다는 설과 정원진程元振, 어조은魚朝恩 무리를 가리킨다는 설이 있다.

4 關塞(관새)- 변방. 두보가 있던 낭주를 가리킨다. 이 구는 두보 자신이 경사에서 멀리 떨어져 있음을 말한 것이다.

5 煙花(연화)- 봄날 이내 낀 꽃. 봄철에 핀 꽃을 말한다.

6 蒙塵(몽진)- 임금이 피난을 나선 것을 말한다.

7 御宿(어숙)- 임금이 행차하여 숙박하는 곳.

8 殷(은) - 은나라 고종 무정을 말한다.

9 周(주) - 주나라 평왕을 말한다.

10 蓬萊(봉래) - 봉래전. 봉래전은 장안의 궁궐 중 하나이다. 이 구는 장안이 하루 속히 회복되기를 바라는 것이다.

11 從龍(종룡) - 용을 따르다. 여기서 용은 임금을 비유한다.

其二

鶯入新年語　花開滿故枝　天清風卷幔　草碧水連池
牢落官軍遠[1]　蕭條萬事危[2]　鬢毛元自白　淚點向來垂
不是無兄弟　其如有別離　巴山春色靜[3]　北望轉逶迤[4]

꾀꼬리 날아들어 새해 인사를 하고
꽃은 피어 옛 가지에 가득하구나.
하늘은 맑은데 바람은 휘장을 말아 올리고
풀은 푸르고 물은 연못에 이어져 있다.
쓸쓸하게 관군은 멀리 떨어져 있고
영락하여 만사가 다 위태롭다.
귀밑머리 원래부터 하얗고
눈물방울 예전부터 흘러내렸나니
형제가 없는 것도 아니건만
이별을 어찌 하리요.
파산의 봄빛 고요한데
북쪽을 바라보면 더욱 아득해지는구나.

제2수에서는 가족과 나라를 근심하는 내용을 담고 있다. 앞 4구는 봄날의 경치이고, 뒤 8구는 봄을 슬퍼하는 뜻이다. 파 땅의 봄빛은 여전히 아무 일도 없지만 다만 장안이 전란을 입었는데도 원군이 이르지 않아 만사가 모두 위태로움을 한탄한다. 귀밑머리 하얗고 눈물이 떨어지는 것은 이때를 당하여 더욱 심해지는데, 또한 형제와의 이별을 생각하니 어찌 북쪽을 바라보며 마음 상하지 않을 수 있겠는가.

주 석

1 牢落(뇌락) - 쓸쓸한 모양. 토번에 맞설 관군의 세력이 모이지 않음을 말하였다.

2 蕭條(소조) - 영락한 모양.

3 巴山(파산) - 파산. 낭주에 있는 산으로 보인다. 파산의 봄이 고요하다는 것은 곧 장안의 소란을 슬퍼하는 것이다.

4 逶迤(위이) - 아득한 모양.

其三

日月還相鬥[1]　星辰屢合圍　不成誅執法[2]　焉得變危機
大角纏兵氣[3]　鉤陳出帝畿[4]　烟塵昏御道[5]　耆舊把天衣[6]
行在諸軍闕[7]　來朝大將稀[8]　賢多隱屠釣[9]　王肯載同歸

해와 달 다시 서로 다투고
별들은 자주 둘러싸이네.
집법성을 주살하지 않으면
어떻게 위기를 바꿀 수 있으리오.
대각성에는 전쟁의 기운이 감돌고

구진성은 경기 지역을 벗어났네.
연기와 먼지로 임금 행차길 어둑하고
나이든 부로들 천자의 옷을 붙잡네.
행재소에 여러 군대 빠져 있고
입조하는 대장들 드물구나.
어진 이들 대부분 숨어 버렸으니
임금께선 그들을 내워 함께 돌아오시려는가.

제3수에서는 하늘의 변화로써 임금의 마음을 경계시킨 것을 적고 있다. 앞 8구는 간신을 처벌할 것을 말하였고, 뒤 4구는 현신을 등용할 것을 말하였다. 임금이 간신을 제거하고 현신을 가까이할 수 있다면 장병들도 모두 힘을 바칠 것을 생각할 것이니, 이에 하늘의 마음도 이로부터 재앙을 내린 것을 뉘우칠 것이다. 대종이 정원진程元振을 참하여 천하에 사죄할 수 없었고, 이필李泌은 오래도록 폐하여져 다시 등용하지 않았으니 공이 그것을 간절하게 말한 것이다.

주 석

1 相鬥(상투)- 서로 싸우다. 해와 달이 서로 겹쳐 일식과 월식 등의 천문 현상이 벌어지는 것을 의미한다.
2 執法(집법)- 집법성. 별 이름이다. 법령을 관장하는 관리를 비유하며, 여기서는 정원진을 가리킨다.
3 大角(대각)- 대각성. 임금을 상징하는 별이다. 纏(전)- 감싸다.
4 鉤陳(구진)- 구진성. 천자의 군대를 관장하는 별이다. 帝畿(제기)- 경기 지역. 즉 수도와 수도 부근의 지역을 가리킨다.
5 烟塵(연진)- 연기와 먼지. 전란을 가리킨다. 御道(어도)- 임금이 행차하는 길.

6 天衣(천의) - 임금의 의복.

7 行在(행재) - 행재소.

8 來朝(내조) 구- 임금이 피난하여 있는데도 조회하지 않는 시국을 개탄한 것이다.

9 屠釣(도조) - 짐승을 잡고 물고기를 낚는 일. 지극히 천한 일을 가리킨다.

其四

再有朝廷亂[1] 難知消息眞 近傳王在洛[2] 復道使歸秦
奪馬悲公主[3] 登車泣貴嬪[4] 蕭關迷北上[5] 滄海欲東巡[6]
敢料安危體 猶多老大臣[7] 豈無嵇紹血[8] 霑灑屬車塵[9]

다시 조정에 난리가 났다는데
그 소식이 진짜인지 알기 어렵네.
근자에 임금께서 낙양에 있다고도 하고
또 사신이 진으로 돌아갔다고도 하네.
말을 빼앗겨 공주는 슬픔에 잠기고
수레에 올라 귀빈은 울음을 터뜨렸을 터.
소관에서 북상하는 길을 잃고 헤매었을까
창해에서 동쪽으로 순행하시려 하였을까.
감히 국체의 안위를 헤아리리오?
늙은 대신들이 여전히 많은데,
어찌 혜소와 같이 피 흘려
이어지는 수레 먼지를 적시는 이가 없으리오.

제4수에서는 수레가 멀리 나간 일을 슬퍼한 내용을 담고 있다. 비록 궁을 나서 피난을 갔다고 하여도 나라에 노신들이 있어 여전히 죽음으로써 임금을 보위하기에 충분하다고 보았다. 마지막에서는 곽자의에게 희망을 건 것이다.

주 석

1 冉有(재유) 구- 토번의 침입으로 임금이 피난한 일을 가리킨다.

2 洛(낙)- 낙양.

3 奪馬(탈마) 구- 다급하게 피난을 떠나는 상황을 묘사한 것이다. 《자치통감》에 따르면 위魏 고환高歡이 진양晉陽에서 부구滏口로 나가는데 도중에 낙양에서 오는 북향北鄕 장공주長公主를 만나 말 300필을 모두 빼앗아 바꾸었다고 한다.

4 登車(등거)구- 피난을 떠나야만 하는 상황을 슬퍼한 것이다.

5 蕭關(소관)- 관문의 이름. 관중 지역에서 북쪽 변방으로 가는 교통의 요충이다.

6 滄海(창해)- 동해.

7 猶多(유다) 구- 아직 마지막 희망이 남아 있음을 말하였다.

8 嵇紹(혜소)- 진나라 때 충신. 혜제惠帝가 북정할 때 혜소는 자신의 몸으로 왕을 보위하였는데, 그 피가 왕의 옷에 뿌려졌다고 한다.

9 霑灑(점쇄)- 적시다. 피가 뿌려져 옷에 물든 것을 말한다. 屬車(속거)- 뒤따르는 수레.

其五

聞說初東幸[1]　孤兒卻走多[2]　難分太倉粟[3]　競棄魯陽戈[4]
胡虜登前殿[5]　王公出御河[6]　得無中夜舞[7]　誰憶大風歌[8]
春色生烽燧[9]　幽人泣薜蘿[10]　君臣重修德[11]　猶足見時和[12]

들으니 처음 동쪽으로 행차하실 때
시위들 대부분 달아났다지.
태창의 곡식을 나눠 주기 어려웠으니
노양의 창을 다투어 버렸기 때문이라네.
오랑캐들 앞 궁전에 오르니
왕공들은 황실의 물길로 빠져나갔다네.
어찌 한밤에 춤추는 사람이 없으리오만
누가 대풍가를 기억할 것인가?
봄빛이 봉수 가운데 생겨나니
숨어 사는 이 몸 벽라 가운데서 눈물 흘리노라.
군신이 덕을 쌓는 것을 중히 여기시면
태평 시절도 족히 볼 수 있을 것을.

제5수에서는 군사들이 흩어져 사라진 것을 가슴 아파함을 표현하고 있다. 조정에서 참언만을 믿고 〈대풍가〉의 용맹한 군사를 생각지 않음이 애석할 따름이다. 마지막에 덕을 기를 것을 군신에게 바라니, 이는 곧 사람들의 마음을 수습하고 국맥을 만회하는 근본이기 때문이다.

주 석

1 東幸(동행)- 동쪽으로 행차하다. 임금이 피난 간 것을 말한다.
2 孤兒(고아) 구- 왕을 지키는 호위병들도 달아난 것을 말한다.
3 太倉(태창)- 경사에서 곡식을 보관하던 큰 창고.
4 魯陽戈(노양과)- 노양공의 창. 전세를 만회할 수 있는 무기인데, 여기서는 좋은 기회를 놓친 것을 말한다.
5 胡虜(호로) 구- 토번이 경사를 함락하여 어지럽힌 일을 말한다.

6 王公(왕공) 구- 당시 왕공들이 급하게 피난하였던 일을 가리킨다.

7 中夜舞(중야무)- 한밤중에 일어나 춤을 추다. 뜻있는 선비가 분발하여 스스로 격려한다는 뜻으로, 혼란한 시절이지만 세상을 바로 잡으려 스스로 분발하며 노력하는 뜻있는 선비는 어딘가에 있을 것이라는 말이다.

8 大風歌(대풍가)- 한 고조가 지은 노래. 한 고제가 패궁에 술자리를 차리고 스스로 노래하기를 "큰바람이 일어나니 구름이 휘날리는구나. 위세를 온 천하에 떨치고 고향으로 돌아왔네. 어떻게 하면 용맹한 군사를 얻어 사방을 지킬까.(大風起兮雲飛揚, 威加海內兮歸故鄉, 安得猛士兮守四方.)"라고 하였다.

9 烽燧(봉수)- 변방에서 적의 침입을 알리는 신호. 전란의 상황임을 의미한다.

10 幽人(유인)- 은사. 두보 자신을 말한다. 薜蘿(벽라)- 벽려薜荔와 여라女蘿. 은자의 거처에 피는 풀이다.

11 修德(수덕)- 덕행을 닦다.

12 時和(시화)- 화평한 시절.

(**박홍준**)

55. 別房太尉墓

방태위의 묘소를 이별하다

他鄉復行役[1] 駐馬別孤墳 近淚無乾土[2] 低空有斷雲[3]
對棋陪謝傅[4] 把劍覓徐君[5] 惟見林花落 鶯啼送客聞[6]

타향에서 다시 길을 떠나게 되어
말을 멈추고 외로운 무덤을 이별하네.
가까이는 눈물이 흘러 마른 흙 없고
나직이 하늘엔 조각구름 떠 있네.
바둑을 마주하여 사태부를 모셨더니
검을 잡고서 서군을 찾아왔지.
오직 숲 꽃이 떨어짐만 보이는데
나그네 보내는 꾀꼬리 울음소리 들린다.

이 시는 광덕 2년 2월 낭주로부터 성도로 돌아갈 때 방관의 묘소에 들렀다가 떠나가며 지은 것이다. 방관은 현종이 촉으로 몽진할 때에 재상에 임명된 후 폄적과 복관을 반복하다가 광덕 원년 8월 낭주에서 세상을 떠났다. 두보는 방관의 생전에 정치적 견해를 같이하였고 방관이 죽은 후에는 제문을 써서 인물됨을 높이 평가하였다. 시는 고인에 대한 무한한 흠모의 정과 사후의 적막함이 객지를 떠돌고 있는 시인 자신의 처지와 함께 그려져 깊은 슬픔을 자아내고 있다. 태위는 본래 진秦, 한漢 때에 군정의 최고책임자로서 삼공三公의 하나인데, 방관이 재상을 지냈고 또 덕이 높았기에 붙여진 호칭이다. 포기룡은《독두심해》에서 이 시가 먼저 심사를 말하고 나중에 그 원인을 덧붙여 시상이 역행되었다고 지적하였다.

주 석

1 他鄕(타향) - 낭주를 가리킨다. 復行役(부행역) - 다시 길을 가다. 두보는 엄무가 다시 성도를 진수하게 되었다는 말을 듣고 성도로 돌아가는 길이었다.

2 近淚(근루) - 가까이에 눈물이 흐르다. 無乾土(무간토) - 마른 흙이 없다. 주위의 땅이 모두 눈물에 젖었다는 말이다.

3 低空(저공) - 나직한 하늘. '空山'으로 된 판본도 있다. 斷雲(단운) - 끊긴 구름. 조각구름. 편운片云.

4 對碁대기) - 마주하고 바둑을 두다. 陪(배) - 모시고 함께하다. 謝傅(사부) - 사태부. 동진東晉의 사안謝安을 가리킨다. 사후 태부에 추증되었기에 이렇게 불렸다.

5 把劍(파검) - 칼을 잡다. 칼을 지니다. 覓徐君(멱서군) - 서나라 임금을 찾아가다. "오나라 계찰이 진나라를 빙문하면서 서나라를 지날 때 서나라 임금이 그의 보검을 사랑한다는 것을 마음으로 알게 되었다. 돌아올 때 서나라 임금은 이미 세상을 떠났으나 마침내 검을 풀어서 무덤가 나무에 매어 두고 떠났다."라는 이야기가 《설원》에 전한다. 여기서는 두보가 계찰에 자신을 견주어 장차 방태위의 묘소에 칼을 걸어 두고자 한 것으로 방관에 대한 작자의 추모의 정을 계찰의 고사를 통하여 표현하였다.

6 鶯啼(앵제) - 꾀꼬리가 울다. 送客聞(송객문) - 나그네를 송별하여 들려주다. 꾀꼬리만이 울음을 울어서 다시 길을 떠나는 자신을 전송한다는 말이다.

(**이남종**)

56. 將赴成都草堂途中有作先寄嚴鄭公五首

성도 초당으로 가는 도중에 엄정공께 먼저 부친 시 5수

得歸茅屋赴成都　直爲文翁再剖符[1]
但使閭閻還揖讓[2]　敢論松竹久荒蕪[3]
魚知丙穴由來美[4]　酒憶郫筒不用酤[5]
五馬舊曾諳小徑[6]　幾回書札待潛夫[7]

초당에 돌아갈 수 있어 성도로 가나니
바로 문옹께서 다시 부절을 받았음이라.
다만 백성들을 또 겸양하게 하신다면야
굳이 송죽이 오래도록 황무하다 따지겠는가.
병혈에서는 예로부터 맛좋은 물고기 나오고
비통주는 구태여 살 필요가 없다네.
오마는 일찍이 초당 가는 작은 길 익숙하였거니
편지 보내 은자를 기다리심이 또 몇 번이시런가.

이 시는 광덕 2년 2월에 지은 연작시이다. '엄정공'은 엄무를 가리킨다. 엄무는 광덕 원년에 정국공鄭國公에 봉해졌다. 이 시기에 엄무는 검남절도사劍南節度使가 되어 성도에 이미 도착하였으며, 아직 낭주에 있는 두보에게 몇 차례 편지를 보내어 성도로 돌아올 것을 청하였으므로 두보가 감사의 뜻으로 이 시를 지어 보냈다. 제1수에서는 성도 초당으로 다시 돌아가게 된 연유를 밝히고 있다.

주 석

1 直爲(직위) - 바로 ~ 때문이다. 文翁(문옹) - 한나라 때 촉을 다스리던 관리로 학교를 세워 백성들의 교화에 큰 공을 세웠다. 여기서는 엄무를 비유한다. 剖符(부부) - 부절을 쪼개다. 엄무가 검남절도사에 임명되었음을 말한 것이다.

2 閭閻(여염) - 백성. 백성이 사는 곳. 還揖讓(환읍양) - 다시 예의 바르게 되다. 엄무가 다시 촉을 진수하게 되어 촉 지역 백성들의 풍속이 다시 순화될 것이라는 말이다.

3 松竹(송죽) - 초당에 심은 소나무와 대나무를 가리킨다.

4 丙穴(병혈) - 촉 지명. 맛좋은 물고기가 잡힌다고 한다. 《익부방물찬益部方物贊》에 "병혈은 홍주興州에 있는데 물고기가 석혈石穴에서 나온다. 아주雅州 역시 그런 곳이 있으니 촉 사람들이 그 맛을 매우 귀히 여긴다."라는 설명이 있다.

5 郫筒(비통) - 술 이름. 비통주. 비현에서 나는 대나무에 담아서 만든 술. 비현은 성도 부근의 현 이름이다. 不用酤(불용고) - 술을 살 필요가 없다. 두보 스스로 비통주를 담아 먹을 수 있다는 말이다. 《화양풍속록華陽風俗錄》에 "비현郫縣에 비통지郫筒池가 있는데 못 옆에 큰 대나무가 자란다. 비현 사람들은 그 마디를 도려내고 봄 술을 대나무 속에 흘려 넣은 다음 연뿌리 실로 싸고 파초 잎으로 덮는다. 이틀 밤이 지나고 향기가 대나무 밖까지 나게 되면 후에 대나무를 잘라서 술을 받치는데 사람들이 '비통주'라 불렀다."라는 설명이 있다.

6 五馬(오마) - 태수나 자사의 신분을 가리키는 말. 여기서는 엄무를 뜻한다. 한나라의 법제에 의하면 태수는 네 필의 말이 끄는 수레를 타는데, 조신朝臣으로서 태수로 나가게 되면 한 필을 추가하여 '오마'가 된다. 엄무는 일찍이 술과 음식을 가지고 초당에 찾아간 적이 있어서 '오마가 옛날 초당 가는 작은 길에 익숙하다.'라고 한 것이다.

7 潛夫(잠부) - 은자. 여기서는 두보를 가리킨다.

[五馬 2구] 엄무가 일찍이 초당을 자주 찾아왔고 지금은 서찰을 보내 두보가 돌아오기를 재촉하고 있음을 말한 것이다.

其二

處處淸江帶白蘋[1] 故園猶得見殘春[2]
雪山斥候無兵馬[3] 錦里逢迎有主人[4]
休怪兒童延俗客[5] 不敎鵝鴨惱比鄰[6]
習池未覺風流盡[7] 況復荊州賞更新[8]

맑은 강 처처에 흰 마름이 둘러 있으니
옛 전원에서 그래도 남은 봄을 볼 수 있으리.
설산은 적정을 살펴보아도 병마가 없으리니
금리에서 손을 맞이함에 주인이 있게 되리라.
아이들이 속객을 맞아들여도 탓하지 않을 것이며
거위 오리가 이웃을 괴롭히지 않게 하려네.
습지는 아직 풍류가 다하지 않았거니
하물며 형주께서 새로 구경 오심에 있어서랴.

제2수에서는 초당에서 맞게 될 늦봄의 풍경을 상상하면서 앞으로 있을 초당에서의 평화롭고 행복한 시절에 대한 기대를 적고 있다.

주 석

1 處處(처처) 구- 성도 초당草堂으로 가는 길에 바라본 풍경을 말한 것이다.
2 故園(고원)- 성도 초당을 가리킨다. 봄이 다 갈 무렵에야 초당에 도착할 것 같다는 말이다.
3 斥候(척후)- 적의 동정을 살피다. 이 구절은 엄무가 촉을 다시 진수함에 따라 변방에 오랑캐가 출몰하지 않게 될 것이라는 말이다.

4 錦里(금리) - 금관성 성도를 뜻한다. 이 구절은 두보 자신이 초당에 돌아와 주인 노릇을 하며 손을 맞이할 수 있게 되었다는 말이다. 이와 달리 주인을 이웃들로 보고 내가 돌아갔을 때 그들이 나를 맞아 줄 것이라는 뜻으로 보기도 한다.

5 休怪(휴괴) - 탓하지 말라. 이상하게 여기지 말라. 延俗客(연속객) - 고상하지 못한 손님을 초청하다. 촌사람들과도 잘 어울리겠다는 뜻이다.

6 惱(뇌) - 괴롭히다. 比鄰(비린) - 이웃. 이 구절은 초당에 돌아가면 그동안 방치해 둔 가축들을 잘 단속해서 이웃에게 폐를 끼치는 일이 없도록 하겠다는 말이다.

7 習池(습지) - 습가지習家池. 양양襄陽의 습씨 가문이 만든 아름다운 연못으로 일찍이 진晉 정남장군征南將軍 산간山簡이 양양을 진수할 때 이곳에 자주 들러 술을 마시며 풍류를 즐겼다. 여기서는 초당을 비유한다.

8 荊州(형주) - 진 정남장군 산간을 가리킨다. 산간은 일찍이 형주, 상주, 교주, 광주 네 곳을 관할하였다. 여기서는 엄무를 비유한다.

其三

竹寒沙碧浣花溪[1] 橘刺藤梢咫尺迷[2]
過客徑須愁出入[3] 居人不自解東西[4]
書籤藥裹封蛛網[5] 野店山橋送馬蹄[6]
肯藉荒庭春草色[7] 先拚一飮醉如泥[8]

대나무 서늘하고 모래 푸른 완화계

귤나무 가시와 등라 가지에 지척에서 길을 잃네.

지나는 손은 곧 출입을 걱정해야 할 것이요

주민들도 스스로 동서를 분별하지 못하리라.

책표지와 약봉지는 거미줄로 봉해졌겠고
들 주점과 산속 다리만 말굽을 전송할 뿐이라.
거친 뜨락 봄풀 위에 앉아서
만사 제쳐 두고 한번 진탕 취토록 마시지 않겠는가.

제3수에서는 오랫동안 비워 둔 초당의 황무한 풍경을 상상하고 있다.

주 석

1 浣花溪(완화계)- 두보의 성도 초당 옆으로 흐르는 시내.

2 橘刺(귤자)- 귤나무 가시. 藤梢(등초)- 등라藤蘿 가지. 등라는 덩굴식물이다. 이 구절은 초당에 잡목들이 무성하게 자라서 길을 잃을 정도라는 말이다.

3 徑(경)- 곧.

4 居人(거인)- 주민. 초당 주변에 거처하는 사람을 가리킨다. 解東西(해동서)- 동서를 분별하다. 이 구절은 초당 주변에 거처하는 사람조차도 수풀이 무성해서 방향을 분별하기 어렵다는 말이다.

5 書籤(서첨)- 책표지. 책 제목으로 쓴 글씨. 또는 그 글씨를 쓴 종이. 藥裹(약과)- 약을 싸둔 보자기.

6 野店(야점)- 시골에 있는 주점이나 여관. 山橋(산교)- 산에 놓여 있는 다리. 이 구절은 초당에 주인도 없이 초당 부근에 있는 주막과 산에 있는 다리만이 그저 오가는 과객들을 전송하고 있을 뿐이라는 말이다.

7 肯(긍)- 기꺼이 ~하려 하다. 藉(자)- 깔다.

8 拚(판)- 버려두다. 만사를 제쳐 둔다는 말이다. 醉如泥(취여니)- 잔뜩 취하다.

[肯藉 2구] 처음 초당에 당도하면 잡초를 제거할 틈이 없을 것인데 엄무가 틀림없이 올 것이므로 먼저 그와 더불어 한번 술 마시고 취할 것이라고

미리 생각한 것이다.

其四

常苦沙崩損藥欄[1] 也從江檻落風湍[2]
新松恨不高千尺[3] 惡竹應須斬萬竿[4]
生理祇憑黃閣老[5] 衰顔欲付紫金丹[6]
三年奔走空皮骨[7] 信有人間行路難

모래 무너져 약초밭 울타리가 망가질까 항상 고심하였고
또 강정江亭의 난간이 풍랑에 쓰러지는 것 어쩔 수 없었네.
새로 심은 소나무 높이가 천 길이 못 됨이 한스럽나니
몹쓸 대나무 응당 만 줄기를 잘라내야 하리라.
살아가는 일은 오직 황각로에게 의지할 뿐이요
늙은 얼굴은 자금단에 기대고자 하네.
삼 년을 도망하듯 다님에 그저 가죽과 뼈만 남았으니
진실로 한세상 인생길 험난하구나!

제4수에서는 황폐한 초당을 재건할 일에 대한 걱정을 드러내고 있다.

주 석

1 藥欄(약란) - 약초밭 울타리. 혹은 작약밭 울타리.

2 江檻(강함) - 강가에 세운 정자의 난간. 從(종) - 내버려 두다. 風湍(풍단) - 풍랑. 이 구절은 강정의 난간이 풍랑에 쓰러지는 것을 내버려 둘 수밖에 없었다는 말이다. 난간을 세워 강물이 넘쳐 약초밭을 망치는

일이 없게 하였다는 말로 보기도 한다.

3 新松(신송)- 새로 자란 소나무. 두보가 이전에 심었던 소나무를 가리킨다.

4 惡竹(악죽)- 제멋대로 자란 쓸모없는 대나무.

5 生理(생리)- 생활. 黃閣老(황각로)- 당대에는 문하성을 '황각'으로 불렀다. 엄무는 일찍이 문하성 소속의 급사중給事中을 지낸 적이 있었으므로 이렇게 부른 것이다. 엄무가 다시 촉을 진수하러 올 때 신분이 황문시랑黃門侍郞이므로 이렇게 말한 것으로 보기도 한다.

6 付(부)- 부치다. 부탁하다. 의지하다. 紫金丹(자금단)- 먹으면 불로장생한다는 단약의 일종.

7 三年(삼년) 구- 난을 피하여 재주, 낭주 등지를 왕래한 것을 가리킨다.

其五

錦官城西生事微[1] 烏皮几在還思歸[2]
昔去爲憂亂兵入[3] 今來已恐鄰人非[4]
側身天地更懷古[5] 回首風塵甘息機[6]
共說總戎雲鳥陣[7] 不妨遊子芰荷衣[8]

금관성 서쪽 사는 일 자질구레하여도
검은 가죽 안석이 있어 또한 돌아가려 하노라.
옛날 떠난 것은 난병이 진입할까 염려한 때문인데
이제 돌아오매 이웃이 바뀌었을까 벌써 두렵네.
천지간에 몸을 기울여 더욱 옛날을 그리워하고
풍진 세상 돌아보며 기꺼이 기심을 그치노라.
모두들 말하길 총융 운조의 진영에서는

나그네 풀잎 옷 입어도 무방타 하네.

제5수에서는 엄무에게 의탁하고자 하는 마음을 분명하게 표하고 있다.

주 석

1 錦官(금관) - 금관성. 성도를 가리킨다. 城西(성서) - 금관성 서쪽. 여기서는 두보의 초당을 가리킨다. 生事微(생사미) - 사는 일이 미미하다. 초당에서의 생활이 궁상스럽다는 말이다.

2 烏皮几(오피궤) - 검은 염소 가죽을 씌운 안석. 두보가 평소 애착을 하고 있었던 물건이다.

3 亂兵(난병) - 반란을 일으킨 병사. 여기서는 서지도徐知道의 반군을 가리킨다.

4 隣人非(인인비) - 이웃 사람이 예전의 그 사람이 아니다. 이 구는 난리 통에 이웃이 바뀌었을까 걱정한다는 말이다.

5 側身(측신) - 몸을 기울이다. 몸을 옆으로 돌리다. 두려워하며 삼가느라 잠시라도 몸을 편안하게 두지 못하는 것을 가리킨다.

6 甘(감) - 달게 여기다. '且'로 된 판본도 있다. 息機(식기) - 기심을 그치다. 거짓된 마음을 버린다는 말이다.

7 總戎(총융) - 총사령관. 절도사의 별칭. 여기서는 엄무를 가리킨다. 雲鳥陣(운조진) - 병진兵陣의 하나.

8 遊子(유자) - 나그네. 여기서는 두보를 가리킨다. 芰荷衣(기하의) - 마름이나 연잎으로 만든 옷. 은자의 복장을 가리킨다.

[共說 2구] 엄무와 같이 지략이 뛰어난 장군이 있으니 야인인 두보 자신은 그에게 기대어 여유롭게 노닐겠다는 말이다.

(**김성곤**)

57. 登樓

누대에 오르다

花近高樓傷客心　萬方多難此登臨[1]
錦江春色來天地[2]　玉壘浮雲變古今[3]
北極朝廷終不改[4]　西山寇盜莫相侵[5]
可憐後主還祠廟[6]　日暮聊爲梁父吟[7]

높은 누대에 꽃 다가들어 나그네 마음 아프게 하고
온 천지에 난리 많은데 여기 올라 바라보노라.
금강의 봄빛 천지로부터 왔는데
옥루산 뜬구름 고금에 변한다.
북극의 조정은 끝내 바뀌지 않을 것이니
서산의 도적 떼들아 침범하지 말라.
가련하구나 후주에게도 또한 제사 지내니
해 질 녘 그저 〈양보음〉을 읊조린다.

이 시는 광덕 2년 봄 성도에서 지은 것이다. 당시 두보는 엄무가 다시 촉을 다스리게 되었다는 소식을 듣고서 낭주에서 가족을 이끌고 성도로 돌아왔다. 꽃이 화려한 어느 봄날 두보는 높은 누대에 올라 경치를 감상하면서도 아직 끝나지 않은 변란을 생각하며 아픈 마음을 노래하고 있다. 당시 토번의 군대가 침입하여 송주, 유주, 보주를 함락한 일이 있었고, 경사도 잠시 빼앗겨 대종이 피란을 갔다가 다시 수복하는 등 어지러운 정국이 계속되었다. 하지만 두보는 이런 어려운 상황 속에서도 좌절하지 않고 이를 해결할 인재의 출현을 기대하며 희망의 끈을 놓지 않고 있다.

성도의 봄 경치를 노래하면서 천지라는 공간과 고금이라는 시간을 아우르는 시인의 커다란 규모를 볼 수 있으며, 도도한 역사의 흐름 속에서 정국이 결국 올바른 방향을 찾아갈 것임을 신뢰하는 시인의 마음이 느껴진다. 하지만 당시 조정에서 제대로 된 인재를 기용하지 않고 있음을 풍자한 내용도 덧붙이고 있다.

주 석

1 萬方(만방) - 천지 사방. 전국 각지. 此(차) - 여기. 두보가 오른 누대를 가리킨다.

2 錦江(금강) - 성도에 있는 강 이름. 이 구절은 금강의 봄빛이 광활한 천지로부터 생겨났다는 뜻이다. 이와는 달리 금강의 봄빛이 천지에 왔다는 뜻으로 보기도 하고, 금강의 봄빛이 천지 이래로 변함없다는 뜻으로 보기도 한다.

3 玉壘(옥루) - 촉 지역에 있는 산 이름.

4 北極(북극) - 북극성. 항상 제자리를 지키는 북극성처럼 흔들리지 않는 조정을 비유하였다. 이 구는 어지러운 난리에도 불구하고 조정이 변함없이 유지됨을 가리켜 말한 것이다.

5 西山(서산) - 산 이름. 촉 지역의 산으로 토번과의 경계에 위치하였던 것으로 보인다.

6 後主(후주) - 촉의 후주 유선劉禪. 還(환) - 또한. 오히려. 祠廟(사묘) - 묘당에서 제사 지낸다는 뜻이다. 이 구절에 대해서는 역대로 논의가 분분하다. 여기서는 후주와 같이 나라를 멸망에 빠뜨린 군주도 묘당에 모셔져 배향을 받는 사실을 풍자한 것으로 보았다. 이와 달리 가련한 후주에게도 또한 제사 지낸다고 해석하여 정통 왕조의 법통이 쉽게 흔들리지 않음을 말한 것으로 보기도 한다.

7 梁父吟(양보음) - 제갈량이 즐겨 불렀다는 노래. 이 구절에서는 그 노래의 구체적인 내용보다는 제갈량과 같은 인재가 등용되지 못한 현실을 풍자한 뜻으로 쓰였다. 또한 자신이 제갈량과 같은 인재임을 자임하는

뜻도 담고 있다. 일설에서는 〈양보음〉이 바로 두보의 이 시(〈등루〉)를 가리킨다고 보기도 한다.

(**박홍준**)

58. 歸雁

돌아가는 기러기

東來千里客[1]　亂定幾年歸[2]　腸斷江城雁[3]　高高正北飛

동쪽에서 온 천 리 길 나그네
어느 해에나 난리 평정되어 돌아갈까?
애가 끊어지는구나, 강성의 기러기
높이 높이 북으로 날아가고 있으니.

이 시는 광덕 2년 두보가 재주에서 성도로 돌아왔을 때 지은 것으로 보인다. 봄이 되어 다시 북쪽으로 날아가는 기러기를 바라보며 고향으로 돌아가고 싶은 마음을 써내었다. 저작 시기에 대하여는 광덕 원년 재주에서 지은 것이라는 설과 대력 3년 삼협을 나간 뒤에 지은 것이라는 설도 있다.

주 석

1 東來(동래) - 동쪽에서 오다. 재주에서 성도로 돌아온 것을 가리킨다. 동쪽으로 왔다는 뜻으로 보는 견해도 있다. 千里客(천리객) - 먼 곳을 떠도는 나그네.

2 亂定(난정) 구 - 지금 난리가 한창이니 언제쯤이면 난리가 평정되어 고향에 돌아갈 수 있을까 하는 말이다.

3 江城(강성) - 강가에 있는 성.

(**이석형**)

59. 絶句二首
절구 2수

遲日江山麗[1]　春風花草香　泥融飛燕子[2]　沙煖睡鴛鴦

봄 햇살에 강과 산이 아름답고
봄바람에 꽃과 풀이 향기롭다.
진흙이 녹아 제비가 날게 하고
모래 따스하니 원앙을 잠재운다.

이 시는 광덕 2년 봄에 성도에서 봄날 경관을 보면서 느낀 감회를 읊은 것이다. 제1수에서는 단지 경관에 대한 묘사만으로 시상을 전개하고 아직 어떤 감정을 구체적으로 드러내지 않고 있다.

주 석

1 遲日(지일) - 더딘 해. 봄날 또는 봄 햇살을 뜻한다.
2 泥融(이융) - 진흙이 녹다. 날이 따뜻해진 것을 말한다.

其二

江碧鳥逾白　山靑花欲燃[1]　今春看又過　何日是歸年

강물 파라니 새 더욱 하얗고
산 푸르러 꽃이 타는 듯하다.
올봄 또 지나가는 것을 보거니와

언제가 돌아갈 해일까?

제2수에서는 봄이 지나가는 것을 근심스럽게 바라보는 정경을 통하여 고향으로 돌아가고 싶어 하는 심경을 표현하고 있다.

주 석

1 花欲燃(화욕연) - 꽃이 붉게 핀 것을 말한다.

(**김만원**)

60. 宿府

막부에서 자다

清秋幕府井梧寒[1] 獨宿江城蠟炬殘[2]
永夜角聲悲自語[3] 中天月色好誰看[4]
風塵荏苒音書絶[5] 關塞蕭條行路難[6]
已忍伶俜十年事[7] 强移棲息一枝安[8]

맑은 가을 막부 우물가 오동은 차갑고
홀로 자는 강성엔 촛불이 가물가물하다.
긴 밤 화각 소리에 슬퍼져 혼자 중얼거리느니
중천의 달빛 좋다 하여도 뉘와 바라보리오.
전쟁 오래 끌어 고향 소식 끊기고
관새는 적막하여 행로는 어려워라.
이미 고생스러운 십 년 일을 견디었느니
억지로 옮겨 한 가지에 편안히 깃드노라.

이 시는 광덕 2년 가을 엄무의 막부에 있을 때 지은 것이다. 막부에서 홀로 잠을 자며 느낀 감회를 적었다. 오랜 전쟁으로 고향을 떠나 타지를 전전하는 자신의 고달픈 삶에 대한 연민이 드러난다. 전반부에서는 늦가을 막부의 스산한 풍경을 서술하였고, 후반부에서는 홀로 자는 외로운 심사를 적었다. '한寒', '잔殘', '비悲', '절絶', '난難'과 같은 고독과 비애를 자아내는 글자가 매 구에 쓰여 이 시를 지을 당시의 두보 내면의 쓸쓸한 풍경을 잘 드러내고 있다. 오랜 전쟁으로 고향으로부터 소식은 끊기고 돌아갈 희망도 막막하다. 10년 세월 지긋지긋한 유랑과 가난에 지친 두보가 친구 엄무의 권유로 시작한 막부 생활도 그저 잠시 깃드는 한 가지일 뿐이다. "어느 날이 되어야 고향길이 열려 다시 훌쩍 날개를 치고 돌아가 고향의 너른 품에 둥지를 틀고 여생을 안온하게 보낼 수 있으랴." 가물거리는 촛불에 비친 자신의 외로운 그림자를 향하여 혼잣말하는 두보의 모습이 애처롭기 그지없다.

주 석

1 幕府(막부) - 엄무의 막부를 가리킨다. 井梧(정오) - 우물가에 심은 오동나무.

2 江城(강성) - 금강錦江 변에 있는 성도를 가리킨다. 蠟炬(납거) - 촛불.

3 角聲(각성) - 화각 소리. 군영에서 부는 뿔피리 소리를 가리킨다. 悲自語(비자어) - 슬퍼서 혼잣말하다. 화각 소리가 마치 혼잣말하듯 구슬피 들린다로 해석하기도 한다. 또 '비悲'를 동사로 보고 '혼잣말함을 슬퍼하다'로 해석하기도 한다.

4 好誰看(호수간) - 좋아도 누구와 보겠는가. "좋다 하여도 누가 보겠는가"로 해석하여 달빛이 아무리 아름답다 하여도 감상할 마음이 없다는 말로 풀이하기도 한다. 또 '호好'를 동사로 보고 '누가 보는 것을 좋아하리오'로 해석하기도 한다.

5 風塵(풍진) - 전쟁. 荏苒(임염) - 시간을 끌다. 이리저리 옮기다. 音書(음서) - 편지. 이 구절은 전쟁이 여러 곳에서 발발하여 끊임없이 지속되므로 고향으로부터의 소식이 끊겼다는 말이다.

6 蕭條(소조) - 쓸쓸한 모습.

7 伶俜(영빙) - 이리저리 정처 없이 떠도는 모습. 十年事(십년사) - 안녹산의 난 이후로 타지를 전전하며 유랑한 세월을 가리킨다.

8 强移(강이) - 억지로 옮기다. 一枝安(일지안) - 한 가지에서 편안히 지내다. 여기서는 엄무의 막부에서 참모로 지내게 되었음을 비유한 말이다.

(**김성곤**)

61. 倦夜
나른한 밤

竹涼侵臥內[1] 野月滿庭隅 重露成涓滴[2] 稀星乍有無[3]
暗飛螢自照 水宿鳥相呼[4] 萬事干戈裏[5] 空悲淸夜徂[6]

대나무 서늘함이 침실 안으로 스며들고
들판에 뜬 달 뜰 한 자락에 가득한데,
무거운 이슬은 방울지고
드문드문한 별 문득 나타났다 사라진다.
어둠 속을 나는 반딧불이 자신을 비추고
물에서 사는 새 서로 불러댈 제,
세상만사가 전쟁 속에 있어
맑은 밤이 지나가는 것도 괜스레 슬프다.

이 시는 광덕 2년 가을 성도의 초당에서 지은 것이다. 앞 6구는 달이 떠서 지기까지의 가을밤 경치를 눈앞에 보는 듯 생생하게 묘사하였다. 이것은 가을밤의 그 긴 시간이 다 지나도록 잠들지 못한 사람만 관찰할 수 있는 파노라마이다. 시인에게서 잠을 빼앗아 간 것은 또다시 시작된 전쟁이었다. 중원을 호시탐탐 노리던 토번이 광덕 원년 10월 기어이 장안으로 침입해 대종代宗이 황급히 섬주陝州로 피신해야 하였던 것이다. 이 난리가 성도의 초당에 머물던 시인에게 별다른 피해를 주지는 않았지만, 오히려 시인은 그런 국가의 대사와 무관한 듯 지나가는 맑은 밤이 보잘것없는 자신의 처지를 말해 주는 것만 같아 하염없이 슬퍼진다. 시의 제목을 '나른한 밤'이라 한 것은 그렇게 밤을 뜬눈으로 지새웠기 때문일 것이다. 포기룡은 《독두심해》에서 외로이 떠도는 이의 늙고 권태로운 모습이 언외에 넘친다고 하였다. 시상의 전개가 정연하고 그 안에 함축된 뜻이 깊은 작품의 하나이다.

주 석

1 臥內(와내)- 침실 안.

2 重露(중로)- 무거운 이슬. 涓滴(연적)- 물방울.

3 稀星(희성)- 드문드문한 별. 乍(사)- 문득. 갑자기. 有無(유무)- 별빛이 깜빡거린다는 뜻이다.

4 水宿(수숙)- 물에 서식하다.

5 干戈(간과)- 창과 방패. 토번과의 전쟁을 비유한다.

6 徂(조)- 지나가다.

(**김준연**)

62. 旅夜書懷
나그넷길의 밤에 감회를 쓰다

細草微風岸[1] 危檣獨夜舟[2] 星垂平野闊[3] 月湧大江流[4]
名豈文章著 官應老病休[5] 飄飄何所似[6] 天地一沙鷗[7]

가느다란 풀에 산들바람 부는 강 언덕
높은 돛을 단 외로운 밤 배.
별이 드리워 평야는 광활하고
달이 솟아오른 큰 강은 흘러간다.
명성이 어찌 문장으로 드러나랴?
벼슬은 늙고 병들어 그만둘밖에.
떠돌이 신세 무엇과 같은가?
천지간에 한 마리 갈매기려니.

이 시는 시인의 나이 54세이던 영태 원년 가족을 거느리고 성도成都 초당草堂을 떠나서 운안雲安을 향하여 갈 때 쓴 것으로 추정된다. 출협出峽한 이후에 쓴 시라는 설도 있다.

이 시는 벼슬길에서 실의한 뒤 장강을 따라 떠도는 자신의 신세를 읊은 것으로 시의 전반부는 당일 밤 시인이 본 경물을 묘사하였고, 후반부는 자신의 감회를 토로하였다. 실의한 신세를 읊었지만 필치는 오히려 웅혼雄渾하여 두보시의 본색을 잃지 않았으니, 특히 경련의 대장구는 그 방박한 기세로 인하여 오언율시의 명구가 되었다. 그리고 마지막 구의 갈매기는 인생의 상당 기간을 정처 없이 떠돌며 산 두보의 표상으로 받아들여져 이 구 역시 인구에 회자하였다.

주 석

1 細草(세초)- 가는 풀.

2 危檣(위장)- 높은 돛.

3 垂(수)- '隨'로 된 판본도 있다. 이 구는 하늘에서 별이 비추어 광활한 평야가 보인다는 뜻이다.

4 月湧(월용)- 달이 장강 위로 솟아오르다. 달빛이 힘찬 물결을 따라 출렁이는 모습으로 보기도 한다.

5 應(응)- '因'으로 된 판본도 있다.

6 飄飄(표표)- 정처 없이 떠도는 모습.

7 地(지)- '外'로 된 판본도 있다. 沙鷗(사구)- 모래사장의 갈매기.

(**이영주**)

63. 三絶句

절구 3수

前年渝州殺刺史[1]　　今年開州殺刺史[2]
群盜相隨劇虎狼[3]　　食人更肯留妻子

지난해에 유주에서 자사를 죽이더니
올해는 개주에서 자사를 죽였다.
도적들이 서로 따르는 것이 호랑이와 승냥이보다 지독한데
사람을 잡아먹으면서 처자식은 그냥 두겠는가?

이 시는 두보가 당시 혼란한 세태에 대한 감회를 읊은 것이다. 저작 시기에 대해서는 여러 가지 설이 있으나 여기서는 구조오와 마찬가지로 주학령의 설을 따라 영태 원년으로 보기로 한다. 이 시는 당시 어지러운 사회 현실이 극명하게 투영된 작품으로, 절구라는 짧은 형식에 당시의 시대 상황을 잘 표현한 데서 의의를 찾을 수 있다. 제1수에서는 도적들의 횡포로 유주와 개주 두 주가 노략질을 당하는 등 백성들이 도탄에 빠진 것을 개탄하고 있다.

주 석

1 渝州(유주) - 지명. 지금의 중경시重慶市.
2 開州(개주) - 지명. 지금의 사천성 개현開縣 일대.
3 相隨(상수) - 도적들이 계속해서 일어나는 것을 말한다. 虎狼(호랑) - 호랑이와 승냥이.

其二

二十一家同入蜀[1] 惟殘一人出駱谷[2]
自說二女齧臂時[3] 廻頭却向秦雲哭[4]

스물한 집이 함께 촉으로 들어갈 때
오직 한 사람만 남아서 낙곡을 나섰다.
두 딸이 팔을 깨물었다고 스스로 말할 때는
고개 돌려 진 땅의 구름을 보며 통곡하였다.

제2수에서는 외족의 침략으로 인하여 촉 땅으로 피난한 난민의 처지를 동정하면서 자신의 처지를 대입시키고 있다. 강족과 토욕혼을 피하여 촉 땅으로 피난하였던 북방 사람들 대부분이 목숨을 잃는 등 난민의 어려운 생활을 호소하였다.

주석

1 二十一家(이십일가) - 아마도 북방의 난리를 피하여 촉으로 들어간 사람들인 듯하다.
2 殘(잔) - 남다. 駱谷(낙곡) - 장안에서 촉으로 들어가는 길목에 있는 골짜기 이름. 촉으로 가던 중 대다수가 죽고 오직 한 사람만 살아서 들어갔다는 말이다.
3 齧臂(설비) - 팔을 깨물다. 작별할 때 마음을 굳게 다지는 모습을 말한다.
4 秦雲(진운) - 진 땅의 구름. 난민의 고향을 가리킨다.

其三

殿前兵馬雖驍雄[1] 縱暴略與羌渾同[2]
聞道殺人漢水上[3] 婦女多在官軍中

전각 앞 병마가 비록 용감하다 해도
멋대로 횡포를 부리니 강족이나 토욕혼과 진배없다.
듣자 하니 한수 가에서 사람을 죽이고
부녀자들을 대부분 관군 속에 잡아 두었다고 한다.

제3수에서는 백성들을 위무해야 할 관군들이 오히려 외적보다 더 횡포를 부리는 현실에 대하여 개탄하고 있다. 촉 땅에서 양민을 죽이고 부녀자를 납치하는 등의 못된 행동을 일삼았다고 폭로하였다.

주 석

1 殿前兵馬(전전병마)- 전각 앞의 병마. 금군禁軍을 가리킨다. 驍雄(효웅)- 날래고 용감하다.
2 縱暴(종포)- 멋대로 날뛰다. 금군의 횡포를 가리킨다. 羌渾(강혼)- 당항黨項의 강족羌族과 토욕혼吐谷渾.
3 漢水(한수)- 파 지역 서쪽을 흐르는 강 이름.

(**김만원**)

64. 白帝城最高樓

백제성 가장 높은 누대

城尖徑仄旌旆愁[1] 獨立縹緲之飛樓[2]
峽坼雲霾龍虎臥[3] 江淸日抱黿鼉遊[4]
扶桑西枝對斷石[5] 弱水東影隨長流[6]
杖藜嘆世者誰子[7] 泣血迸空回白頭[8]

성 뾰족이 솟아 길 험하고 깃발은 수심에 잠겼는데
아스라이 높은 누대 위에 홀로 서 있자니
터진 골짜기 구름 어둑하여 용과 범이 눕고
맑은 강 햇빛 감싸고 있어 자라와 악어가 놀고 있네.
부상 서쪽 가지는 깎아지른 석벽을 마주하고
약수 동쪽 그림자는 긴 강물을 따르네.
명아주 지팡이 짚고 세상을 한탄하는 이 누구인가?
피눈물 허공에 뿌리며 흰머리 돌린다네.

이 시는 대력 원년 기주에서 쓴 것이다. 백제성을 읊은 여러 작품 중의 하나로 제목에서 보듯이 이 시는 백제성의 가장 높은 누대에 올라서 지은 것이다. 수련에서는 누대의 높은 모습을 그렸고, 경련과 함련에서는 근경과 원경을 차례로 묘사하였으며, 미련에서는 신세에 대한 감개를 적어 마무리하였다. 기·승·전·결의 연락 관계가 정연한 가운데 '獨立縹緲之飛樓', '杖藜嘆世者誰子'와 같이 2·5, 5·2 등 파격적인 음절의 운용과 '之', '者' 등 허사의 과감한 채용으로 인하여 화해를 중시하는 칠언율시의 상격과 거리가 느껴진다. 두보의 후기시에 빈번히 보이는 이와 같은 시를 일컬어 '요체칠율拗體七律'이라고 한다. 성조와 음절에 긴박한 변화를 주어 정감의 비상함을 전달하고자 하는 창조적인 시도로 이해되어 후세 칠언율시 창작에 끼친 영향이 적지 않은 작품이다.

주 석

1 城尖(성첨) - 성의 모퉁이. '尖'은 '성각城角'이다. 徑仄(경측) - 길이 경사가 급하여 험하다. 성벽 제일 높은 곳으로 오르는 길이 험하다는 말이다. 旌旆(정패) - 깃발. 愁(수) - 시름겹다. 길이 가파르기 때문에 높은 곳으로 오르는 길에 바라보이는 깃발이 시름겨워 보인다는 말이다.

2 獨立(독립) - 홀로 서다. 縹緲(표묘) - 높고 멀어 아득히 보이는 모습. 飛樓(비루) - 날아갈 듯 높이 공중에 솟아 있는 성루를 가리켜 한 말이다.

3 峽坼(협탁) - 골짜기가 터진 듯 열려 있음을 말한다. 雲霾(운매) - 구름이 어둑하다. 龍虎臥(용호와) - 용과 호랑이가 누워 있다. 깊숙이 갈라진 곳에 구름이 어둑하여 이렇게 표현하였다.

4 江淸(강청) - 강물이 맑다. 日抱(일포) - 강물에 햇빛이 감싸듯이 비치고 있다는 말이다. 黿鼉(원타) - 자라와 악어

5 扶桑(부상) - 신화에 나오는 나무. 양곡에 있으며 열 개의 해가 목욕하는 곳이라 한다. 西枝(서지) - 서쪽으로 뻗은 부상의 가지. 斷石(단석) - 가파르게 높이 솟아 있는 암석. 협곡의 가파른 곳을 가리킨다.

6 弱水(약수) - 신화에 나오는 물 이름. 궁석窮石에서 발원하는 물로 성질이 약하여 깃털을 이겨낼 수 없을 정도라고 한다. 東影(동영) - 동쪽 그림자. 약수의 동쪽에 있기 때문에 동쪽 그림자라고 하였다.

7 杖藜(장려) - 명아주 지팡이, 즉 청려장을 짚는다는 말이다. 歎世者(탄세자) - 세상을 탄식하는 사람. 誰子(수자) - 누구. 청려장에 의지한 채 세상을 한탄하는 사람은 바로 두보 자신이 된다.

8 泣血(읍혈) - 피눈물을 흘리다. 迸空(병공) - 허공으로 뿌려져 흩어지다. 回白頭(회백두) - 흰머리를 돌리다.

(**이남종**)

65. 八陣圖

팔진도

功蓋三分國[1]　名成八陣圖[2]　江流石不轉　遺恨失呑吳[3]

공은 삼국을 덮었고
명성은 팔진도에서 이루었다.
강물 흘러도 돌은 구르지 않았는데
오나라를 삼키지 못함이 한으로 남는다.

두보는 다른 시체에 비하여 오언절구에서 부족함을 보이는데 이 시는 이러한 오언절구 가운데 비교적 이름이 널리 알려진 것이다. 이 작품은 제갈양이 만들었다고 전하는 팔진도를 소재로 하고 있다. 팔진도는 제갈양의 신출귀몰한 전술 운용을 대표하는 것으로 본래 세 군데에 설치되어 있다고 하는데, 두보가 노래한 것은 그중에서 기주에 있는 팔진도이다. 마지막 구에 대한 이설이 분분하다. 저작 시기는 대력 원년이다.

주 석

1 三分國(삼분국) - 셋으로 나뉜 나라. 여기서는 삼국시대 위, 촉, 오를 가리키는 것으로 제갈양의 공이 당시 천하에 두루 미쳤음을 말한 것이다.

2 八陣圖(팔진도) - 군사를 배치하는 여덟 가지 진법. 《환우기》에서 "팔진도는 봉절현 서남쪽 7리 되는 곳에 있다."라고 하였다.

3 失呑吳(실탄오) - 오나라를 삼키는 것에 실패하다. 이 구를 오나라를 병합하여 천하를 통일하는 위업을 이루지 못하였음을 아쉬워한 것으로 해석하는 것이 옛 주석가들의 전통적인 견해이다. 이후 오나라를 삼키려는 뜻을 막지 못하였음을 한탄하는 것으로 풀이하는 소동파의 견해를

비롯한 다양한 해석이 출현하였다.

(**박홍준**)

66. 白帝
백제

白帝城中雲出門[1]　　白帝城下雨翻盆[2]
高江急峽雷霆鬪[3]　　翠木蒼藤日月昏[4]
戎馬不如歸馬逸[5]　　千家今有百家存[6]
哀哀寡婦誅求盡[7]　　慟哭秋原何處村

백제성 가운데 구름은 문에서 나고
백제성 아래 비는 동이를 뒤집은 듯 퍼붓는다.
높은 강과 급한 협곡에는 우레가 다투고
푸른 나무 울창한 등라에는 일월이 어둑하다.
군마는 돌아가는 말처럼 편안치 못하니
천 집 중에 이제 남은 것은 백 집뿐.
슬프고 슬퍼라, 과부들 세금으로 다 빼앗기고
가을 벌판 어느 마을에선가 통곡 소리 들린다

이 시는 대력 원년 가을에 지은 것이다. 천둥이 치고 비가 퍼붓는 협곡의 급박한 형상을 빌려 전쟁으로 고통당하는 백성들에 대한 동정을 드러내었다. 앞에서는 협곡에 비가 오는 풍경을 묘사하였고, 뒤에서는 비가 온 뒤의 감회를 서술하였다. 비가 억수같이 내려 협곡은 천둥이라도 치는 듯 물이 격렬하게 흐르고 자욱한 비안개에 숲은 어둑하다. 전쟁으로 사람들이 끌려간 탓에 천여 집이나 되던 마을이 겨우 백여 집이 남았을 뿐이다. 그리고 그 남아 있는 집들을 지키는 과부들은 세금으로 모든 것을 빼앗긴다. 간신히 남아 있는 모든 것을 휩쓸고 가 버리는 무서운 세금의 폭류 속에서 가을날 텅 빈 들판 과부들의 통곡 소리가 우레처럼 높다. 이 시는 수련에서 고체의 수법을 쓴 것이 형식상의 특징이기도 하다.

주 석

1 雲出門(운출문) - 구름이 성문에서 피어오른다.

2 雨翻盆(우번분) - 동이 물을 쏟아내듯 비가 오다. 비가 억수같이 퍼붓는 것을 말한다.

3 雷霆鬪(뇌정투) - 천둥이 다투어 울리다. 이 구절은 폭우로 불어난 협곡의 물이 요란하게 소리를 내며 흘러가는 것을 형용한 것이다.

4 翠木(취목) - 푸른 나무. 蒼藤(창등) - 무성하게 자란 등라藤蘿. 日月昏(일월혼) - 일월이 어둡다. '일월'을 편의복사偏義複詞로 보아 '햇빛'을 가리키는 것으로 보기도 한다.

5 戎馬(융마) - 군마. 전쟁에서 쓰는 말. 歸馬(귀마) - 말을 돌려보내다. 전쟁이 끝나 군용으로 쓰던 말과 소를 산과 들로 돌려보낸다는 '귀마방우歸馬放牛'의 뜻이다.

6 千家(천가) - 천 집. 百家(백가) - 백 집.

7 誅求(주구) - 가렴주구. 관에서 세금을 혹독하게 징수하는 것.

(**김성곤**)

67. 存歿口號二首

산 자와 죽은 자를 읊은 시 2수

席謙不見近彈棋[1] 畢耀仍傳舊小詩[2]
玉局他年無限事[3] 白楊今日幾人悲[4]

석겸은 근래 탄기하는 것 보지 못하였고
필요는 전에 지은 짧은 시가 여전히 전해진다.
왕년 옥국관에 한없이 많은 일 있었거니와,
오늘 백양나무 보고 몇 사람이 슬퍼할 것인가?

이 시는 대력 원년 기주에서 지은 것으로 추정된다. 2수의 연작시로 매 수에서 죽은 자와 살아 있는 자 각 1인을 읊고 있다. 그래서 시제에 '존몰'이라고 하였다. 살아 있는 자는 석겸과 조패이고 죽은 자는 필요와 정건이다. '구호'는 입에서 나오는 내로 시은 시라는 뜻이다. 이처럼 산 자와 죽은 자를 한 수의 시 속에 함께 다룬 것이 생사와 관계없이 그들에 대하여 변하지 않는 정을 표현하려는 의도 때문이었는지, 아니면 인생무상의 감회를 실재 인물의 대비를 통하여 표현하려는 의도 때문이었는지 확실히 알 수는 없지만, 여하튼 이러한 표현 방식은 두보 이전에 찾아보기 힘든 것이다. 그리고 2수의 절구가 구호체인데도 불구하고 모두 전대격全對格으로 되어 있어서 두보가 율시뿐만 아니라 절구에서도 대장을 중시하여 독특한 시격을 추구하였음을 알려준다. 2수 모두 장법상 제3구에서 말하는 인물이 제1구와 동일하여 서로 이어받고 제4구가 제2구와 동일 인물로 이어받는 방식인 점도 주목된다.

포기룡은 '존몰'에 대하여 두보는 생존하였고 시 속의 네 사람이 죽은 것을 두고 한 말이라고 하여 기존의 설을 반박하였지만, 죽은 사람만을 대상으로 시를 지었다면 굳이 '존몰'이라는 표현을 사용하였을까 하는 의문이 들고, 기존 설을 부정하며 제시한 그의 논거도 그다지 설득력이 있어 보이지 않는다.

원주에 의하면 석겸은 오 지역 출신의 도사로 탄기彈棋를 잘하였으며, 필요는 소품의 시를 잘 지었다. 그리고 정건은 형양 사람으로 산수화를 잘 그렸고 조패는 말을 잘 그렸다.

제1수에서는 석겸과 필요를 읊고 있다.

주석

1 席謙(석겸)- 도사의 이름. 彈棋(탄기)- 놀이의 일종이다. 원래는 쌍방이 각각 여섯 개의 말[棊]로 하던 놀이이나 시대에 따라서 말 수가 변하였다고 한다.

2 畢耀(필요)- 숙종 때 사람. 건원 연간에 감찰어사를 지냈는데 후에 검중黔中에 폄적되어 죽었다. 小詩(소시)- 편폭이 짧은 시.

3 玉局(옥국)- 옥국은 흔히 두 가지 의미로 쓰인다. 하나는 노자가 앉았다는 옥상玉床으로 후에 도관 이름이 되었는데, 성도에 있었다. 또 하나는 바둑판의 미칭이다. 석겸이 도사였다는 사실과 관련지어 볼 때 전자의 의미로 쓰였을 가능성이 있고, 전통적인 설은 대부분 이 의미로 보았다. 그러나 '탄기'와 관련지어 보면 후자의 의미로 사용되었을 가능성도 배제할 수는 없다. 他年(타년)- 왕년. 事(사)- '笑'로 된 판본도 있는데, 이를 따를 경우 이 구절은 '왕년에 탄기를 하면서 그 재미에 빠져 한없이 웃었다'는 의미가 될 것이다.

4 白楊(백양)- 나무 이름. 흔히 황량한 무덤을 말할 때 사용된다.

其二

鄭公粉繪隨長夜[1] 曹霸丹青已白頭[2]
天下何曾有山水[3] 人間不解重驊騮[4]

정공은 그림 그리다 죽어 버렸고
조패는 그림 그리다 이미 흰머리가 되었으니
온 세상에 제대로 된 산수가 없어졌고
인간에는 화류마를 중히 여길 줄 모르는구나.

제2수에서는 정건과 조패를 읊고 있다.

주 석

1 鄭公(정공) - 정건이다. 두보의 친구로 산수화를 잘 그렸다. 태주台州에 폄적되었다가 죽었다. 粉繪(분회) - 그림을 뜻한다. 長夜(장야) - 죽음을 비유한다.

2 曹霸(조패) - 저명한 화가로 말 그림이 특히 유명하다. 좌무위장군左武衛將軍을 지냈으며 천보 말에 죄를 지어 관직을 삭탈 당하였다. 안사의 난에 파촉巴蜀 땅에서 영락한 생활을 보냈다. 丹靑(단청) - 역시 그림을 뜻한다.

3 何曾有山水(하증유산수) - 산수가 있었던가? 정건이 죽은 뒤에는 제대로 된 산수화가 없다는 뜻이다.

4 驊騮(화류) - 준마의 이름이다.

(**이영주**)

68. 垂白

백발 드리우다

垂白馮唐老[1]　淸秋宋玉悲[2]　江喧長少睡[3]　樓迥獨移時[4]
多難身何補　無家病不辭　甘從千日醉[5]　未許七哀詩[6]

백발 드리운 풍당은 늙었고
맑은 가을을 송옥은 슬퍼하였다.
강물 시끄러워 늘 잠을 이루지 못하니
누각 높은 데서 홀로 시간을 보낸다.
환난 많은데 내 무슨 도움이 되겠는가?
집이 없어 병도 뿌리치지 못하는 것을.
기꺼이 천 일 동안 취함을 좇으리니
아직 〈칠애시〉는 인정하지 못하겠다.

이 시는 대력 원년 가을 기주 서각에서 지은 것이다. 시인은 풍당, 송옥으로 자신을 비유하여 노쇠해 가는 자신의 모습을 돌아보며 나라를 걱정하고 집을 근심하는 정서를 써내었다. '수백'은 백발이 아래로 늘어진 것을 말한다.

주 석

1 馮唐(풍당) - 한나라 사람으로 효로 이름이 났으며 낭중서장을 지냈다. 여기서 풍당은 만년에 낭이 된 두보 자신을 비유한다.

2 宋玉(송옥) - 전국시대 초나라 사람으로 《초사》 작가 중 하나이다. 그가 지은 〈구변九辯〉 처음에 "슬프다 가을의 기운이여, 소슬하니 초목이 시들어 떨어져 쇠하였구나.(悲哉秋之爲氣也, 蕭瑟兮草木搖落而變衰.)"라고

되어 있다. 여기서 송옥은 가을을 슬퍼하는 두보 자신을 비유한다.

3 江喧(강훤) - 강물 흐르는 소리가 시끄럽다. 長少睡(장소수) - 늘 잠이 적다. 강물 소리에 방해되어 늘 잠을 이루지 못함을 말한다.

4 樓迥(누형) - 누각이 높다. 獨移時(독이시) - 홀로 시간을 보내다.

5 千日醉(천일취) - 옛날 중산 일대에서 빚은 술은 한번 마시고 취하면 천 일 동안 지속되었다고 한다. 이 구는 작가의 시름이 깊음을 묘사하고 있다.

6 七哀(칠애) - 악부의 고제古題. 이 구는 〈칠애시〉로 표현하기에는 시름이 너무 깊다는 말이다.

(**이석형**)

69. 月
달

四更山吐月[1]　殘夜水明樓[2]　塵匣元開鏡[3]　風簾自上鉤[4]
兎應疑鶴髮[5]　蟾亦戀貂裘[6]　斟酌姮娥寡[7]　天寒奈九秋[8]

사경에 산이 달을 토해 내어
잔야에 물빛이 누대에 밝으니
먼지 앉은 상자에 원래 거울이 열리고
바람 발이 절로 갈고리에 걸린 듯.
토끼는 응당 희어진 내 머리칼을 의아해 하고
두꺼비도 또 담비 갖옷 부러워하리.
짐작건대 항아는 홀로 지내며
하늘 차가운 가을을 어찌 견딜까.

이 시는 대력 원년 당시 머물고 있던 기주의 서각西閣에서 지은 것이다. 제목을 〈월月〉이라 하여 달을 읊고 있으나 실은 이를 통하여 자신에 대한 연민을 적었다. 4경에 본 달인데 거울을 열었다는 구절이 있으니 곧 보름밤 만월의 모습이다. 구름에 가려 마치 먼지 쌓인 상자 속의 거울과 같던 달이 새벽 4경 무렵이 되자 환히 모습을 드러내었고, 이에 이 시를 지은 것이다. 이해 가을 두보는 〈중소中宵〉, 〈불매不寐〉, 〈강월江月〉, 〈월원月圓〉, 〈야夜〉 등의 달과 관련한 여러 수의 작품을 남겼다. 이 시 〈월月〉은 이들 중에서 가장 뛰어난 작품으로 일컬어진다. 특히 '사경에 산이 달을 토해 내어, 잔야에 물빛이 누대에 밝다'고 한 수련 2구는 북송의 대문호 소식에 의하여 '고금의 절창'이라는 찬탄을 들은 바 있다.

주 석

1 四更(사경)- 새벽 1시에서 3시 사이. 山吐月(산토월)- 산이 달을 토해 내다.

2 殘夜(잔야)- 쇠잔한 밤. 얼마 남지 않아 곧 날이 새려고 하는 밤을 말한다. 水明樓(수명루)- 물빛이 누대를 밝혀 주다.

3 塵匣(진갑)- 먼지가 앉은 상자. 여기서는 어두운 밤하늘을 비유한다. 元(원)- 원래. 開鏡(개경)- 거울이 열려 있다.

4 風簾(풍렴)- 발. 自上鉤- 절로 갈고리에 올라가다. 주렴이 바람에 불려 말려 올라간 모습을 말한다.

5 兎(토)- 전설 중에 달 속에 있다는 토끼. 달을 가리킨다. 鶴髮(학발)- 두보의 백발을 가리킨다.

6 蟾(섬)- 전설 중에 달 속에 있다는 두꺼비. 역시 달을 가리키는 말로 쓰인다. 貂裘(초구)- 담비 가죽 갖옷. 이 구절은 자신의 가난함에 대하여 말한 것이다.

7 斟酌(짐작)- 생각하여 헤아리다. 姮娥(항아)- 달에 산다는 여신. 예羿가 서왕모에게서 불사약을 구해 왔는데 아내 항아가 몰래 먹고서 신선이 되어 달로 달아나 달의 정령이 되었다는 전설이 전한다. 寡(과)- 홀로 지내다.

8 奈(내)- 어찌할 것인가. 九秋(구추)- 가을철 90일.

(**이남종**)

70. 宗武生日
종무의 생일

小子何時見[1]　高秋此日生　自從都邑語[2]　已伴老夫名[3]
詩是吾家事[4]　人傳世上情[5]　熟精文選理[6]　休覔彩衣輕[7]
凋瘵筵初秩[8]　欹斜坐不成[9]　流霞分片片[10]　涓滴就徐傾[11]

작은아들을 어느 때 보았던가?
깊은 가을 바로 오늘 태어났지.
도읍에서 칭찬할 때부터
이미 아비의 이름과 짝하였네.
시는 우리 집안의 가업이고
사람들이 전하는 것은 세간의 정이니,
《문선》의 이치를 깊게 익히고
채색 옷의 가벼움은 구하지 말거라.

노쇠하여 생일잔치가 막 열렸을 때
기울어져 제대로 앉지도 못하는데
흐르는 노을을 조각조각 나누어
방울방울 천천히 기울여 본다.

이 시는 둘째 아들 종무의 생일을 맞아 아들에게 시학에 정진할 것을 당부하면서 노쇠한 자신의 신세를 돌아보며 지은 것이다. 이 시의 저작 시기와 관련하여 보응 원년 재주에서 지은 것이라는 설과 대력 원년 기주에서 지은 것이라는 설이 있는데 여기서는 대력 원년 설을 채택하였다.

아들에게《문선》의 독서를 권하는 것으로 보아 그 아들이 어느 정도 장성한 것으로 보이기 때문이다.

주 석

1 小子(소자)- 어린 아들. 여기서는 시제에 나와 있는 둘째 아들 종무를 가리킨다. 何時見(하시견)- 언제 보았나? 아들이 처음 태어났던 때를 회상하며 자문한 것이다. 그렇지만《보주두시》에서는 어느 때 만날까 하며 그리워한 것으로 파악하였고《독두심해》에서는 어느 때 성공한 아들을 볼까 기대한 것으로 파악하였다.

2 都邑語(도읍어)- 도읍에서 칭찬하다. 도읍은 성도를 가리킨다. 향리를 가리킨다는 설도 있다.

3 老夫(노부)- 두보 자신을 가리킨다.

4 吾家事(오가사)- 우리 집안의 일. 두보의 집안이 역대로 시인의 집안이었음을 언급한 것이다.

5 人傳(인전) 구- 사람들이 시를 전송傳誦하는 것은 원래 세상의 인정이 그런 것이다. 이와 달리 '인전'을 집안에 괜찮은 자식이 있다고 사람들이 말하는 것으로 보는 견해도 있다.

6 文選(문선)- 책 이름. 양나라 소명태자가 편집한 시문 선집.

7 彩衣輕(채의경)- 채색 옷의 가벼움. 옛날 노래자가 나이 칠십에 부모를 기쁘게 하려고 채색 옷을 입고 재롱떤 일을 가리킨다. 지극한 효성을 표현하는 말이다.

8 凋瘵(조채)- 노쇠한 모양. 筵初秩(연초질)- 잔치 자리의 처음 엄숙한 때.

9 欹斜(의사)- 기울어지다.

10 流霞(유하)- 흐르는 노을. 신선이 마시는 술 이름이다.

11 涓滴(연적)- 방울방울. 극히 적은 분량을 의미한다.

(**박홍준**)

71. 秋興八首
가을의 감흥 8수

玉露凋傷楓樹林[1]　巫山巫峽氣蕭森[2]
江間波浪兼天湧[3]　塞上風雲接地陰[4]
叢菊兩開他日淚[5]　孤舟一繫故園心[6]
寒衣處處催刀尺[7]　白帝城高急暮砧[8]

옥 같은 이슬에 단풍나무 숲 시들고
무산과 무협의 기운 스산한데,
강 속의 파도 하늘까지 치솟고
변방의 바람과 구름 땅에 닿아 음침하다.
무더기 국화 두 번 핀 것은 지난날의 눈물이요
외로운 배 한결같이 매어 둔 것은 고향 그리는 마음.
겨울옷 짓느라 여기저기서 가위와 자를 재촉하고
백제성 높은 곳에 저녁 다듬이 소리 급하다.

이 시는 대력 원년 두보가 56세 되던 해에 기주에서 지은 것이다. 모두 8수로 이루어진 연작시이지만 전후의 맥락이 하나로 이어져 통일성이 강하게 느껴진다. '가을의 감흥'이라는 제목은 "당시는 가을이라 마침 내 그것으로 제목을 삼았다."라고 한 반악潘岳의 〈추흥부서秋興賦序〉에서 취한 것으로 보인다. 전체적인 내용은 기주에 머물던 어느 가을날 장안을 추억하며 느낀 소회를 피력한 것이다. 이를 두 부분으로 나누어 살펴보면 앞 3수는 기주에서 장안에 대한 추억으로 시상이 전개되고, 뒤 5수는 장안에 대한 추억에서 기주의 경물로 되돌아오는 방식을 취하였다. 그

가운데 넷째 수가 분수령이자 연결고리가 되어 전후를 매끄럽게 이어 나갔다. 이와 같은 짜임새 덕분에 8수 전체에 유기적인 일체감이 형성될 뿐만 아니라 매 수에도 수미호응首尾呼應의 장치를 마련해 구조적으로 탄탄한 감을 준다. 시에 반영된 정서는 다소 쓸쓸하고 우울해 보인다. 기주에서 본 경물을 장안과 연결지은 허실상생虛實相生의 수법 속에 인생의 무상함과 두보 자신의 무력감이 짙게 배어나기 때문이다. 요컨대 두보 기주 시기의 사상과 감정이 연작시의 틀 속에서 잘 드러난 칠언율시의 명편이라 할 것이다.

제1수는 가을을 맞아 떠도는 생활을 마음 아파한 감흥을 피력한 것이다. 변방 기주의 스산한 가을 풍경에 더욱 절실해지는 향수를 그리면서 8수 전체의 기틀을 놓았다. 포기룡은 《독두심해》에서 제1수가 기주를 다루면서 슬그머니 경사京師를 제시하고 있다고 지적하였다.

주 석

1 玉露(옥로) - 옥같이 흰 이슬. 凋傷(조상) - 초목이 떨어져 시들다.

2 蕭森(소삼) - 음산하다. 음침하다.

3 波浪(파랑) - 물결. 파도. 兼天(겸천) - 하늘에 닿다. 湧(용) - 치솟다.

4 塞上(새상) - 변방 지역. 陰(음) - 음침하다.

5 叢菊(총국) - 무더기로 핀 국화. 他日淚(타일루) - 지난날의 눈물. 국화가 두 번 피는 동안 줄곧 눈물을 흘렸다는 뜻이다.

6 一繫(일계) - 한결같이 매어 두다. 고향으로 돌아가고자 하는 마음이 시종 바뀌지 않았음을 말한다. 故園(고원) - 고향.

7 寒衣(한의) - 동복. 겨울에 입는 옷. 刀尺(도척) - 가위와 자. 옷감을 자르고 재는 도구들이다.

8 砧(침) - 다듬잇돌.

其二

夔府孤城落日斜[1] 每依北斗望京華[2]
聽猿實下三聲淚[3] 奉使虛隨八月槎[4]
畫省香爐違伏枕[5] 山樓粉堞隱悲笳[6]
請看石上藤蘿月[7] 已映洲前蘆荻花[8]

기주의 외로운 성에 석양이 기울 때면
매양 북두성에 의지해 경사를 바라본다.
원숭이 우는 소리 세 번 들으며 실제로 눈물 떨구고
사신의 임무 받듦에 헛되이 팔월의 뗏목을 따랐다.
상서성의 향로는 몸져누워 어긋났는데
산속 누대와 성채의 담장에 슬픈 갈잎 피리 소리가 은은하다.
돌 위 등나무의 달을 보아라
이미 모래톱 앞 갈대꽃을 비추고 있으니.

제2수에서는 기주의 저녁 경치를 말하며 경사를 그리워하는 마음을 표출하고 있다. 멀리 기주에서 노쇠한 몸으로 갈잎 피리 소리를 들으며 갈대꽃을 보노라니 서글퍼지는 마음을 견디기 어렵다고 하였다. 구조오는 《두시상주》에서 '북두성에 의지하는' 초야와 '달을 보는' 심야로 이 시가 분절된다고 보았다.

주 석

1 夔府(기부) - 기주夔州. 정관 14년에 기주에 도독부가 설치된 이후로 기주를 기부라고도 하였다.

2 北斗(북두)- 북두성.

3 聽猿(청원)- 원숭이 우는 소리를 듣다. 實下(실하)- 실제로 (눈물을) 떨구게 된다. 三聲(삼성)- 세 번 우는 소리.

4 奉使(봉시)- 어명을 받들어 사신으로 나가다. 엄무가 절도사가 된 것을 가리킨다. 八月槎(팔월사)- 8월에 때맞춰 은하수로 간다는 뗏목.

5 畫省(화성)- 상서성. 한나라 때 상서성의 벽에 분을 바르고 역대 명인의 화상을 그렸던 데서 유래한 명칭이다. 違(위)- 어긋나다. 伏枕(복침)- 베개에 엎드리다. 막부의 일을 그만두고 초당으로 돌아온 것을 말한다.

6 山樓(산루)- 산속의 성루. 백제성의 누대를 말한다. 粉堞(분첩)- 백토를 칠한 성채의 낮은 담. 隱(은)- 은은하다. 悲笳(비가)- 슬픈 갈잎피리 소리.

7 藤蘿(등라)- 등나무.

8 映(영)- 비추다. 蘆荻花(노적화)- 갈대꽃.

其三

千家山郭靜朝暉[1] 日日江樓坐翠微[2]
信宿漁人還汎汎[3] 淸秋燕子故飛飛[4]
匡衡抗疏功名薄[5] 劉向傳經心事違[6]
同學少年多不賤[7] 五陵衣馬自輕肥[8]

수많은 집과 산의 성곽에 고요한 아침 햇살
매일 강가의 누각에서 푸른 산 마주해 앉는다.
밤을 꼬박 새운 어부는 아직도 강물에 떠 있고
맑은 가을날의 제비 새끼는 여전히 날아다닌다.
광형처럼 상소하였건만 공명은 보잘것없고

> 유향처럼 경전을 전수하였건만 심사는 어그러졌다.
> 동문수학한 소년들 대부분 지위가 높아져
> 장안에서의 옷과 말은 자연히 가볍고 살쪘으리라.

제3수에서는 기주의 아침 경치를 묘사하며 감회를 피력하고 있다. 두 임금을 내리 섬긴 광형과 유향에 빗대 동문수학한 이들에 비하여 보잘것없는 자신의 처지를 슬퍼하였다. 전겸익은 《전주두시》에서 제3수를 통하여 이 연작시에 '가을의 감흥'이라는 제목을 붙인 뜻을 거듭 밝혔다고 설명하였다.

주 석

1 山郭(산곽) - 산의 성곽. 기주성의 성곽을 가리킨다. 朝暉(조휘) - 아침의 햇빛.

2 翠微(취미) - 푸른 산색.

3 信宿(신숙) - 이틀 밤을 자다. 밤새 작업을 하였다는 말이다. 還(환) - 아직. 汎汎(범범) - 떠다니는 모양.

4 故(고) - 여전히. 변함없이. 飛飛(비비) - 날아가는 모양.

5 匡衡(광형) - 한나라 사람으로 시경에 정통하였으며 원제元帝 때 재상의 지위에 올랐다. 抗疏(항소) - 임금에게 글을 올려 직언하다. 功名薄(공명박) - 공명이 보잘것없다. 두보가 글을 올려 얻은 성과나 명예가 형편없었음을 말한다.

6 劉向(유향) - 한나라 사람으로 경학과 목록학에 밝았다. 그의 아들 유흠劉歆이 그가 고서를 정리한 《별록別錄》을 바탕으로 《칠략七略》을 완성하였다. 傳經(전경) - 경학을 전수하다. 心事違(심사위) - 마음먹은 일이 이루어지지 않다. 일이 뜻대로 풀리지 않는 것을 말한다.

7 同學(동학) - 한 스승 밑에서 배우다. 多(다) - 대다수. 不賤(불천) - 천하지 않다. 지위가 높다는 말이다.

8 五陵(오릉)- 서한 다섯 황제의 능인 장릉長陵, 안릉安陵, 양릉陽陵, 무릉茂陵, 평릉平陵을 아울러 부르는 말이다. 당시에 새로 황제의 능이 만들어지면 부호와 외척들이 그 주변으로 몰려들었던 데서 권문세가를 가리키는 말로 쓰인다. 이들 능이 장안 근교에 있어 흔히 장안을 가리키기도 한다. 衣馬輕肥(의마경비)- 옷은 가볍고 말은 살쪘다는 말로 호화로운 생활을 일컫는다.

其四

聞道長安似弈棊[1] 百年世事不勝悲[2]
王侯第宅皆新主[3] 文武衣冠異昔時[4]
直北關山金鼓震[5] 征西車馬羽書馳[6]
魚龍寂寞秋江冷[7] 故國平居有所思[8]

들리는 말로는 장안의 형세가 바둑판과 같다 하니
백 년 동안의 세상사에 슬픔을 견딜 수가 없다.
왕후의 저택은 모두 새 주인이고
문무 관리도 옛날과 달라졌다.
바로 북쪽 관산에는 징과 북이 요란하고
서쪽으로 출정하는 수레와 말, 깃 꽂은 격문이 내달린다.
어룡이 차가운 강에 쓸쓸한데
고향의 평소 일들이 그립다.

제4수에서는 장안을 떠올리면서 여러 차례 난리를 겪은 것을 탄식하고 있다. 정국의 변화를 마음 아파하고 변경에서의 침범을 걱정하면서 장안에 대한 그리움을 표출하였다. 포기룡은《독두심해》에서 제4수에 '경사를 바라봄'을 정면으로 묘사한 것을 주목하면서 이것이 이 연작시의 핵심이자 전후 연결의 맥점이라고 지적하였다.

주 석

1 聞道(문도)- 듣자니. 似弈棋(사혁기)- 바둑판과 같다. 바둑판처럼 형세가 엎치락뒤치락한다는 말이다.

2 百年(백년)- 당나라 개국 이후 지나온 기간을 개략적으로 말한 것이다. 世事(세사)- 세상사. 不勝悲(불승비)- 슬픔을 견딜 수 없다.

3 王侯(왕후)- 천자와 제후. 널리 귀족을 가리키기도 한다. 第宅(제택)- 저택. 新主(신주)- 새로운 주인. 예전의 귀족들이 난리통에 몰락하면서 그들이 살던 저택도 새 주인을 맞았다는 말이다.

4 文武(문무)- 문관과 무관. 衣冠(의관)- 관리를 가리킨다. 異昔時(이석시)- 옛날과 다르다. 전란으로 인하여 귀족이 몰락하고 이 기회를 틈탄 이들이 관직을 얻게 된 것을 가리킨다.

5 直北(직북)- 정북쪽. 장안 북쪽 또는 농우隴右 관보關輔 지역을 가리킨다. 關山(관산)- 관문과 산. 金鼓(금고)- 징과 북. 군대에서는 북을 쳐서 진군을 알리고 징을 쳐서 퇴각을 알린다. 震(진)- 진동하다.

6 征西(정서)- 서쪽으로 출정하다. 토번과의 전쟁을 가리킨다. 羽書(우서)- 깃털을 꽂은 긴급한 공문. 馳(치)- 내달리다.

7 魚龍(어룡)- 물고기와 용. 어류를 범칭하는 말로 쓰인다. 寂寞(적막)- 쓸쓸하다. 날씨가 쌀쌀해지자 깊은 물 속으로 숨었다는 말이다.

8 故國(고국)- 고향. 여기서는 장안을 가리킨다. 平居(평거)- 평소. 有所思(유소사)- 생각나는 바가 있다. 그리워하다.

其五

蓬萊高闕對南山[1] 承露金莖霄漢間[2]
西望瑤池降王母[3] 東來紫氣滿函關[4]
雲移雉尾開宮扇[5] 日繞龍鱗識聖顔[6]
一臥滄江驚歲晩[7] 幾回靑瑣點朝班[8]

봉래궁 높은 대궐 종남산을 마주하고
승로반의 구리 기둥 하늘 높이 솟았다.
서쪽으로 요지를 바라보면 서왕모가 내려오고
동쪽에서 자주색 구름의 기운이 와 함곡관에 가득하였다.
구름이 꿩 꼬리 깃털에서 옮겨 가니 궁궐의 부채 열리고
햇빛이 용의 비늘을 감싸는 가운데 용안을 알아보았다.
한번 푸른 강에 누웠다가 세월 저무는 것에 놀라니
몇 번이나 대궐의 조회 반열에서 점호받았던가?

제5수에서는 장안의 궁궐 모습을 떠올리면서 그곳에서 조회하였던 지난날을 그리워하고 있다. 그런 화려한 날들은 지나가고 이제는 기주에서 장강을 바라보며 세월을 보내고 있다고 탄식하였다. 구조오는《두시상주》에서 진정경陳廷敬의 주를 인용하여 앞 6구는 현종 때의 일이고, 제7구는 대종 때의 일이며, 제8구는 숙종 때의 일이라고 이 시의 시간적 층차를 지적하였다.

주 석

1 蓬萊(봉래) - 봉래궁. 대명궁을 가리킨다. 南山(남산) - 장안 남쪽에

있던 종남산終南山.

2 承露(승로)- 승로반. 한무제가 건장궁 부근에 이슬을 받기 위하여 만든 선인仙人을 가리킨다. 金莖(금경)- 승로반을 떠받치는 구리 기둥. 霄漢(소한)- 하늘.

3 瑤池(요지)- 서왕모가 살았다는 곤륜산의 연못. 王母(왕모)- 서왕모. 고대 신화에 등장하는 선녀로 장생불사를 상징한다.

4 紫氣(자기)- 자주색 구름의 기운. 흔히 상서로운 징조를 나타내는데 노자가 함곡관을 지나기 전에 먼저 자주색 기운이 보였다고 한다. 函關(함관)- 함곡관. 중원에서 관중關中으로 통하는 관문이다.

5 雲移(운이)- 구름이 옮겨 가다. 구름 같은 부채가 양쪽으로 열리는 모습을 가리킨다. 雉尾(치미)- 꿩의 꼬리 깃털. 여기서는 그것으로 만든 부채인 치미선을 말한다. 宮扇(궁선)- 궁궐에서 의장용으로 쓰던 가림용 부채.

6 日繞(일요)- 햇빛이 두르다. 임금의 곤룡포가 햇빛에 반짝거리는 것을 말한다. 龍鱗(용린)- 용의 비늘. 곤룡포에 수놓은 용 무늬를 가리킨다. 識(식)- 알아보다. 聖顔(성안)- 용안. 임금의 얼굴.

7 滄江(창강)- 푸른 강물 歲晩(세만)- 세월이 저물다.

8 幾回(기회)- 몇 번. 青瑣(청쇄)- 궁궐 문창살에 연쇄 문양을 새기고 푸른색으로 칠한 것. 흔히 궁궐 또는 궁궐문을 가리킨다. 點(점)- 점호하다. 朝班(조반)- 조회의 반열. 임금에게 조회할 때 관직의 품계에 따라 반열을 나누어 섰던 것을 말한다.

其六

瞿唐峽口曲江頭[1]　萬里風煙接素秋[2]
花萼夾城通御氣[3]　芙蓉小苑入邊愁[4]
珠簾繡柱圍黃鵠[5]　錦纜牙檣起白鷗[6]

回首可憐歌舞地[7]　　秦中自古帝王州[8]

구당협의 입구와 곡강지의 어귀
만 리의 바람과 안개가 가을에 이어진다.
화악루 협성으로 임금의 기상 통하더니
작은 부용원으로 변방의 시름 들어왔다.
구슬발과 수놓은 기둥을 노란 고니가 둘러싸고
비단 닻줄과 상아 돛대에 흰 갈매기 날아올랐다.
고개 돌려보면 가련하구나 노래와 춤의 유흥지
관중은 예로부터 제왕의 고을인 것을.

제6수에서는 기주의 구당협으로부터 장안의 곡강지를 떠올리며 당시 임금의 유람을 돌이켜보고 있다. 노래와 춤의 유흥이 안녹산의 반란으로 이어졌던 쓰라린 과거를 되새겼다. 포기룡은 《독두심해》에서 서로 만 리나 떨어진 '구당협'과 '곡강지'를 '가을'이라는 시어로 맵시 있게 연결한 수법에 주목할 필요가 있다고 하였다.

주 석

1 瞿唐峽(구당협)- 장강 삼협의 하나로 기주 동쪽에 있다. 曲江(곡강)- 장안성 동남쪽에 있던 명승지인 곡강지曲江池. 여기서는 장안을 가리킨다.
2 接素秋(소추)- 가을에 이어지다. 가을은 오행상 백색에 해당하기에 소추라 부른다.
3 花萼(화악)- 흥경궁 서쪽에 있었던 화악루. 夾城(협성)- 양쪽에 담을 쌓아 올린 통로. 御氣(어기)- 임금의 기상.
4 芙蓉小苑(부용소원)- 곡강지 안에 있었던 왕실의 정원. 邊愁(변수)- 변방의 난리로 인한 근심. 여기서는 안녹산의 반란을 가리킨다.

5 繡柱(수주)- 아름답게 꾸민 기둥. 黃鵠(황혹)- 노란 고니.

6 錦纜牙檣(금람아장)- 비단으로 만든 닻줄과 상아로 만든 돛대. 유람선의 화려한 모습을 말한다.

7 回首(회수)- 고개 돌려 바라보다. 회상하다. 歌舞地(가무지)- 노래와 춤으로 떠들썩하였던 곳. 여기서는 곡강지를 가리킨다.

8 秦中(진중)- 진나라 땅. 관중을 가리킨다. 帝王州(제왕주)- 임금이 사는 곳.

其七

昆明池水漢時功[1] 武帝旌旗在眼中[2]
織女機絲虛夜月[3] 石鯨鱗甲動秋風[4]
波漂菰米沉雲黑[5] 露冷蓮房墜粉紅[6]
關塞極天唯鳥道[7] 江湖滿地一漁翁[8]

곤명지의 물은 한나라 때의 공적
무제의 깃발이 눈에 선하다.
직녀 베틀의 실엔 밤의 달빛만 공허하고
돌로 만든 고래의 비늘이 가을바람에 꿈틀거린다.
수면에 뜬 줄풀의 열매는 검은 구름처럼 잠기고
이슬에 차가워진 연방에선 붉은 꽃잎 떨어진다.
관문과 요새는 하늘에 닿아 오직 새들만 넘는 길 있는데
강과 호수 가득한 땅에 한 사람의 늙은 어부.

제7수에서는 직녀의 상과 돌로 만든 고래가 있었던 장안의 곤명지를 회상하고 있다. 줄풀과 연꽃 송이의 모습이 눈에 선하나 관문과 요새에 막힌 기주에 머물러 다시 볼 날이 까마득하다고 한탄하였다. 직녀와 고래는 예로부터 변함이 없으나 줄풀의 열매와 연방은 가을을 맞아 떨어져 버리기에 그것으로부터 자신의 떠돌이 생활을 연상한 것이라는 구조오의 설명을 참고할 만하다.

수 석

1 昆明池(곤명지)- 장안 서남쪽에 있던 연못으로 한 무제 때 곤명을 정벌하려고 수전을 연습하기 위하여 판 것이다.

2 武帝(무제)- 한 무제. 여기서는 존호가 신무황제神武皇帝였던 당현종을 비유한다. 旌旗(정기)- 깃발. 在眼中(재안중)- 눈앞에 있는 듯하다. 눈에 선하다.

3 織女(직녀)- 직녀 석상. 곤명지의 동쪽과 서쪽에는 각각 견우와 직녀의 석상이 있었다. 機絲(기사)- 베틀의 실. 虛夜月(허야월)- 이곳의 직녀는 석상일 뿐이어서 실제로 베를 짜지는 못하는 까닭에 베틀의 실도 밤의 달빛을 받기만 한다는 뜻이다.

4 石鯨(석경)- 돌로 만든 고래. 길이가 세 길이었다고 한다. 鱗甲(인갑)- 비늘.

5 波漂(파표)- 물에 뜨다. 菰米(고미)- 줄풀의 열매. 줄풀은 볏과의 여러해살이풀이며 이것의 열매는 벼와 비슷한 모양이고 빛깔이 검은 영과穎果이다. 沉雲黑(침운흑)- 검은 구름처럼 잠기다. 수면에 줄풀의 열매가 검은 구름처럼 새까맣게 많다는 말이다.

6 蓮房(연방)- 연꽃 송이. 墜粉紅(추분홍)- 붉은 가루처럼 떨어지다. 연꽃의 붉은 꽃잎이 연방에서 떨어지는 것을 가리킨다.

7 關塞(관새)- 관문과 요새. 여기서는 기주 일대를 가리킨다. 極天(극천)- 하늘에 닿다. 매우 험준하다는 말이다. 鳥道(조도)- 새만이 날아서 넘을 수 있는 높고 험한 길.

8 滿地(만지) - 도처. 시인이 강호 여기저기를 떠도는 것을 가리킨다.
漁翁(어옹) - 늙은 어부.

其八

昆吾御宿自逶迤[1] 紫閣峰陰入渼陂[2]
香稻啄殘鸚鵡粒[3] 碧梧棲老鳳凰枝[4]
佳人拾翠春相問[5] 仙侶同舟晩更移[6]
綵筆昔曾干氣象[7] 白頭今望苦低垂[8]

곤오에서 어숙까지는 본디 구불구불하고
자각봉의 그림자가 미피로 들어간다.
향도는 앵무새가 쪼다 남은 낟알
벽오동은 봉황이 살다 늙은 가지.
미인들은 비취새 깃을 주워 봄 선물을 주고
신선 같은 벗과 배를 함께 타고 저녁에 다시 옮겨 갔지.
채색 붓으로 옛날엔 그 기상을 그려 냈건만
하얗게 센 머리로 이제 바라보며 괴로이 고개를 숙인다.

제8수에서는 지난날 시인이 노닐며 감상하였던 장안 인근의 여러 명승지를 떠올리고 있다. 그곳들을 아름답게 묘사하였던 날들은 어느덧 과거로 묻히고 이제 노쇠한 몸으로 그 시절을 괴로이 추억하고 있을 뿐이라고 하였다. 일찍이 왕희지王羲之가 〈난정집서蘭亭集序〉에서 "지난날 기뻐하였던 것이 이미 지나간 자취가 되니 감정도 일을 따라 변화하여 감개가 뒤따른다."라고 하였던 말과 일맥상통한다.

주 석

1 昆吾(곤오)- 장안 남쪽 종남산 부근의 지명. 한나라 때는 상림원上林苑의 일부였다. 御宿(어숙)- 장안 번천樊川 서쪽의 지명. 무제가 이곳에서 유숙한 적이 있어 붙여진 이름이라고 한다. 逶迤(위이)- 구불구불하다.
2 紫閣峰(자각봉)- 종남산의 한 봉우리. 陰(음)- 산의 그림자. 渼陂(미피)- 장안 서남쪽에 있었던 연못. 종남산의 물을 받아 서북쪽 노수潦水로 흘러들었다.
3 香稻(향도)- 벼 품종의 하나. 啄殘(탁잔)- 쪼아먹다 남기다. 鸚鵡(앵무)- 앵무새. 粒(입)- 낟알.
4 碧梧(벽오)- 녹색의 오동나무. 棲老(서로)- 살다가 늙다.
5 佳人(가인)- 미녀. 拾翠(습취)- 비취새의 깃을 주워 머리 장식으로 삼는 것을 가리킨다. 問(문)- 선물을 주다.
6 仙侶(선려)- 신선 같은 친구. 인품이 고상한 친구를 가리킨다. 同舟(동주)- 배를 함께 타다. 晩更移(만갱이)- 저녁에 다시 옮겨 가다. 날이 저물어도 배에서 내리지 않고 다른 곳으로 옮겨 가며 유람한다는 말이다.
7 綵筆(채필)- 다섯 가지 색깔의 붓. 문장력이 뛰어난 필치를 말한다. 干氣象(간기상)- 기상을 건드리다. 예전에 두보가 장안 부근 산수의 기상을 시로 읊었던 것을 가리킨다.
8 低垂(저수)- 고개를 숙이다.

(**김준연**)

72. 詠懷古跡五首
옛 자취에 기대어 마음을 읊은 시 5수

支離東北風塵際[1] 漂泊西南天地間[2]
三峽樓臺淹日月[3] 五溪衣服共雲山[4]
羯胡事主終無賴[5] 詞客哀時且未還[6]
庾信生平最蕭瑟[7] 暮年詩賦動江關[8]

동북 땅 풍진 시절을 유랑하다가
서남 땅 천지 사이를 떠다닌다.
삼협 누대에서 한 세월 보내고
오계의 의복으로 구름산에 함께 사네.
오랑캐는 주인을 섬김에 끝내 무뢰하여
시인은 시절을 슬퍼하며 또 돌아가지 못하였노라.
유신은 평생 가장 쓸쓸하였느니
모년에 시부가 강남을 진동하였다네.

이 시는 대력 원년 가을 기주에서 지은 것이다. 두보는 기주에 객거하는 동안 역사적인 인물들의 자취를 찾아 회고하면서 자신의 감정을 기탁하였다. 연작시에서 언급한 옛 자취는 육조 시대 시인 유신庾信의 옛집, 전국시대 사부가辭賦家였던 송옥宋玉의 고택, 중국 사대 미인 중의 하나인 왕소군王昭君이 태어난 마을, 촉한蜀漢 유비劉備의 사당인 영안궁永安宮과 제갈양諸葛亮의 사당인 무후사武侯祠이다. 제1수에서는 남북조 시대 북주北周로 사신 갔다가 고국인 양梁으로 돌아가지 못하고 억류되어 생을 마친 비운의 시인 유신을 빌려 난리 통에 고향에 돌아가지 못하는 두보 자신의 불우지감을 표현하고 있다. 제1수는 나머지 4수와 성격이 다르다는 이유로 분리해 보아야 한다는 의견도 있으나 연작시 전체의 총론 성격으로 이해할 수 있다.

주 석

1 支離(지리) - 유랑하다. 風塵際(풍진제) - 전쟁의 시절. 안녹산의 난을 가리킨다. 이 구절은 두보가 안사의 난을 만나 동북 지방 섬서陝西 일대를 떠돌았음을 말한다.

2 漂泊(표박) - 정처 없이 떠돌다. 西南(서남) - 두보가 섬서 지역을 떠나 사천성 각지를 옮겨 다녔음을 가리킨다.

3 三峽(삼협) - 여기서는 삼협 안에 있는 기주夔州를 가리킨다. 樓臺(누대) - 여기서는 당시 두보가 머물고 있던 기주의 서각西閣을 가리킨다. 淹日月(엄일월) - 오랜 세월 머무르다.

4 五溪(오계) - 고대 소수민족의 명칭이자 그들이 살았던 지역을 가리킨다. 지금의 호남湖南과 귀주貴州 경계에 해당하는데 여기서는 삼협 일대를 나타내는 뜻으로 사용되었다. 衣服(의복) - 오계 지역 소수민족 의상을 입고 지낸다는 말이다. 共雲山(공운산) - 구름 낀 산에서 함께 산다.

5 羯胡(갈호) - 고대 중국 북방의 소수민족 가운데 하나. 여기서는 안녹산과 사사명을 암시한다. 無賴(무뢰) - 믿을 수 없다.

6 詞客(사객) - 문인. 여기서는 두보 자신을 가리키는데 두보와 같이 고향에 돌아가지 못한 유신도 암시한다. 哀時(애시) - 시절을 슬퍼하다.

7 庾信(유신) - 남조 양나라의 문인. 북조 서위西魏에 사신으로 갔다가 양나라가 망하자 어쩔 수 없이 그곳에 머물게 되었는데 그로부터 27년 동안 고향으로 돌아가지 못하였다. 蕭瑟(소슬) - 쓸쓸하다.

8 江關(강관) - 강남江南. 혹은 해내海內.

其二

搖落深知宋玉悲[1] 風流儒雅亦吾師[2]
悵望千秋一灑淚[3] 蕭條異代不同時[4]
江山故宅空文藻[5] 雲雨荒臺豈夢思[6]
最是楚宮俱泯滅[7] 舟人指點到今疑[8]

지는 낙엽에 송옥의 슬픔을 깊이 알겠느니
풍류와 문아함 또한 내 스승이로다.
천년 세월 슬피 바라보며 눈물 한번 뿌리나니
쓸쓸한 신세여, 다른 세대 다른 시절이어라.
강산 고택에는 아름다운 문장만 속절없는데
황폐한 누대 운우의 일이 어찌 꿈속 그리움이랴.
무엇보다도 초왕의 궁궐은 다 사라져 버렸나니
뱃사람이 손으로 가리키며 지금까지도 의심한다네.

제2수에서는 송옥의 집을 그리워하며 옛 시인은 가고 없어도 그의 빛나는 문장은 세상에 전할 수 있음을 말하고 있다.

주 석

1 搖落(요락)- 초목이 영락하다. 宋玉(송옥)- 전국시대 초나라의 사부가 辭賦家.
2 風流(풍류)- 풍치가 있고 멋스럽다. 儒雅(유아)- 우아하고 학식이 깊다.
3 悵望(창망)- 슬피 바라보다. 쇄루(灑淚)- 눈물을 뿌리다. 이 구절은

천 년 이전에 살았던 송옥을 생각하고 그의 처지를 동정하여 눈물을 흘린다는 말이다.

4 蕭條(소조) - 쓸쓸하다. 異代(이대) - 다른 세대. 이 구절은 두보 자신도 태어난 시절이 송옥과 다를 뿐 쓸쓸한 신세는 마찬가지란 말로 동병상련의 마음을 적은 것이다.

5 江山故宅(강산고택) - 삼협 강산에 자리한 송옥의 고택을 가리킨다. 文藻(문조) - 문채. 문장의 아름다움.

6 雲雨荒臺(운우황대) - 황폐한 누대의 운우지정. 송옥의 〈고당부高唐賦〉에 나오는 초 회왕懷王과 무산巫山 신녀神女의 이야기를 가리킨다. 송옥의 〈고당부〉에 다음과 같은 이야기가 전한다. "옛날 선왕께서 일찍이 고당에 노닐다가 꿈에 한 부인을 만나 잠자리를 하였다. 그녀가 떠나면서 하직 인사를 하기를 '첩은 무산의 남쪽, 높고 험한 언덕에 살아 아침엔 떠가는 구름이 되고 저녁엔 지나는 비가 되어 아침마다 저녁마다 양대로 내려오겠습니다' 하였다." 豈夢思(기몽사) - 어찌 꿈속에서 그리워한 일이겠느냐. 이 구절은 회왕과 무산 신녀의 운우지사의 이야기는 송옥이 양왕을 경계하기 위하여 만들어 낸 이야기이지 실제로 꿈을 꾼 내용은 아니라는 말이다. '아마도 꿈속의 그리움일 것이다'라고 해석할 수도 있는데 궁극적으로는 같은 내용이다. 꿈이 아니라 실제로 그런 일이 있었다는 것을 말한 것이라고 보는 경우도 있다.

7 楚宮(초궁) - 초왕의 궁궐. 俱泯滅(구민멸) - 모두 사라지다. 초왕의 궁궐도 초왕이 노닐었던 고당관도 함께 다 사라졌다는 말이다. 초왕의 궁궐과 함께 송옥의 고택도 없어졌다는 말로 보는 경우도 있다.

8 舟人(주인) - 뱃사공. 到今疑(도금의) - 지금에 이르러 의심하다. 뱃사공이 송옥과 관련된 고당관의 이야기의 사실 여부에 대하여 의심한다는 말이다. 뱃사공이 고당관과 관련된 유적이라고 가리키는 곳이 이젠 의심스럽다는 뜻으로 풀이하기도 한다.

其三

羣山萬壑赴荊門[1] 生長明妃尙有村[2]
一去紫臺連朔漠[3] 獨留青塚向黃昏[4]
畫圖省識春風面[5] 環珮空歸夜月魂[6]
千載琵琶作胡語[7] 分明怨恨曲中論[8]

온 산과 골짜기들 형문으로 치닫는데
왕소군이 나서 자란 마을 아직도 있구나.
한번 자대를 떠나 북방 사막까지 갔더니
홀로 푸른 무덤으로 남아 황혼을 향하여 있어라.
그림으로 봄바람 같은 얼굴을 제대로 알 수 있었으랴
환패 소리 짤랑거리며 헛되이 돌아오는 달밤의 원혼이여.
천 년의 비파 소리에 오랑캐 노랫말을 붙였거니
그 또렷한 원한이 노래 속에서 호소하누나.

제3수에서는 형문에 있는 왕소군의 옛 마을을 노래하고 있으며 왕소군의 한 맺힌 삶을 동정하고 있다.

주 석

1 荊門(형문) - 형문산. 지금의 호북성湖北省 의도현宜都縣 서북쪽 장강 변에 있다.
2 明妃(명비) - 왕소군王昭君. 왕소군은 자귀현秭歸縣 사람으로 한나라 원제元帝의 궁녀였으며 후에 흉노족 호한야선우呼韓邪單于의 아내로 보내졌다.
3 紫臺(자대) - 한나라 궁전 이름. 朔漠(삭막) - 북방의 사막. 흉노의

땅을 가리킨다.

4 青塚(청총) - 푸른 무덤. 왕소군의 무덤을 가리킨다. 무덤 위에 항상 푸른 풀이 자라서 이런 이름이 붙여졌다고 한다.

5 畵圖(화도) - 그림. 여기서는 왕소군 모습을 그린 그림을 가리킨다. 省識(생식) - 대략 알다. 제대로 알지 못하다. '분별하다'의 뜻으로 보기도 한다. 春風面(춘풍면) - 왕소군의 아름다운 모습을 비유한 말이다. 이 구절은 화공이 그린 초상화로는 왕소군의 아름다운 본래의 모습을 제대로 알아차릴 수 없었다는 말이다. 두보 자신이 후인들이 그린 왕소군 그림을 통하여 그 아름다운 얼굴을 알 수가 있다는 말로 이해하기도 한다. 《서경잡기》에 다음과 같은 이야기가 전한다. "원제는 후궁이 너무 많아서 화공에게 모습을 그리게 해서 그 그림을 보고 불러 시침을 하게 하였다. 궁녀들이 모두 화공에게 뇌물을 주었는데 왕소군은 자신의 미모를 믿고 혼자만 뇌물을 주지 않으니 화공이 못나게 그려서 결국 황제를 볼 수가 없었다. 후에 흉노가 입조하여 미인을 구하여 아내로 삼고자 하니 원제가 왕소군을 보냈다. 떠날 때 불러서 보니 모습이 후궁 중에 으뜸인지라 황제가 후회하였다. 사건을 철저히 조사하여 화공 모연수를 기시형에 처하였다."

6 環珮(환패) - 여자들이 장식용으로 착용하는 패옥.

7 千載(천새) - 천 넌. 作胡語(작호어) - 오랑캐 말로 노래를 시었나는 말이다. 〈금조琴操〉에 전하는 왕소군이 지은 한스러운 노래 〈소군원昭君怨〉의 내용은 다음과 같다. "가을 나무 쇠하여 그 잎새 누렇게 되었네. 산에 사는 새여, 뽕나무 숲에 모여 있네. 깃털이 자라나서 모습이 빛이 나네. 하늘 구름 위로 날아올라 깊숙한 방에서 노닐게 되었네. 이궁은 멀리 떨어진 적막한 곳, 몸은 꺾이고 상하였네. 마음은 깊이 가라앉고 더 이상 날 수 없네. 비록 먹을 것을 얻게 되었지만, 마음은 배회한다네. 나 홀로 어째 이러한가, 오고 감이 일정함을 잃었네. 펄펄 나는 제비들이 멀리 서강西羌에 모여드네. 산은 높기만 하고, 강물은 아득하여라. 그리운 아버지 어머니, 길은 까마득히 멀기만 하여라. 오호라 슬프도다, 근심에 가슴 상하네."

8 怨恨(원한) - 원한.

其四

蜀主窺吳幸三峽[1] 崩年亦在永安宮[2]
翠華想像空山裏[3] 玉殿虛無野寺中[4]
古廟杉松巢水鶴[5] 歲時伏臘走村翁[6]
武侯祠屋長鄰近[7] 一體君臣祭祀同[8]

촉주 유비가 오나라를 엿보아 삼협에 행차하였더니
붕어하던 해 역시 영안궁에 있었네.
푸른 깃발은 빈 산속에 나부끼는 듯하고
아름다운 궁전은 들 절 가운데 비어 있구나.
옛 사당 삼나무 소나무엔 학이 둥지를 틀고
해마다 복날과 납일이면 마을 노인네 분주하다네.
제갈양의 사당도 오랫동안 근처에 있어서
한 몸인 군주와 신하라 제사도 함께 받는다네.

제4수에서는 선주 유비의 사당을 읊고 있으며 한 몸 같았던 유비와 제갈양의 관계를 흠모하는 마음을 드러내었다.

주 석

1 蜀主(촉주) - 촉한蜀漢의 선주 유비劉備를 가리킨다. 구조오仇兆鰲는 '蜀'을 '漢'으로 써야 한다고 하였다. 窺(규) - 엿보다. 살피다.

2 永安宮(영안궁)- 유비가 머물던 백제성의 행궁. 이 구절은 유비가 오나라와의 전쟁에서 패하고 백제성으로 돌아와 이듬해 영안궁에서 죽은 사실을 말한 것이다.

3 翠華(취화)- 푸른 깃털로 장식한 제왕의 깃발.

4 玉殿(옥전)- 유비가 영안에 세운 궁전을 가리킨다. 원주에 "궁전은 지금 와룡사가 되었고 사당은 궁전 동쪽에 있다.(殿今爲臥龍寺, 廟在宮東.)"라는 설명이 있다.

5 杉松(삼송)- 삼나무와 소나무. 水鶴(수학)- 학.

6 伏臘(복랍)- 복일과 납일. 옛날 제사를 지내는 날로 복일은 여름 6월 중에 있었고 납일은 섣달 초여드레이다. 이 구절은 복일과 납일에 제사를 드리기 위하여 마을 노인들이 분주하다는 말이다.

7 武侯祠屋(무후사옥)- 제갈양의 사당.

8 一體君臣(일체군신)- 유비와 제갈양이 한 몸처럼 관계가 밀접하였음을 말하는 것이다.

其五

諸葛大名垂宇宙[1] 宗臣遺像肅淸高[2]
三分割據紆籌策[3] 萬古雲霄一羽毛[4]
伯仲之間見伊呂[5] 指揮若定失蕭曹[6]
運移漢祚終難復[7] 志決身殲軍務勞[8]

제갈공명의 큰 이름이 우주에 드리웠나니
종신의 남은 초상이 엄숙히 맑고 높구나.
천하를 삼분하여 할거한 그 계책의 곡진함이여
만고의 하늘에 한 마리 봉황이어라.

백중의 실력을 갖춘 이로는 이윤과 여상이 보이고
지휘하여 평정하였다면 소하나 조참도 빛을 잃었으리라.
천운이 옮기어 한 왕조가 끝내 회복되기 어려웠으나
뜻을 결연히 하여 군무에 힘쓰다 몸이 죽었도다.

제5수에서는 제갈양을 그리워하고 있다. 위 4구에서는 제갈양의 위대한 이름이 불후함을 칭송하였고, 아래 4구에서는 그 큰 공을 이루지 못함을 아쉬워하였다.

주 석

1 諸葛(제갈)- 제갈공명.

2 宗臣(종신)- 종신. 《촉지蜀志·무후전武侯傳》 주에 "제갈양은 일국의 종신으로 패주覇主의 현명한 보좌였다."라는 기록이 있다.

3 三分(삼분)- 천하를 위, 촉, 오의 세 부분으로 나누다. 割據(할거)- 땅을 나누어 차지하고 지배하다. 紆籌策(우주책)- 계책이 복잡하다. 천하를 삼분하여 그중에 촉을 차지한 제갈양의 계책이 매우 주도면밀하였음을 말한 것이다.

4 雲霄(운소)- 하늘. 一羽毛(일우모)- 새 한 마리. 여기서는 높은 하늘을 나는 봉황새의 뜻으로 제갈공명의 걸출한 재주와 품덕을 상징한다.

5 伯仲之間(백중지간)- 실력이나 인품으로 서로 백중한 사이. 伊呂(이려)- 이윤伊尹과 여상呂尙. 이윤은 상나라 탕왕을 보좌하였고, 여상은 주나라 문왕과 무왕을 보좌한 뛰어난 재상인데 이들은 모두 자신이 섬긴 임금으로 하여금 천하 통일의 대업을 이루게 하였다.

6 指揮若定(지휘약정)- 지휘하여 평정하였다면. 이 구절은 제갈양이 능력을 다 발휘하여 오나라와 위나라를 평정하였다면 그 공이 한나라 때의 소하나 조참보다 뛰어날 것이라는 말이다. 또 '定'을 '평정'의 뜻이 아니라 '안정'의 뜻으로 보아 '제갈양의 지휘가 안정적으로 이루어졌다면'의

뜻으로 해석할 수도 있다. 또한 '若'을 '~인 듯하다'의 뜻으로 보고 '지휘가 마치 정해진 듯하다'라고 해석하기도 한다. 이 경우 제갈양의 지휘가 주도면밀하여 일이 사전에 이미 다 그렇게 정해져 있는 듯하다는 말이 된다.

7 運移(운이)- 천운이 바뀌다. 漢祚(한조)- 한의 국통國統. 한나라 천자의 지위. 終難復(종난복)- 끝내 회복되기 어렵다.

8 身殲(신섬)- 몸이 죽다. 이 구절은 제갈양이 천하 통일의 뜻을 이루지 못하고 군중에서 죽은 것을 안타까워한 것이다.

(**김성곤**)

73. 解悶十二首

번민을 풀어내는 시 12수

草閣柴扉星散居[1]　　浪翻江黑雨飛初
山禽引子哺紅果　　溪女得錢留白魚[2]

초가집 사립문이 별처럼 흩어져 있고
물결 일렁이는 어두운 장강에 빗방울 갓 날리는데,
산새는 새끼를 이끌어 붉은 과실 먹이고
냇가 여인은 돈을 받고 생선을 두고 가네.

이 시는 두보가 대력 원년 기주夔州에서 번민이 생길 때마다 한 수씩 지은 연작시이다. 제1수에서는 서시序詩적 성격의 작품으로 기주에서 보고 느낀 바를 가벼운 필치로 쓰고 있으며, 제2수에서는 오 지역으로 가는 상인과 헤어지며 과거 오 지역을 유람하던 시절을 회상하였다. 제3수와 제4수에서는 각각 친구인 정심鄭審과 설거薛據에 대한 그리운 정을 노래하였고, 제5수와 제6수에서는 각각 맹운경孟雲卿과 맹호연孟浩然의 시재詩才에 대한 흠모의 정을 노래하였다. 제7수에서는 작시에 대한 열정을 피력하였으며, 제8수에서는 왕유王維와 그의 동생인 왕진王縉의 시재詩才에 대한 존경의 뜻을 표현하였다. 제9수부터 제12수까지는 여지라는 과일을 빌려 현종玄宗 때 양귀비로 인하여 국정의 혼란이 초래된 과정에 대한 풍유의 뜻을 담고 있다. 첫 2수는 일에 닥쳐 감흥이 일어나서 쓴 것이다. 제3수부터 제8수까지 다섯 수는 모두 시인들에게서 감흥을 받은 것이다. 마지막 네 수는 모두 현종이 여지를 공물로 징수하였기 때문에 쓴 것이다.

제1수에서는 기주의 풍경으로부터 서술하기 시작하였다. 앞 2구는 산수를 짝지어 말하고 있다. 뒤 2구도 산속의 풍경과 강가에서의 일을 각각 말하고 있다. 제3수부터 제8수까지 5수는 모두 시인들에게서 감흥을 받은 것이다. 마지막 4수는 모두 현종이 여지를 공물로 징수하였기 때문에 쓴 것이다.

주 석

1 草閣(초각)- 초가집. 강가에 있는 민가를 말한다. 한편 두보의 초가집으로 보는 설도 있다. 星散居(성산거)- 초가집이 흩어져 있는 것을 비유적으로 표현한 것이다.

2 溪女(계녀) 구- 돈을 받으면서 값을 따지지 않았으니 물고기가 싸다는 것을 알겠다는 말이다.

其二

商胡離別下揚州[1]　憶上西陵故驛樓[2]
爲問淮南米貴賤[3]　老夫乘興欲東遊[4]

호족 상인이 작별을 고하고 양주로 내려가니
서릉 옛 역참의 누각을 오르던 일이 생각나네.
회수 남쪽 쌀값이 어떤지 물어 주소
늙은이 흥이 나면 동쪽을 노닐고 싶으니.

제2수에서는 기주를 떠나 오 지역에서 노닐고자 한 것을 적고 있다. 당시 서역 상인이 양주로 내려가면서 작별하러 찾아왔기에 그 일을 말한 것이다.

주 석

1 商胡(상호)- 호족 출신 상인을 이르는 말. 離別(이별)- 상인이 두보와 헤어지는 것을 말한다. 상인이 자신의 동료들과 헤어지는 것으로 보는 설도 있다.

2 西陵驛樓(서릉역루)- 두보가 젊어서 오와 월 지방을 노닐 때 올랐던 곳이다.

3 淮南(회남)- 회수 남쪽 일대.

4 東遊(동유)- 오 지역을 노니는 것을 말한다.

其三

一辭故國十經秋[1] 每見秋瓜憶故丘[2]
今日南湖采薇蕨[3] 何人爲覓鄭瓜州[4]

고향을 떠난 뒤로 가을 열 번 지났는데
매년 가을 참외를 볼 때마다 고향이 떠오른다.
오늘 남호에서 고사리 캘 터인데
누가 나 대신 정 선생의 과주촌을 찾아 줄까?

제3수에서는 정심을 그리워하고 있다. 고향에는 참외를 심던 모래섬이 있는데 바로 비서감 정심이 거주하던 곳이다. 지금은 이미 남호로 폄적당해 거주하고 있어 이제는 방문해 주는 사람이 없다. 그래서 그의 쓸쓸한 삶을 마음 아파하는 것이다.

주석

1 十經秋(십경추) - 10년이 지난 것을 말한다. 대력 2년으로부터 거꾸로 계산하면 건원 원년까지가 도합 10년이 된다.

2 故丘(고구) - 옛 언덕. 고향인 장안을 가리킨다.

3 南湖(남호) - 호수 이름. 당나라 정건鄭虔의 조카인 정심鄭審이 폄적당해 거주하던 곳인 과주촌瓜州村을 가리킨다. '南'은 '東'으로 된 판본도 있다. 薇蕨(미궐) - 고비와 고사리. 주나라 무왕武王 때 백이伯夷와 숙제叔齊 형제가 수양산에 은거하여 고비를 캐 먹다가 죽었다는 고사와 관련이 있는 말로 은거를 상징한다.

4 瓜州(과주) - 정심이 폄적당해 은거하는 고을로 금릉(남경)에 있었다. 이 구절은 과주촌에 머물고 있는 정심을 만나고 싶어 하는 마음을 담고 있다.

其四

沈范早知何水部[1] 曹劉不待薛郎中[2]
獨當省署開文苑[3] 兼泛滄浪學釣翁[4]

심약과 범운은 일찌감치 수부랑 하손을 알아주었건만
조식과 유정은 수부낭중 설거를 기다리지 못하였네.
홀로 상서성을 지키며 문단을 열더니
아울러 창랑수에 배 띄우고 낚시하는 늙은이를 흉내 내겠지.

제4수에서는 수부낭중 설거를 그리워하고 있다. 하손과 설거는 똑같이 수부의 관원을 지냈지만 하손은 지기가 있었으나 설거는 동지가 없었다. 그래서 애석해하는 것이다.

주 석

1 沈范(심범) - 북조 양나라 때 사람 심약沈約과 범운范雲. 何水部(하수부) - 양나라 사람 하손何遜. 상서성尙書省 휘하에서 수리사업을 관장하는 수부랑을 지낸 적이 있다.

2 曹劉(조유) - 삼국 위나라 때 사람 조식曹植과 유정劉楨. 薛郎中(설낭중) - 두보가 경사에 머물 때 친분을 맺었던 설거薛據. '낭중'은 상서성 소속으로 각 부서의 실무를 관장하던 벼슬 이름인데, 설거는 공부工部 휘하의 수부낭중을 맡은 적이 있다. 이 구절은 설거가 제대로 인정을 받지 못한 데 대한 아쉬움을 표현하고 있다.

3 省署(성서) - 상서성의 관서. 곧 상서성 공부 휘하의 수부를 가리킨다. 이 구는 전에 수부의 낭중을 지냈다는 말이다.

4 滄浪(창랑) - 한수漢水의 지류 이름. 이 구는 지금은 형초 지역에서 객이 되었다는 말이다.

其五

李陵蘇武是吾師[1]　　孟子論文更不疑[2]
一飯未曾留俗客　　數篇今見古人詩[3]

이능과 소무는 나의 스승이라는
맹 선생의 의론을 더 이상 의심하지 않는다네.
한 끼 식사에도 세속적인 손님을 머물게 하지 않았으니
그대의 시 몇 편에서 이제 고인의 시를 본다오.

제5수에서는 교서랑 맹운경을 그리워하고 있다. '이능과 소무가 내 스승이다'라는 말은 그가 시에 대하여 논한 것을 서술한 것이다. '이제 고인을 본다'고 한 이 말은 그가 지은 시를 칭찬한 것이니 맹운경 시의 격조가 유독 한나라 때 격조를 따라잡을 수 있다는 것을 알 수 있다.

주 석

1 李陵蘇武(이릉소무) - 한나라 때 사람. 이 구절은 맹운경孟雲卿이 평론한 내용을 말한다.

2 孟子(맹자) - 맹선생. 맹운경을 가리킨다.

3 數篇(수편) - 맹운경의 시를 가리킨다. 古人詩(고인시) - 맹운경의 시에 고인의 시풍이 담겨 있다는 말이다.

其六

復憶襄陽孟浩然　　清詩句句盡堪傳
卽今耆舊無新語[1]　　漫釣槎頭縮頸鯿[2]

다시 양양 사람 맹호연을 떠올려 보나니
맑은 시 구절마다 모두 전할 만하다네.
이제 노장들에게 새로운 시어가 없으니
그저 뗏목으로 가둔 방어를 낚아야 하리.

제6수에서는 맹호연을 그리워하고 있다. 앞 2구는 그의 시구를 떠올린 것이고, 뒤 2구는 그의 죽음을 한탄한 것이다. 새로운 시구는 들리지 않고 그저 낚싯대를 잡고 있으니 노인들이 그 때문에 다 부질없는 존재가 되었다. '사두축경편槎頭縮頸鯿'은 맹호연의 시구를 차용한 것이다.

주 석

1 耆舊(기구) - 나이 든 사람, 노인.

2 漫(만) - 그저. 잠시. 槎頭縮頸鯿(사두축경편) - 한수漢水에서 잡히는 목이 짧고 등이 굽은 물고기 이름.

其七

陶冶性靈存底物[1]　新詩改罷自長吟
熟知二謝將能事[2]　頗學陰何苦用心[3]

성정의 도야는 무엇에 달려 있을까?
새로운 시를 고치고 나서 스스로 길게 읊조리노라.
사영운과 사조가 시를 잘 짓는다는 것을 익히 알겠고
음갱과 하손의 고심을 자못 배웠네.

제7수에서는 스스로 시학에 대하여 서술하고 있다. 시로써 성령을 기를 수 있기에 고치고 나서 다시 읊조리고, 또 여러 시인에게서 시법을 취하니 시구에서 최선을 찾을 수 있어 날마다 고치고 또 고치는 노고를 다하는 것이다.

주 석

1 底物(저물) - 무엇.

2 二謝(이사) - 남조南朝 유송劉宋 때 시인인 사영운謝靈運과 남제南齊 때 시인

인 사조謝朓를 아우르는 말. 두 사람 모두 산수 시인으로 이름이 났다. 한편으로는 사영운과 그의 조카인 사혜련謝惠連으로 보는 설도 있다. 將(장)- 거의. 能事(능사)- 능력. 여기서는 시를 잘 짓는 것을 가리킨다.

3 陰何(음하)- 남조 진나라 때 시인인 음갱陰鏗과 하손何遜을 아우르는 말. 음갱과 하손을 배운다는 것은 오언시의 구법을 가리킨다.

其八

不見高人王右丞[1]　藍田丘壑蔓寒藤[2]

最傳秀句寰區滿[3]　未絶風流相國能[4]

고상하신 상서우승 왕유를 뵐 수 없는데

남전 구릉과 골짜기는 겨울 등나무만 덩굴져 있네.

아름다운 시구가 잘 전해져 천하에 가득하고

풍류가 끊기지 않아 상국이 시를 잘 짓네.

제8수에서는 상서우승 왕유를 그리워하고 있다. 왕유는 비록 세상을 떴지만 그의 아름다운 시 구절이 여전히 전한다. 하물며 당시 재상인 동생 왕진의 시명이 있기에 풍류가 진정 사라지지 않을 수 있는 것이다. 왕진은 원재에게 빌붙었기에 사람됨은 좋게 말하기 어렵지만, 다만 일가로서의 시학은 칭찬할 만하기에 같은 부류로 언급한 것이다.

주 석

1 王右丞(왕우승)- 당나라 시인 왕유王維를 가리킨다. '우승'은 좌승左丞과 함께 상서성 소속 고관 이름으로 상서령尙書令과 상서복야尙書僕射 다음

가는 직책이다.

2 寰區(환구) - 천하, 온 세상.

3 相國(상국) - 재상에 대한 존칭. 여기서는 왕유의 동생 왕진王縉을 가리킨다. 왕진은 재상인 동중서문하평장사同中書門下平章事를 지냈다.

其九

先帝貴妃今寂寞[1]　荔枝還復入長安[2]
炎方每續朱櫻獻[3]　玉座應悲白露團[4]

선제와 귀비는 이제 저 세상 사람인데도
여지가 여전히 또 장안으로 들어온다.
남방에서 매번 붉은 앵두에 이어 바치니
옥좌에서 응당 이슬 동그랗게 맺히는 것을 슬퍼하리.

제9수에서는 예전의 공물을 폐지하지 않은 것을 한탄하고 있다. 황제와 양귀비가 모두 죽었는데도 여지를 여전히 바치고 있으니, 선제인 현종의 혼령이 이슬 속에서 슬픔을 느끼지 않을 수 있겠는가? 아마도 이를 은미하게 풍유한 것이다.

주 석

1 先帝(선제) - 현종玄宗을 가리킨다. 貴妃(귀비) - 정일품에 해당하는 여관女官인 사비四妃 가운데서도 서열이 가장 높은 직책으로 여기서는 양귀비를 가리킨다. 寂寞(적막) - 쓸쓸한 모양. 죽음을 뜻한다.

2 荔枝(여지) - 촉 지방 출신인 양귀비가 좋아하였던 과일 이름.

3 炎方(염방)- 남방. 朱櫻(주영)- 붉은 앵두.

4 玉座(옥좌)- 왕좌. 이에 대하여 현종의 혼령으로 보는 설, 후대의 황제로 보는 설, 현종의 생존 시로 보는 설이 있으나 여기서는 전자를 취한다. 白露團(백로단)- 이슬이 동그랗다. 현종의 무덤에 이슬이 맺히는 것을 가리키는 말로 죽음을 비유한다.

其十

憶過瀘戎摘荔枝[1] 青楓隱映石逶迤[2]
京華應見無顏色[3] 紅顆酸甜只自知[4]

돌이켜 보면 노주와 융주를 지나며 여지를 딸 때
푸른 단풍나무 보일 듯 말 듯 한 곳에 돌길이 구불구불하였지.
경사에서는 분명 빛깔 잃은 모습 볼 터
붉은 알이 새콤달콤한지는 그저 절로 알았으리.

제10수에서는 여지를 멀리서 공물로 운송하여 참모습을 잃은 것을 꼬집고 있다. 노주와 융주 일대에서 직접 여지를 따 보았기에 경사에서 본 것의 경우 응당 그 빛깔과 맛을 잃을 것이니 먹는 사람이라면 분명 스스로 알 것이다.

주석

1 瀘戎(노융)- 지명. 사천성의 노주瀘州와 융주戎州. 양귀비에게 바친 여지의 생산지에 대해서는 이설이 있는데, 기존에는 부주라고 하였으나 노주와 융주 설이 맞을 듯하다.

2 逶迤(위이)- 구불구불한 모양.

3 無顏色(무안색)- 시간이 지나 여지의 빛깔이 바랜 것을 말한다.

4 酸甛(산첨)- 맛이 새콤하고 달다. 只自知(지자지)- 양귀비가 먹어 보고 맛이 변하였다는 것을 스스로 알았을 것이라는 말이다.

其十一

翠瓜碧李沈玉甃[1] 赤梨葡萄寒露成[2]
可憐先不異枝蔓[3] 此物娟娟長遠生[4]

비취빛 참외와 푸른 자두는 우물에 담겨 있고
붉은 배와 포도가 차가운 이슬 받아 익네.
안타깝게도 원래 가지와 덩굴 다르지 않건만
이 과일만이 먼 곳에서 곱게 자란다네.

제11수에서는 여지의 특이한 맛이 사람을 현혹하는 것을 꼬집고 있다. 궁중에서 여지를 먹는 것은 그 맛이 달고 시원하여 더위와 갈증을 없애 줄 수 있기 때문이다. 참외와 자두 같은 과일들도 비슷한 역할을 할 수 있으나 평범하였기에 특이하게 여기지 않고, 유달리 여지는 먼 지방에서 자라기 때문에 그 빛깔과 맛을 좋아하고 소중히 여기는 것일 뿐임을 말하고 있다.

주 석

1 玉甃(옥추)- 우물에 대한 미칭. '추甃'는 우물을 보호하기 위하여 벽돌을 쌓아 올려 만든 담장을 말한다.

2 赤梨(적리) - 일본에서 나는 과일의 일종.

3 不異枝蔓(불이지만) - 여러 과일의 가지나 덩굴이 여지와 다르지 않다는 말이다.

4 此物(차물) - 여지를 가리킨다. 娟娟(연연) - 여리고 고운 모양. 여지가 다른 초목과 다르지 않지만 먼 곳에서 자라기에 귀하게 여긴다는 말이다.

其十二

側生野岸及江蒲[1] 不熟丹宮滿玉壺[2]
雲壑布衣鮐背死[3] 勞人害馬翠眉須[4]

들판 둔덕과 강가 초가집 옆에서 나서
궁중에서 익지 않는데도 옥항아리를 채웠네.
구름 골짜기의 서민은 복이 등을 하고 죽는데
사람을 고생시키고 말을 해치는 것은 미인이 원해서라네.

제12수에서는 당시 혼란을 야기한 연유를 말하고 있으며, 전체 시의 끝을 맺고 있다. 여지는 멀고 외진 곳에서 자라기에 궁중에 심을 수 없는데도 유독 그릇을 가득 채운다. 도를 지닌 서민은 산림에서 늙어도 부름을 받지 못하는데, 여지는 사람을 힘들게 하고 말을 해치면서까지 미인의 수요를 채워 주었으니 이것이 천보의 난을 야기한 이유이다. 이 시에서 뒤 2구는 바로 이 말에 바탕을 둔 것이다.

주 석

1 蒲(포)- 초가집을 뜻하는 말이다. 혹은 농토로 보는 설도 있다. 강의 포구를 뜻하는 말인 '浦'로 된 판본도 있다.

2 丹宮(단궁)- 신선의 궁궐. 황궁을 비유한다.

3 雲壑布衣(운학포의)- 벽지에서 여지를 재배하는 평민을 말한다. 鮐背(태배)- 복어의 등. 노인을 비유한다. 노인의 등 피부가 복어 등처럼 반점이 생긴 데서 유래하였다.

4 勞人(노인)- 여지의 운송 때문에 사람들이 고생하는 것을 말한다. 害馬(해마)- 여지를 운송하느라 말을 해치는 것을 말한다. 翠眉(취미)- 비췻빛 눈썹. 미인의 눈썹을 비유하는 말로 양귀비를 가리킨다. 須(수)- 필요로 하다.

(**김만원**)

74. 孤雁

외로운 기러기

孤雁不飮啄[1]　飛鳴聲念羣[2]　誰憐一片影[3]　相失萬重雲[4]
望盡似猶見[5]　哀多如更聞[6]　野鴉無意緒[7]　鳴噪亦紛紛[8]

외로운 기러기 마시지도 쪼지도 않으며
날아 우는 소리 무리를 생각하네.
누가 가엾이 여기랴, 한 조각 그림자
만 겹 구름 너머 떨어져 있음을.
끝까지 바라보니 아직도 보이는 듯,
슬픔 많아서 소리 다시 들리는 듯.
들까마귀 생각이 없어
시끄럽게 조잘대니 또한 어지럽구나.

이 시는 대력 원년 기주에서 지은 것이다. 난리 와중에 형제와 헤어져 떠돌다가 역시 홀로 남은 외로운 기러기를 보았다. 기러기는 홀로 날아오르며 우니 무리를 찾는 소리임이 틀림없다. 따라서 형제 생각이 솟구친다. 보이지 않는 곳까지 끝없이 바라보니 보이는 듯도 하고, 슬픔이 하도 많아 그 목소리가 다시 들리는 듯도 하다. 들판의 무리 지은 까마귀는 그리움이 있을 턱이 없다. 제멋대로 조잘대고 와글와글 날뛴다. 남의 속도 모르고.

주 석

1 孤雁(고안) - 무리에서 떨어져 홀로 남은 기러기. 飮啄(음탁) - 물을 마시고 모이를 쪼다.

2 飛鳴聲(비명성) - '聲聲飛'로 된 판본도 있다. 念羣(염군) - 무리를

생각하다.

3 誰(수)- 보통 사람. 또는 기러기 무리 중의 하나로 볼 수도 있다. 一片影(일편영)- 한 조각 그림자. 외로운 기러기를 가리킨다.

4 相失(상실)- 서로를 잃다. 서로 떨어지다. 무리를 잃었음을 뜻한다. 萬重雲(만중운)- 만 겹 구름. 먼 거리를 말한다.

5 望盡(망진)- 보이지 않는 곳까지 끝까지 바라보다. 似猶見(사유견)- 아직도 보이는 듯하다.

6 如更聞(여갱문)- 다시 들리는 듯하다.

7 野鴉(야아)- 들까마귀. 意緖(의서)- 마음. 정서.

8 鳴噪(조명)- 지저귀다. 울어 대다.

(**이창숙**)

75. 麂

큰 노루

永與淸溪別[1]　蒙將玉饌俱[2]　無才逐仙隱[3]　不敢恨庖廚[4]
亂世輕全物[5]　微聲及禍樞[6]　衣冠兼盜賊[7]　饕餮用斯須[8]

길이 맑은 계곡과 이별하여
귀한 반찬으로 오르게 되었지만
신선을 쫓을 재주가 없었기 때문이어서
주부廚夫를 감히 원망하지 않는다.
어지러운 세상에선 생명 가벼이 여기니
미미한 소리도 화근이 되는 것.
의관 차려입은 자 도적과 마찬가지라
게걸스레 순식간에 먹어치우겠지.

이 시는 '궤'라는 동물을 빌려 감회를 기탁한 영물시로, 사소한 명성 때문에 위기를 초래하는 인간의 어리석음을 경계하고 인민을 노략질하는 위정자의 도적 같은 무도함을 풍자하고 있다. 어리석음에 대한 경계가 현실 상황에 제대로 적응하지 못하고 관리의 길에서 좌절하여 고단한 삶을 살고 있는 시인 자신에 대한 회한일 수도 있어서 다단한 감개가 느껴진다.

대력 원년 기주에서 지은 시이다. 일설에는 이 시가 최간의 난을 두고 지은 것이라고 하지만 어떤 한 가지 사안에 굳이 맞출 필요는 없을 것이다.

이 시기에 시인은 이 시 외에 〈앵무鸚鵡〉, 〈고안孤雁〉, 〈구鷗〉, 〈원猿〉, 〈계鷄〉, 〈황어黃魚〉, 〈백소白小〉 등 총 8편의 영물시를 연이어 지었다. 모두 동물을 빌려 우의寓意하였는데, 우의의 방법이 다양하고 그 속의 감개가 절실하여 두보 영물시의 새로운 경지를 보여 준다.

'궤'는 노루와 고라니의 일종으로 덩치가 크다. 시의 내용으로 보아 사람들이 그 고기를 즐겨 먹은 듯하다.

주 석

1 淸溪(청계)- 맑은 시내. 산 이름이라는 설도 있다.

2 蒙(몽)- 입다. 어떤 일을 당하는 것을 뜻한다.

3 無才(무재) 구- 갈선옹葛仙翁의 고사를 활용하였다. 《신선전神仙傳》에 의하면 갈선옹이 여궤산女几山에서 도를 닦아 신선이 된 후 몸이 하얀 궤가 되어 두 발로 때때로 산 위로 나왔다고 한다.(葛仙翁於女几山學道數十年, 登仙, 化爲白麂, 二足時出山上.)

4 庖廚(포주)- 여기서는 요리하는 사람, 즉 주부廚夫의 뜻이다.

5 全物(전물)- 온전한 생물. '全'은 '목숨을 보전하다'는 뜻이다.

6 微聲(미성)- 작은 소리. 궤의 울음소리. 맛이 있다는 작은 명성을 뜻하는 것으로 볼 수도 있다.

7 衣冠(의관) 구- 의관을 차려입은 관인官人이 도적의 행실을 한다는 뜻이다. '의관을 차려입은 자와 도적'으로 풀이하는 설도 있으나 취하지 않는다.

8 饕餮(도철)- 탐욕. 또는 탐욕을 부리는 사람. 특히 음식을 탐하는 것을 뜻하기도 한다. 用斯須(용사수)- 아주 짧은 시간이 걸림을 말한다.

(이영주)

76. 閣夜

서각의 밤

歲暮陰陽催短景[1] 天涯霜雪霽寒宵[2]
五更鼓角聲悲壯[3] 三峽星河影動搖[4]
野哭千家聞戰伐[5] 夷歌幾處起漁樵[6]
臥龍躍馬終黃土[7] 人事音書漫寂寥[8]

세모에 음양이 짧은 그림자 재촉하고
하늘가 눈서리는 차가운 밤에 맑게 개었다.
오경에 전고戰鼓와 호각號角 소리 비장하고
삼협에는 은하수 그림자 흔들린다.
들판 수많은 집에서 나는 곡성에서 전쟁 소식 듣거니와
어부와 나무꾼의 변방 노래 몇 군데서나 부르겠는가?
숨은 용도 날뛰던 말도 끝내 흙으로 돌아갔으니
인간사도 소식도 그저 쓸쓸한 채로 둘 일이다.

이 시는 대력 원년 겨울 두보가 기주 서각에 머물러 있을 때 지은 것이다. 당시 촉 지방에는 최간崔旰, 곽영예郭英乂, 양자림楊子琳 등이 난리를 일으켜 천하가 매우 불안정하였고, 게다가 좋은 벗이었던 정건鄭虔, 이백李白, 엄무嚴武, 고적高適 등도 잇달아 세상을 떠났으므로 두보는 가슴속 깊은 적막감과 슬픔을 느끼게 되었다. 이 시에는 서각에서 밤을 보내며 보고 들은 것을 묘사하면서 당시 어지러운 시절에 대하여 근심하고 환난을 슬퍼하는 작가의 심정을 잘 드러내었다. 시제 아래의 원주에 "바로 서각이다.(卽西閣.)"라고 하였으니 '각야'는 서각의 밤이다.

주 석

1 陰陽(음양)- 해와 달. 음과 양의 두 기운. 세월, 시간을 의미한다. 短景(단영)- 짧은 그림자. 겨울에 짧아진 해를 말한다. '영景'은 '영影'과 같다.

2 天涯(천애)- 하늘가. 여기서는 기주를 가리킨다. 宵(소)- 밤.

3 鼓角(고각)- 전고戰鼓와 호각號角. 군대에서 시간을 알리고 경계하거나 호령할 때 사용하는 북과 나발.

4 星河(성하)- 은하수.

5 千家(천가)- 수많은 집. 戰伐(전벌)- 전쟁.

6 夷歌(이가)- 변방 이민족의 노래. 기주 경내에는 만족蠻族과 이족夷族이 많이 살았다. 幾處(기처)- 몇 군데. 그런 곳이 많지 않다는 말이다.

7 臥龍(와룡)- 제갈양諸葛亮. 躍馬(약마)- 동한東漢의 공손술公孫述을 가리킨다. 그는 촉 땅의 험준한 지세를 믿고 시국이 어지러운 틈을 타서 스스로 백제白帝라고 칭하였다.

8 人事(인사)- 인간사. 音書(음서)- 소식. 편지. 漫(만)- 그저. 寂寥(적료)- 적막하다. 적적하고 고요하다. 당시 두보의 벗이었던 정건, 이백, 엄무, 고적이 모두 세상을 떠나 교유할 사람이 없었다. 이 구절은 인간사도 소식도 그저 쓸쓸한 채로 맡겨 둔다는 말이다.

(**이석형**)

77. 愁
시름

江草日日喚愁生[1]	巫峽泠泠非世情[2]
盤渦鷺浴底心性[3]	獨樹花發自分明[4]
十年戎馬暗南國[5]	異域賓客老孤城[6]
渭水秦山得見否[7]	人今罷病虎縱橫[8]

강가의 풀이 날마다 시름을 불러내고
무협의 맑은 물소리는 세상 정이 아니라네.
소용돌이에 목욕하는 해오라기 어떤 마음일까
홀로 선 나무 꽃이 피어 저 혼자 또렷하네.
십 년 전쟁으로 남녘 땅 어둑한데
이역에 손님 되어 외로운 성에서 늙어 가네.
위수와 진산을 볼 수 있으려나
사람은 지금 지쳐 병들고 범이 횡행하는데.

이 시는 대력 2년 봄에 지은 것이다. 당시 두보는 기주에 있었다. 시제 아래의 원주原注에 "억지로 장난삼아 오체를 지었다(强戲爲吳體)"고 하였다. 이 시가 정격의 율시가 아님을 밝힌 것이다. 두보는 자신의 뒤틀린 심사를 써내고자 하는 의도로 이런 비정격의 율시를 지었을 것으로 추측된다. 두보가 이 시를 지을 당시는 기주에 온 지 1년여가 흘러 다시 봄을 맞은 시점이었다. 고향으로 돌아가자고 뱃길에 몸을 맡겨 그곳 기주까지 다다랐으나 한 해가 다 지나도록 고향은 여전히 다가갈 수 없는 먼 땅으로 남아 있었다. 제목에 사용된 시름 '수愁'는 그렇게 만들어졌다.

눈앞에 펼쳐진 경물을 대하고 그들에 대한 못마땅한 심사를 내비친 위 4구와 시름의 원인과 속내를 직접 서술한 아래 4구는 모두 제목의 '시름'과 긴밀한 관계하에 만들어지고 배열되었다.

주 석

1 江草(강초)- 강가에 자라는 풀. 喚愁生(환수생)- 시름을 불러일으키며 돋아나다. 이 구절은 강가에 풀이 날마다 시름을 불러일으키며 돋아난다는 말이다.

2 巫峽(무협)- 무협. 泠泠(영령)- 물소리. 무협의 청랭한 기운을 표현한다. 非世情(비세정)- 인정에 가깝지 아니하다.

3 盤渦(반와)- 물이 감돌아 만들어지는 깊숙한 소용돌이. 양신楊愼은 '盤'의 음이 '선'이라 하였다. 鷺浴(노욕)- 해오라기가 목욕하다. 底(저)- '무슨'의 뜻을 갖는 의문대명사이다. 心性(심성)- 마음, 성격. 이 구절은 해오라기가 강물이 소용돌이치는 가운데에서 물놀이하는데 무슨 마음이냐는 말이다.

4 獨樹(독수)- 홀로 선 나무. 花發自分明(화발자분명)- 꽃이 피어 저 홀로 환한 빛을 내고 있다. 저 홀로 환하다는 말은 사람은 아랑곳하지 않는다는 말로서 하등 위안이 되지 않는다는 의미를 담고 있다.

5 十年(십년)- 안사 난 이후 불안한 정국이 지속된 10여 년의 기간을 두고 한 말이다. 戎馬(융마)- 전마. 전쟁을 가리킨다. 暗(암)- 어둡게 하다. 정국을 암울하게 만들었다는 말이다. 南國(남국)- 남쪽 지역. 낙양을 가리킨다는 설도 있다.

6 異域(이역)- 타향. 賓客(빈객)- 두보 자신을 말한다. 老孤城(노고성)- 외로운 성에서 늙어 가다. '孤城'은 기주夔州를 가리킨다.

7 渭水秦山(위수진산)- 장안을 가리킨다. 得見否(득견부)- 볼 수 있을지의 여부를 묻는 말이다.

8 人(인)- 백성. 두보라고 보는 경우도 있다. 罷病(피병)- 피곤疲困. 가난과 질병 등으로 피폐해진 상태를 가리킨다. 虎縱橫(호종횡)- 호랑이가

횡행하다. 가렴주구가 만연한 상황을 가리킨다. '虎'가 토번을 가리킨다고 보기도 한다.

(**이남종**)

78. 晝夢

낮에 꾸는 꿈

二月饒睡昏昏然[1] 不獨夜短晝分眠[2]
桃花氣暖眼自醉 春渚日落夢相牽
故鄕門巷荊棘底[3] 中原君臣豺虎邊[4]
安得務農息戰鬪[5] 普天無吏橫索錢[6]

이월에 잠이 많아 몽롱한데
단지 밤이 짧아 한낮에도 자는 것이 아니요
복사꽃 따스한 날씨에 눈이 절로 취하고
봄날 물가에 해가 지니 꿈에 빠지는 것이라.
고향의 집 골목은 가시나무 아래에 있고
중원의 군신들은 승냥이와 범의 곁에 있네.
어떻게 하면 농사에 힘쓰며 전투를 그치고
온 천하에 관리들이 제멋대로 세금 걷지 못하게 할까?

이 시는 두보 요체시의 명편 가운데 하나이다. 시제 '주몽'은 밤이 아닌 낮에 꾸는 꿈을 가리킨다. 꿈을 빌려 당시 불편하였던 시인의 심사를 표현하였는데 꿈속에서조차 고향에 대한 생각과 세상사에 대한 걱정을 놓지 않고 있다. 앞 4구는 꿈에 빠지는 이유이고, 5구와 6구는 꿈속의 경치이며, 마지막은 꿈에서 깨어 세상을 한탄함이다. 저작 시기는 대력 2년이다.

주 석

1 饒睡(요수)- 잠이 많아지다. 昏昏然(혼혼연)- 정신이 맑지 않고 혼미한 모양. 잠에 취한 상태를 가리킨다.

2 晝分(주분)- 낮을 뜻한다. 낮의 시간을 나눈다 또는 낮을 나눈다는 뜻으로 보기도 한다.

3 門巷(문항)- 집 앞 골목을 말한다. 荊棘(형극)- 가시나무. 산과 들에 무성하게 자라는 관목을 두루 가리키는 말이다.

4 豺虎(시호)- 승냥이와 범. 맹수를 두루 지칭하는 말인데 여기서는 중원을 노리는 이민족의 침입을 비유하는 것으로 보인다.

5 務農(무농)- 농사에 힘쓰다.

6 橫索錢(횡삭전)- 제멋대로 세금을 걷다.

(**박홍준**)

79. 秋日夔府詠懷奉寄鄭監審李賓客之芳一百韻

가을날 기주에서 감회를 읊어 비서소감 정심과 태자빈객 이지방에게 부치는 100운

絶塞烏蠻北[1] 孤城白帝邊[2] 飄零仍百里[3] 消渴已三年[4]
雄劍鳴開匣[5] 群書滿繫船[6] 亂離心不展[7] 衰謝日蕭然
筋力妻孥問[8] 菁華歲月遷[9] 登臨多物色 陶冶賴詩篇[10]
峽束滄江起[11] 巖排古樹圓[12] 拂雲霾楚氣[13] 朝海蹴吳天[14]
煮井爲鹽速[15] 燒畬度地偏[16] 有時驚疊嶂 何處覓平川[17]
鸂鶒雙雙舞[18] 獮猴壘壘懸[19] 碧蘿長似帶 錦石小如錢[20]
春草何曾歇 寒花亦可憐 獵人吹戍火[21] 野店引山泉[22]
喚起搔頭急[23] 扶行幾屐穿[24] 兩京猶薄產[25] 四海絶隨肩[26]
幕府初交辟[27] 郎官幸備員[28] 瓜時猶旅寓[29] 萍泛苦貪緣[30]
藥餌虛狼籍[31] 秋風灑靜便[32] 開襟驅瘴癘[33] 明目掃雲烟[34]
高宴諸侯禮[35] 佳人上客前[36] 哀箏傷老大 華屋艷神仙[37]
南內開元曲[38] 當時弟子傳[39] 法歌聲變轉[40] 滿座涕潺湲[41]
弔影夔州僻[42] 回腸杜曲煎[43] 卽今龍廐水[44] 莫帶犬戎羶[45]
耿賈扶王室[46] 蕭曹拱御筵[47] 乘威滅蜂蠆[48] 戮力效鷹鸇[49]
舊物森猶在[50] 凶徒惡未悛[51] 國須行戰伐 人憶止戈鋋[52]
奴僕何知禮[53] 恩榮錯與權[54] 胡星一彗孛[55] 黔首遂拘攣[56]
哀痛絲綸切[57] 煩苛法令蠲[58] 業成陳始王[59] 兆喜出於畋[60]
宮禁經綸密[61] 台階翊戴全[62] 熊羆載呂望[63] 鴻雁美周宣[64]
側聽中興主[65] 長吟不世賢[66] 音徽一柱數[67] 道里下牢千[68]
鄭李光時論[69] 文章並我先 陰何尙淸省[70] 沈宋欻聯翩[71]

律比崑崙竹[72]　音知燥濕絃[73]　風流俱善價[74]　愜當久忘筌[75]
置驛常如此[76]　登龍蓋有焉[77]　雖云隔禮數[78]　不敢墜周旋[79]
高視收人表[80]　虛心味道玄[81]　馬來皆汗血[82]　鶴唳必青田[83]
羽翼商山起[84]　蓬萊漢閣連[85]　管寧紗帽淨[86]　江令錦袍鮮[87]
東郡時題壁[88]　南湖日扣舷[89]　遠遊凌絶境[90]　佳句染華箋[91]
每欲孤飛去　徒爲百慮牽　生涯已寥落[92]　國步尙迍邅[93]
衾枕成蕪沒　池塘作棄捐　別離憂怛怛[94]　伏臘涕漣漣[95]
露菊斑豐鎬[96]　秋蔬影澗瀍[97]　共誰論昔事　幾處有新阡[98]
富貴空回首　喧爭懶著鞭[99]　兵戈塵漠漠[100]　江漢月娟娟[101]
局促看秋燕[102]　蕭疏聽晚蟬[103]　雕蟲蒙記憶[104]　烹鯉問沉綿[105]
卜羨君平杖[106]　偸存子敬氈[107]　囊虛把釵釧　米盡坼花鈿[108]
甘子陰涼葉　茅齋八九椽[109]　陣圖沙北岸[110]　市暨瀼西巓[111]
羈絆心常折[112]　棲遲病卽痊　紫收岷嶺芋[113]　白種陸池蓮[114]
色好梨勝頰　穰多栗過拳　敕廚惟一味　求飽或三鱣[115]
俗異鄰鮫室[116]　朋來坐馬韉[117]　縛柴門窄窄　通竹溜涓涓[118]
塹抵公畦稜[119]　村依野廟堧[120]　缺籬將棘拒　倒石賴藤纏
借問頻朝謁[121]　何如穩醉眠[122]　誰云行不逮[123]　自覺坐能堅
霧雨銀章澀[124]　馨香粉署妍[125]　紫鸞無近遠[126]　黃雀任翩翾[127]
困學違從衆[128]　明公各勉旃[129]　聲華夾宸極[130]　早晩到星躔[131]
懇諫留匡鼎[132]　諸儒引服虔[133]　不過輸鯁直[134]　會是正陶甄[135]
宵旰憂虞軫[136]　黎元疾苦駢[137]　雲臺終日畫[138]　青簡爲誰編[139]
行路難何有[140]　招尋興已專　由來具飛楫[141]　暫擬控鳴弦[142]
身許雙峰寺[143]　門求七祖禪[144]　落帆追宿昔[145]　衣褐向眞詮[146]

安石名高晉[147] 昭王客赴燕[148] 途中非阮籍[149] 査上似張騫[150]
披拂雲寧在[151] 淹留景不延[152] 風期終破浪[153] 水怪莫飛涎[154]
他日辭神女[155] 傷春怯杜鵑 淡交隨聚散[156] 澤國遶迴旋[157]
本自依迦葉[158] 何曾藉偓佺[159] 爐峰生轉眄[160] 橘井尙高褰[161]
東走窮歸鶴[162] 南征盡跕鳶[163] 晚聞多妙教[164] 卒踐塞前愆
顧愷丹青列[165] 頭陀琬琰鐫[166] 衆香深黯黯[167] 幾地肅芊芊[168]
勇猛爲心極 淸羸任體孱[169] 金篦空刮眼[170] 鏡象未離銓[171]

먼 변방인 오만 북쪽
외로운 백제성 가에서,
떠돌기는 여전히 백 리 길인데
소갈병은 이미 삼 년이랍니다.
보검은 열린 갑에서 울고
뭇 책들은 매여 있는 배에 가득합니다.
난리 통에 마음을 펴지 못하고
노쇠하여 날로 쓸쓸해지는데,
처자식이 내 근력을 물으며 걱정하고
좋은 시절은 세월 따라 가 버렸습니다.
높이 올라 바라보면 온갖 경물이 많아
시에 의지하여 마음을 달래곤 합니다.

협곡은 창강을 묶으며 솟았고
바위는 고목을 밀치며 둥근데,
구름을 스치는 나무는 초 땅 기운을 어둡게 하고
바다에 조회하는 강은 오 땅 하늘을 차며 흐릅니다.

우물물을 끓여 빨리 소금을 만들고
따비밭을 태울 때 편벽한 땅도 재어 봅니다.
첩첩한 높은 산에 놀랄 때가 있을 뿐
어디에서 평평한 들을 찾겠습니까?
자원앙은 쌍쌍이 춤을 추고
원숭이는 여기저기 매달려 있으며,
푸른 여라는 띠처럼 기다랗고
무늬 고운 돌은 돈처럼 조그맣습니다.
봄풀이 언제 시든 적이 있었습니까?
추운 계절에 핀 꽃도 사랑스럽기만 합니다.
사냥꾼은 수자리 불씨를 불어 일으키고
들녘의 집에서는 산속 샘물을 끌어 씁니다.
환기새 울음소리에 급히 머리를 긁적이고
지팡이 짚고 다니며 몇 켤레의 신발을 떨어뜨렸던가?
양경의 가산은 여전히 궁박하고
사해의 친구들과도 끊어졌는데,
막부에서 당초에 나를 불러
낭관으로 다행히 충원되었습니다.
임기가 지나도 여전히 나그네 생활을 하니
부평초 같은 삶은 괴롭게 계속 이어집니다.
약물은 부질없이 여기저기 널려 있는데
가을바람이 부니 청정하여 편안해집니다.
가슴을 열어 주며 장기瘴氣를 몰아내고
눈을 밝게 하며 구름과 안개를 쓸어 줍니다.

성대한 연회는 제후께서 예를 베푼 것이라
가인들이 상객의 앞에 자리하였습니다.
슬픈 쟁소리가 늙은이의 마음을 아프게 하는데
화려한 집에는 아름다운 신선들뿐이었습니다.
흥경궁에서 울리던 개원 시대 노래를
당시의 이원제자가 전하고 있었는데,
법곡 소리가 가락을 바꾸니
온 좌중이 눈물을 줄줄 흘렸습니다.

궁벽한 기주에서 그림자를 위문하며 지내니
두곡을 생각하면 꼬인 창자가 타는 듯합니다.
지금 장안 원마문苑馬門의 위수 물은
견융의 누린내를 띠지 않았을까요?
경엄과 가복 같은 장수가 왕실을 돕고
소하와 조참 같은 신하가 황제를 호위하여,
위세를 타고 벌과 전갈 같은 놈들을 격멸하고
힘을 합쳐 송골매의 충정을 바쳤습니다.
옛날의 문물은 엄연히 그대로 있건만
흉악한 무리는 악행을 뉘우치지 않으니,
나라에서는 반드시 정벌을 해야 하는데
사람들은 전쟁을 멈출 것만 생각합니다.
종놈이 어찌 예를 알겠습니까?
은총으로 권력을 잘못 나누어 주어,
오랑캐의 별이 한번 혜성이 되니
백성들이 마침내 걸려들었습니다.

애통해하는 조서가 절실하였고
가혹한 법령을 제거해 주셨으니,
공업이 이루어져 왕정 시작할 때를 이야기하고
기쁜 징조는 사냥에서 나왔습니다.
궁궐에서는 경영이 엄밀하고
태계에서는 보좌가 온전하였습니다.
곰 대신에 태공망을 싣고 오니
〈홍안鴻雁〉 시로 주선왕을 찬미하였습니다.

귀 기울여 중흥의 군주에 대하여 듣고
길게 불세출의 현인들을 읊조립니다.
편지는 일주관에서 자주 오고
거리는 하뢰관까지 천 리입니다.
정감과 이빈객께서는 현재의 여론에서 빛나고
문장은 모두 나보다 앞서시어,
음갱과 하손처럼 청신하고 간명함을 숭상하고
심전기, 송지문과 문득 연이어 날아갑니다.
음률의 세밀함은 곤륜의 대나무 같고
소리를 구분함에 현의 마르고 습함도 아시니,
문채의 풍류는 모두 좋은 값을 받을 만하고
말의 이치는 마땅하여 오래도록 언전言筌을 잊었습니다.
항상 정당시가 역을 설치하여 손님을 맞은 것처럼 하였고
아마도 이응의 등용문이 여기에 있을 것이니,
비록 신분이 차이가 나지만
감히 교제를 끊을 수 없습니다.

높은 안목으로 인재를 거두어들이고
허정한 마음으로 현묘한 도를 즐기시니,
찾아오는 말은 모두 한혈마요
우는 학은 반드시 청전의 것입니다.
태자를 도운 이가 상산에서 일어났고
비서소감의 봉래각은 한대의 궁각에 이어졌으며,
관영의 오사모는 깨끗하고
강총의 금포는 선명합니다.
동군에서 때때로 벽에 시를 쓰고
남호에서 날마다 뱃전을 두드리며,
멀리 노닐어 지극히 아름다운 곳에 이르고
아름다운 시구로 고운 종이를 물들이십니다.

매번 외로이 고향으로 날아가고 싶지만
부질없이 온갖 걱정에 얽매입니다.
나의 생애는 이미 영락하였고
나라의 명운은 아직도 험난합니다.
고향 집 이불과 베개는 잡초에 묻혔고
연못도 버려져 황폐해졌으며,
형제와 이별하였기에 근심으로 애가 타고
복일과 납일의 제사엔 눈물만 줄줄 흐릅니다.
이슬 맞은 국화는 장안에서 아롱지고
가을 채소는 낙양 강물에 비치겠지요.
누구와 함께 옛일을 논하겠습니까?
도처에 새로운 무덤만 있습니다.

부귀에 대하여 공연히 머리 돌려 생각할 뿐
시끄럽게 다투며 채찍질하는 것에는 게으릅니다.
전쟁의 먼지는 어둑어둑한데
강한의 달은 어여쁘기만 합니다.
촉급한 가을 제비를 바라보고
쓸쓸한 늦매미 소리를 듣고 있는데,
조충전각雕蟲篆刻하던 나를 기억해 주시어
편지로 오랜 질병을 물어 주셨습니다.

점 팔아 돈을 지팡이에 걸었던 엄군평을 부러워하고
도둑이 왕헌지의 청전을 남겨 둘 형편이라,
주머니가 비면 비녀와 팔찌를 저당 잡히고
쌀이 다하면 꽃 모양 머리 장식을 쪼갭니다.
감귤나무는 잎이 그늘지고 시원하며
띠집은 서까래만 여덟아홉 개인데,
팔진도는 모래사장 북쪽 언덕에 있고
부두는 양서瀼西 꼭대기에 있습니다.
굴레에 얽매여 마음은 늘 부서지지만
깃들어 머물다 보니 병은 곧 나으려 합니다.
자줏빛 수확물은 민산의 토란이고
하얗게 심는 것은 육가 연못의 연꽃이며,
색깔 좋은 배는 미인의 뺨보다 탐스럽고
풍성하게 많은 밤은 주먹보다 크지만,
부엌에 일러 오직 한 가지 음식만 차리게 하고
간혹 세 마리 전어로 허기진 배를 채웁니다.

풍속이 다른 교인鮫人의 집과 이웃하고
벗이 찾아오면 말언치에나 앉게 합니다.
섶을 엮어 만든 문은 좁디좁고
대나무 수로를 통하여 물만 졸졸 흐르며,
해자는 공전公田의 경계에 닿아 있고
마을은 들판 사당의 빈터에 의지해 있으며,
무너진 울타리는 가시나무로 막고
넘어진 돌은 등나무에 얽혀 있습니다.

묻노니 빈번하게 입조하여 알현하는 것이
어찌 편안하게 취하여 잠자는 것만 하겠습니까?
누가 행동이 미치지 못한다고 말합니까?
앉아서도 능히 견지할 수 있다고 생각합니다.
안개와 비에 은 인장은 녹이 슬지만
향기를 풍기는 상서성은 아름답겠지요.
난새는 멀고 가까움을 아랑곳하지 않고 높이 날지만
참새는 그저 낮게 조금 날아갑니다.
막혀서 배우는 나는 시류와 어긋나지만
밝으신 두 분은 각각 힘쓰십시오.
화려한 명성은 북극성을 끼고 있어
조만간에 높은 별자리에 이를 것입니다.
간절히 간언하던 광형을 머물게 하고
복건 같은 유생을 이끌어 주시면,
올곧은 충성을 다 바치기만 해도
응당 정치는 바로 될 것입니다.

황제는 밤낮으로 정사에 힘쓰며 근심이 많고
백성들은 온갖 고통에 시달리고 있으니,
운대에는 오래도록 공신의 화상을 그리고 있지만
청사는 두 분이 아니면 누구를 위하여 쓰겠습니까?

길 가는 데 무슨 어려움이 있겠습니까?
오로지 두 분을 찾아가려는 흥만 있을 뿐입니다.
지금껏 빠른 배도 준비하였으니
장차 활시위를 떠난 화살처럼 몰아가고자 합니다.
몸은 쌍봉사에 허락하고
칠조七祖의 선문禪門을 구하고자,
돛을 내려 오래된 소원을 좇고
베옷을 입고 참된 깨달음을 향하고자 합니다.
사안의 이름은 진나라에서 높고
소왕의 객은 연나라로 달려가려 하는데,
도중에 길이 막힌 완적이 아니고
뗏목 위의 장건과 같습니다.
헤치고 나갈 구름이 어찌 있겠습니까?
머무는 시간을 더 연장할 수 없습니다.
바람을 기다려 끝내 파도를 깨고 갈 것이니
물속의 괴물들은 침을 흘리지 말기를.
훗날 무산신녀와 작별할 때
봄을 슬퍼하며 두견새를 겁내겠지요.
이곳의 담담한 친구들이야 모였다 흩어지면 그뿐이지만
택국澤國을 돌며 배 타고 두 분 사이를 왕래하겠지요.

본래 가섭을 따르려 하였으니
어찌 신선에 의지하겠습니까?
여산 향로봉은 눈 돌리는 사이에 어리고
마령산馬嶺山 위의 귤정은 여전히 높이 펼쳐져 있는데,
동쪽으로 정령위가 학이 되어 돌아왔던 요동까지 가고
남쪽으로 독기 때문에 솔개가 추락한 교지까지 다 가렵니다.
만년에 불교의 오묘한 가르침을 많이 듣고서
끝내 실천하여 이전의 허물을 막으려 합니다.
와관사瓦棺寺의 고개지 그림은 아직 걸려 있고
두타사의 비문은 아름다운 옥처럼 새겨져 있으며,
사찰의 뭇 향기는 깊고 그윽하여
곳곳이 엄숙하고 푸릇푸릇한 부처님의 땅이겠지요.
불도에의 용맹정진을 마음의 궁극적 목표로 삼으며
파리한 몸이야 쇠잔한 대로 내버려 두려는데,
대칼로 부질없이 눈의 막을 긁어 내는군요
거울 속 형상에 대한 집착을 아직 버리지 못하였으니…….

이 시는 대력 2년에 두보가 기주夔州의 양서瀼西에 있을 때 지은 오언배율五言排律로 두시 중에서 가장 긴 작품이다. 정심鄭審은 비서소감秘書少監을 역임하였고, 이지방李之芳은 광덕 원년에 토번에 사신 갔다가 2년간 억류되었다가 돌아와서 예부상서禮部尙書에 배수되었으며 태자빈객太子賓客으로 옮겼다고 한다. 이 시는 크게 기주에서의 감회와 정심, 이지방에게 부치는 내용으로 구성되어 있다. 당시 정심과 이지방은 강릉江陵과 이릉夷陵에 있었는데 그들이 편지로 안부를 물은 것에 대한 답시로 쓴 것이다.

하지만 이 시는 단순한 답시나 기증시만은 아니며, 시인의 처경과 평소의 관심사 및 일생의 지향 등이 복합적으로 담겨 있는 두보의 심혈작이다. 그래서 중간에 장안의 시사를 자세히 논하기도 하며 끝부분에서는 불교에 귀의할 뜻을 표출하기도 한다. 이 시에 대하여 구조오와 포기룡 등 역대 주석가들은 10개의 단락으로 나누고 있는데, 그 시상의 안배가 조리 있으면서 변화무쌍하여 두시 장법의 특징을 잘 보여 준다. 그 내용은 '기주에서의 영회 개요, 기주의 풍경 묘사, 기주에서의 심정과 일, 장안의 시사時事, 두 사람에 대한 칭송, 고향 생각과 편지에 대한 감사, 양서에서의 구체적 생활 모습, 두 사람에 대한 면려, 출협과 만날 약속, 불교에의 귀의'로 정리해 볼 수 있다. 포기룡은 "오래도록 기주에서 머물다가 공연히 경사를 생각하고, 정심과 이지방이 삼협 밖에 거주하는 있는 것을 기뻐한 것이다. 그래서 돌아가는 것이 막혀 곤궁한 나머지 함께 노닐 것을 생각한 것이다. 비록 저들이 조정에 오르기를 축원하고 있으나 도리어 찾아가서 방문할 약속을 하고 있으며, 불교에 늙은 몸을 귀의하는 것으로 이생의 귀숙처로 삼고 있다. 이것이 전체 작품의 큰 뜻이다. 분석해서 말하면 다음과 같다. 첫 번째 단락은 기주에 있으면서 감회를 읊는 큰 뜻을 거느리고 있는데, 전체 시의 총괄적 서두이다. 두 번째 단락은 기주의 풍토와 경물을 널리 서술하고 있다. 세 번째 단락은 기주에 온 이유와 기주에서 사는 대체적 상황으로 옮겨 갔는데, 아직 양서의 이야기에는 이르지 않았으니 이는 무대에서 형세를 너그럽게 하는 수법이다. 네 번째 단락은 생각이 장안에서 난리를 겪고 다스림을 도모하는 일에 이르고 있으니 이것은 호탕하게 한 걸음 나아간 것이다. 다섯 번째 단락에 와서 비로소 정심과 이지방 이야기를 하고 있으니 이것은 허필虛筆로 한 걸음 접근한 것이다. 여섯 번째 단락에서는 또한 북쪽으로 돌아가지 못하는 실정을 삽입하고 있는데, 급한 문맥을 이완시켜 받는 법이다. 일곱 번째 단락에서는 현재 양서에서의 적막한 상황으로 이어지는데, 앞의 기주의 경물에 비하여 한층 더 가까이 다가가서 뒤의 삼협을 나가고자 하는 뜻에 대하여 미리 그 이유를 상세하게 설명한 것이다. 여덟 번째 단락에서는 다시 두 사람의 공명 등을 기대하고 바라는 이야기로 전환하여 찾아가 방문하고자 하는 뜻과 도리어 멀어지고 있으니, 이것은 합치고자 하여 짐짓 헤어지는 수법이다. 아홉 번째 단락에서야 바야흐로 삼협을 나가 찾아가고자 하는 뜻에 부합하니 곧 이 시의 본지이다. 마지막 단락에서는 선禪을 추구하는 것으로 귀결을 삼고 있어 결국 이유를 들어 도피하는 수법에 속하니 이것으로 끝맺음하였다. 이것이 전체 작품의 대체적 형국이다."라고 설명하고 있다. 이 시는 원진元稹이 "포진하여 시작하고 끝맺고 성운을 배열한 것이 크게는 천언이다.(鋪陳終始, 排比聲韻, 大或千言.)"라고 하며 극찬한 작품이며, 후대의 백운百韻 배율의 효시가 되었다.

주 석

1 絶塞(절새) - 극히 먼 변새邊塞 지구. 먼 변방. 烏蠻(오만) - 기주 남쪽 지방.

2 白帝(백제) - 백제성白帝城. 기주夔州를 가리킨다.

3 百里(백리) - 운안雲安에서 기주까지의 대략적 거리.

4 消渴(소갈) - 소갈병. 三年(삼년) - 운안에서 기주까지의 기간. 즉 영태 원년, 대력 원년, 대력 2년을 가리킨다.

5 雄劍(웅검) - 보검. 이 구절은 시인의 웅장한 마음이 아직 남아 있음을 말한다.

6 繫船(계선) - 매여 있는 배. 기주를 떠나기 위하여 강가에 매어 놓은 배를 말한다. '웅금雄劍' 2구는 '所向皆窮轍, 餘生且繫船'으로 된 판본도 있다.

7 心不展(심부전) - 마음을 펴지 못하다. '展'은 '轉'으로 된 판본도 있다.

8 妻孥(처노) - 처자식. 問(문) - '覺'으로 된 판본도 있다.

9 菁華(정화) - 초목의 봄빛. 좋은 시절

10 陶冶(도야) - 감정을 기쁘게 하고 성정을 기르다. 시로써 성정을 기르는 것을 말한다. 시로써 대상을 그려 내는 것을 말하는 설도 있다.

[絶塞 12구] 첫 번째 단락에서는 기주에서 감회를 읊는 까닭을 서술하고

있다. 위 6구에서는 기주에서 나그네 생활이 이미 오래되어 그의 뜻이 동쪽으로 가려고 함을 말하고 있다. 아래 6구에서는 기주를 떠날 수 없어 애오라지 시에 의지하여 마음을 달랠 따름임을 말하고 있다. '절새絶塞', '고성孤城'은 다 기주를 가리킨다. 두보가 운안에서 여기에 이르기까지 130리이고, 영태 원년으로부터 이때까지 이미 3년이 지났다. 검이 울고, 책이 묶인 배에 있다는 것은 장차 기주를 떠나려는 것이다. 몸이 난리를 겪었기에 고로 쉽게 노쇠한 것이다. '근력筋力' 2구는 '쇠사衰謝'를 잇고, '등림登臨' 2구는 다음 단락을 일으킨다.

11 滄江(창강) - 푸른 강. 강물. '滄'은 '蒼'으로 된 판본도 있다. 이 구절은 좁은 협곡 사이로 강물이 흘러가는 모습을 묘사한 것이다.

12 古(고) - '石'으로 된 판본도 있다.

13 霾(매) - 어둡게 하다. 이 구절은 위의 '고수古樹'를 이어받은 것으로 그 나무가 하늘을 가려 초 땅을 어둡게 한다는 것이다.

14 朝海(조해) - 바다에 조회하다. 강물이 바다로 흘러가다. '朝'는 '潮'로 된 판본도 있다. 蹴吳天(축오천) - 강물이 출렁이며 오 땅으로 흘러가는 모습이다. '蹴'은 '襯'으로 된 판본도 있다. 이 구절은 앞의 '창강'을 이어받은 것이다.

15 煮井(자정) - 촉 땅에는 염정鹽井이 많은데 이 물을 끓여 소금을 만든다.

16 畬(사) - 따비밭. 잡목을 불살라 일군 밭. 度地偏(탁지편) - 이곳은 산이 높고 험하여 경지가 적은 곳이라서 편벽한 곳의 조그마한 땅도 빠뜨리지 않고 측량한다는 뜻이다.

17 平川(평천) - 평평한 들.

18 鸂鶒(계칙) - 자원앙. 원앙보다 크고 자주색이 많으며 물 위에 짝지어 떠다닌다.

19 獼猴(미후) - 원숭이. '獼'는 '미彌'와 동자이다. 壘壘(누루) - 겹쳐진 모양.

20 錦石(금석) - 아름다운 돌. 무늬가 고운 돌.

21 戍火(수화) - 수졸들의 주둔지에 피워 놓은 불.

22 野店(야점) - 향촌의 여관이나 찻집. 여기서는 기주 백성들의 들판의

집으로 보인다.

[峽束 16구] 두 번째 단락에서는 기주의 풍경을 읊고 있다. '협속峽束' 4구는 산수를 기록한 것이다. '자정煮井' 4구는 지맥地脈을 기록한 것이다. '계칙鸂鶒' 6구는 물산物産을 기록한 것이다. '엽인獵人' 2구는 인사人事를 기록한 것이다. 다 이른바 "높이 올라 바라보면 온갖 경물이 많다."이다. 나무가 구름을 스치니 그 무성함이 초 땅의 기운을 어둡게 하고, 장강이 바다에 조회하러 가니 물결이 오 땅 하늘을 찬다. 이 연은 그 기상이 일세를 웅장하게 덮는다. '자정' 1연은 그 묘사가 기이하고 독창적이다. '첩장疊嶂' 1연은 그 묘사가 놀랍다. '계칙鸂鶒' 이하 여러 구는 그 묘사가 그윽하고 여유롭다. '춘초春草' 구, '한화寒花' 구는 그 묘사가 아름답고 빼어나다. '취화吹火' 구, '인천引泉' 구는 그 묘사가 의미심장하다. 구절구절이 다 그림 같다. 또한 '엽인獵人' 2구는 사람들의 생활상을 묘사하여 기주에서의 심정과 일을 묘사한 세 번째 단락으로 넘어가는 과맥으로 삼고 있다.

23 喚起(환기) - 새 이름. 새 울음소리가 나를 '불러 깨우다'라는 쌍관의 뜻도 있다. 搔頭(소두) - 머리를 긁다. 초조하고 근심이 있는 것을 말한다.

24 扶行(부행) - 지팡이. 죽장竹杖. 지팡이에 '의지하여 다니다(扶杖而行)'는 쌍관의 뜻으로 볼 수 있다. 幾屐穿(기극천) - 몇 켤레의 나막신에 구멍이 났던가? 몇 켤레의 신발을 떨어뜨렸던가?

25 兩京(양경) - 장안長安과 낙양洛陽. 장안의 두릉杜陵, 낙양의 언사偃師에 두보의 옛집이 있었다.

26 隨肩(수견) - 어깨를 따르다. 어깨 조금 뒤에서 비스듬히 함께 가는 사이로 친구를 가리킨다.

27 幕府(막부) - 성도成都의 절도사 엄무嚴武의 막부를 가리킨다. 交辟(교벽) - 서로 천거하다. '辟'은 삼공三公 이하의 사람이 재야의 현자를 초빙하는 것을 말하는데 여기서는 엄무가 두보를 초빙한 것을 가리킨다.

28 郎官(낭관) - 엄무의 추천으로 두보의 관직이 절도참모검교공부원외랑節度參謀檢校工部員外郎이 된 것을 가리킨다. 備員(비원) - 인원수를 채우다. 하는 일 없이 인원만 채우고 있었다는 말로 관직을 맡은 것에 대한 겸손

한 말이다.

29 瓜時(과시) - 외가 익을 때. 임기가 만료됨을 가리킨다. 《좌전左傳》에 의하면 제나라 군주가 연칭連稱과 관지보管至父로 하여금 계구葵丘에서 수자리 서게 하며 "외가 익을 때 갔다가, (다음 해에) 외가 익으면 교대한다.(瓜時而往, 及瓜而代.)"라고 하였다. 猶(유) - '仍' 또는 '拘'로 된 판본도 있다.

30 苦(고) - '若'으로 된 판본도 있다. 夤緣(인연) - 계속 이어지다. 기주에서 계속 나그네 생활을 하는 것을 가리킨다.

31 藥餌(약이) - 약물. 狼籍(낭자) - 여기저기 널려 있는 모양. '狼藉'와 같다.

32 灑(쇄) - 뿌리다. 붙다. 靜便(정편) - 청정하여 편안하다.

33 驅(구) - '祛'로 된 판본도 있다. 瘴癘(장려) - 고온다습한 곳에서 발생하는 나쁜 기운인 장기瘴氣로 열병을 일으킨다.

34 掃(소) - '拂'로 된 판본도 있다.

35 高宴(고연) - 고당高堂의 연회. 성대한 연회. 諸侯(제후) - 기주 도독都督 백무림柏茂林을 가리킨다. 백중승柏中丞으로도 불린다.

36 上客(상객) - 상등 빈색. 두보 자신을 말한다.

37 華屋(화옥) - 백무림이 연회를 연 곳을 말한다. 艷神仙(염신선) - 아름다운 신선들. 여기서 '신선'은 앞 구절에서 두보 자신을 뜻하는 '노대老大'를 제외한 다른 사람들을 가리키는데 다소 풍자적인 뜻도 있어 보인다.

38 南內(남내) - 흥경궁興慶宮. 開元曲(개원곡) - 개원 연간에 당현종이 직접 지은 법곡法曲류.

39 當(당) - '常'으로 된 판본도 있다. 弟子(제자) - 이원제자梨園弟子. 원주原注에 "도독 백중승의 연회에서 이원제자 이선노의 노래를 들었다.(都督柏中丞筵, 聞梨園弟子李仙奴歌.)"라고 하였다.

40 法歌(법가) - 법곡法曲. 고대 악곡으로 불교의 법회法會에 쓰였기 때문에 이런 명칭이 생겼다. 서역 각국의 음악과 한족漢族의 청상악淸商樂이 서로 융합하여 수당대의 법곡이 되었다. 變轉(변전) - 변성전조變聲轉調. 가락이 바뀌다.

41 潺湲(잔원) - 눈물이 줄줄 흐르는 모양.

[喚起 20구] 세 번째 단락에서는 기주에 있을 때의 정사情事를 읊고 있다. '환기喚起', '부행扶行'은 곧 쇠퇴한 모습이다. 모두 곤궁함과 영락함으로 인한 것으로 이 2구는 아래를 이끄는 단서가 된다. '양경兩京' 4구는 기주에서 나그네 살이 하는 이유를 서술하고 있다. '과시瓜時' 6구는 병든 중에 마주친 경물로 괴로움 속에 즐거운 뜻이 있다. '고연高宴' 8구는 여행 중에 느낀 감회로 즐거움 속에 슬픈 생각이 있다. 마음이 괴롭기 때문에 머리를 긁고, 길이 험하기에 신발이 떨어진 것이다. '박산薄產' 구는 전원이 오래도록 황폐한 것이다. '수견隨肩' 구는 옛 친구들이 나날이 죽어 가는 것을 말한다. '막부幕府' 2구는 엄무가 추천해서 끌어 준 것을 회상한 것이다. '여우旅寓' 2구는 앞의 '표령飄零'에 호응한다. '약이藥餌' 2구는 앞의 소갈병에 호응한다. '개금開襟' 구, '명목明目' 구는 위의 가을바람을 이어받는다. '고연高宴' 4구는 절도사 진영의 번화함을 보여 준다. '남내南內' 4구는 당현종의 일락逸樂을 느낀 것이다. 뒤의 몇 마디는 또한 아래 단락을 이끈다.

42 弔影(조영) - 그림자를 조문하다. 그림자와 서로 위문하다. 고독하고 적막함을 비유한다.

43 杜曲(두곡) - 장안 동남쪽에 있는 지명으로 당대唐代에 두씨杜氏 성을 가진 사람이 대대로 여기에 살았고 두보의 옛집도 여기에 있었다.

44 龍廐(용구) - 장안의 원마문苑馬門. 원주原注에 "서경 용구문은 원마문이다. 위수가 원문苑門 안으로 흘렀다.(西京龍廐門, 苑馬門也, 渭水流苑門內.)"라고 하였다.

45 犬戎(견융) - 토번을 가리킨다. 羶(전) - 누린내.

46 耿賈(경가) - 경엄耿弇과 가복賈復. 둘 다 후한 광무제가 의지하고 중용하였던 장수인데 여기서는 당시의 장수들을 가리킨다.

47 蕭曹(소조) - 소하蕭何와 조참曹參. 둘 다 한고조 유방을 도운 개국 공신인데 여기서는 이광필李光弼이나 곽자의郭子儀 같은 당시 여러 공신을 가리킨다.

48 乘(승) - '秉'으로 된 판본도 있다. 蜂蠆(봉채) - 벌과 전갈. 여기서는

이런 독충 같은 변방의 도적을 가리킨다.

49 戮力(육력)- 힘을 합치다. '戮'은 '勠'과 같다. 效(효)- '敎'로 된 판본도 있다. 鷹鸇(응전)- 송골매.

50 舊物(구물)- 나라의 옛 문물文物. 옛날의 전장제도典章制度.

51 凶徒(흉도)- 흉악한 무리. 배반한 신하와 그 반군들을 가리킨다. 悛(전)- 뉘우치다.

52 止戈鋋(지과연)- 전쟁을 그치다. '鋋'은 작은 창이다.

[國須 2구] 당시 대종이 반군을 섬멸하지 않고 전쟁을 그치려 하였는데 이것을 '사람들이' 전쟁을 멈출 것만 생각한다며 우회적으로 말한 것이다.

53 奴僕(노복)- 대종 때의 환관 정원진程元振을 가리킨다. 안녹산을 가리킨다는 설도 있다.

54 錯與權(착여권)- 잘못 권력을 나누어 주다. 황제가 미천한 자에게 지나치게 은총을 베풀어 대권을 나누어 준 것을 말한다.

55 胡星(호성)- 묘성昴星. 호인胡人을 상징한다. 彗孛(혜패)- 혜성彗星과 패성孛星. 옛사람들은 이 별들의 출현을 재난의 징조로 여겼다. '孛'는 '闇'으로 된 판본도 있다. 이 구는 안녹산과 사사명이 화단禍端을 열었음을 밝혀 말한 것이다.

56 黔首(검수)- 백성. '首惡'으로 된 판본도 있다. 拘攣(구련)- 구속拘束. 걸려들다 백성들이 전쟁에 동원된 것을 말한다.

57 絲綸(사륜)- 왕의 말은 처음에는 가늘고 미세하기가 실絲과 같으나 그것이 나와서 밖에서 행해질 때는 점점 커져 굵은 실綸과 같다는《예기禮記·치의緇衣》의 구절(王言如絲, 其出如綸)에서 나온 것으로 뒤에 제왕의 조서詔書를 가리키는 말로 쓰였다. 여기서는 영태永泰 원년에 대종이 자신을 책망한 조서를 가리킨다.

58 煩苛(번가)- 번거롭고 가혹하다. '頻煩'으로 된 판본도 있다. 蠲(견)- 덜다. 제거하다.

59 始王(시왕)- 대종代宗이 처음 등극하여 왕 노릇 한 것을 가리킨다.

60 畋(전)- 사냥. 전렵畋獵.

61 宮禁(궁금)- 궁궐. 황제가 거처하는 궁중宮中은 금위禁衛가 삼엄하여

함부로 출입할 수 없기에 이렇게 일컫는다. 經綸(경륜)- 나라의 일을 경영하고 처리하다.

62 台階(태계)- 삼태성三台星. 삼공三公의 지위를 가리킨다. '태계泰階'라고도 한다. 翊戴(익대)- 보좌하고 추대하다.

63 熊羆(웅비) 구- 주문왕周文王이 강태공姜太公을 얻은 전고를 쓰고 있는데 여기서 '呂望'은 곽자의郭子儀를 가리키는 것으로 보인다.

64 鴻雁(홍안)-《시경》의 편명. 시의 주지는 주선왕周宣王이 백성들을 안정시키고 모이게 한 것을 찬미한 것이다. 후에 이 시는 제왕을 찬미하는 전고로 쓰이는데 여기서는 주선왕으로 대종을 비유하였다.

[弔影 24구] 네 번째 단락에서는 장안의 시사時事를 회상하고 있다. '기주夔州' 구는 위를 받고, '두곡杜曲' 구는 아래를 이끈다. '용구龍廐'의 물에 비린내가 난다는 것은 토번이 경사를 함락한 것이다. '경가耿賈' 4구는 영무의 장군과 재상을 생각한 것이다. '구물舊物' 4구는 당시의 반군 장수를 미워한 것이다. '노복奴僕' 4구는 정원진에게서 화의 근원을 추론한 것이다. '애통哀痛' 이하는 대종이 경사로 돌아온 일을 가리킨다. '구물' 구는 황제의 경성이 예전과 같음을 말한다. '흉도凶徒' 구는 부장副將인 이회옥이 절도사인 후희일을 쫓아낸 것이나 복고회은이 토번을 꾀어 들인 것과 같은 일들을 가리킨다. 왕도준王道俊은 "공은 대종이 하북 지방의 죄를 가서 묻지 못하고 다만 전쟁을 그치게 하였다는 명성을 사모하여 화란禍亂을 양성하였다고 본다. 그래서 '나라에서는 반드시 전벌을 해야 하는데, 사람들은 전쟁을 멈출 것만 생각한다'고 하였으니 대체로 그것을 슬퍼한 것이다."라고 하였다. 노원창은 "정원진은 노복인데도 잘못 대권을 주어서 장수와 병사의 마음이 해이해지는데 이르렀고 외부의 오랑캐가 쳐들어와서 백성들이 고통스럽게 되었다. 예전에 안녹산을 노복으로 여긴 것은 잘못된 것이다."라고 하였다. 주학령은 "《구당서》 본기에 영태 원년 정월에 황제가 조칙을 내려 자신을 책망하였고, 영태 2년 11월에 크게 사면을 하고 연호를 고쳤으며 십무세일법什畝稅一法을 정지시켰다고 하였는데, 이것이 이른바 애통한 조서가 절실하고 가혹한 법령을 제거하였다는 것이다."라고 하였다. 전겸익은 "'시왕始王'은 대

종이 처음 정치를 한 것을 가리킨다. '어전於畋'은 문왕이 사냥을 나간 것으로 대종이 섬주陝州로 행차한 것을 비유한다. '궁금宮禁' 2구는 '진시왕陳始王'을 이어서 임금 자신에서부터 여러 신하에까지 이야기하고 있다. '웅비熊羆' 2구는 '출어전出於畋'을 이어서 대신大臣에서부터 군주에 대한 이야기로 귀결되고 있다. '웅비'는 아마 곽자의를 가리키는 것일 것이다."라고 하였다.

65 側聽(측청) 몸을 기울여 듣다. 존경을 표시한다. 中興主(중흥주)- 중흥의 군주. 대종代宗을 가리킨다.

66 不世賢(불세현)- 불세출의 현인. 정심과 이지방을 가리킨다.

67 音徽(음휘)- 편지. 서신. 一柱(일주)- 일주관一柱觀. 강릉江陵에 있었다. 數(삭)- 자주 오다.

68 道里(도리)- 도로. 거리. 下牢(하뢰)- 하뢰관下牢關. 이릉夷陵에 있었다. 위의 2구에 대하여 원주原注에 "정심은 강릉에 있고, 이지방은 이릉에 있다.(鄭在江陵, 李在夷陵.)"라고 하였다.

69 光時論(광시론)- 당시의 여론에서 빛나다. 정심과 이지방이 당시 여론의 평판이 좋음을 말한다.

70 陰何(음하)- 음갱陰鏗과 하손何遜. 둘 다 남조南朝 때의 유명한 시인으로 두보가 평소 존경하는 인물인데 여기서는 정심과 이지방을 비유한다. 淸省(청생)- 청신하고 간명하다.

71 沈宋(심송)- 심전기沈佺期와 송지문宋之問. 초당初唐시기에 율시의 격률을 완성시켰다고 평가받는 시인인데 역시 정심과 이지방이 시에 능함을 비유한다. 欻(훌)- 문득. 聯翩(연편)- 연이어 날다.

72 崑崙竹(곤륜죽)- 곤륜산崑崙山의 죽관竹管. 황제黃帝가 영륜伶倫으로 하여금 곤륜산의 북쪽에 가게 하여 해곡嶰谷의 대나무를 취하여 두 마디 사이를 잘라 불어 황종黃鐘의 궁宮으로 삼았다고 한다.

73 燥濕絃(조습현)- 마르고 습한 현. 현의 마르고 습한 정도.

74 善價(선가)- 고가高價. 좋은 값. 이 구는 두 사람의 문장이 높은 평가를 받을 만함을 말한 것이다.

75 愜當(협당)- 문장의 이치가 맞고 타당하다. 忘筌(망전)- 고기를 잡은

후에 통발을 잊어버리듯 언전言筌에 떨어지지 않음을 말한다.

76 置驛(치역)- 역마를 설치하다. 한나라 때 정당시鄭當時가 역마를 설치하여 빈객들을 잘 대접하였다. 여기서는 비서소감 정심이 빈객들을 잘 대접함을 말한다.

77 登龍(등룡)- 등용문登龍門. 후한後漢 때 이응李膺을 접견하고 그의 인정을 받는 것을 등용문이라고 하였다. 여기서는 이지방이 인재를 잘 대우함을 가리킨다.

78 禮數(예수)- 고대에 지위에 따라 달리하였던 예의와 법수法數. 이 구절은 두보와 두 사람은 품계와 신분이 다름을 말한다.

79 周旋(주선)- 고대에 예의를 행할 때의 진퇴와 읍양揖讓의 동작. 여기서 나아가 왕래하며 교제하는 것을 가리킨다.

80 高視(고시)- 높은 곳을 향하여 보다. 높은 안목. 人表(인표)- 사람들의 표본, 귀감. 품행과 학식이 뛰어나 다른 사람의 표본이 될 수 있는 인재를 가리킨다.

81 味道玄(미도현)- 도의 현묘함을 맛보다. 도의 깊은 이치를 체득하였음을 말한다.

82 汗血(한혈)- 한혈마汗血馬. 고대 서역의 준마駿馬로 피 같은 땀을 흘린다고 하여 붙여진 이름이다.

83 青田(청전)- 절강성浙江省 청전현青田縣 서북쪽에 있는 산 이름. 이 산은 학으로 유명하여 청전학青田鶴이라 하는데 전설에 신선이 기르던 것이라고 한다. 여기서 학은 고결하고 재주 있는 선비를 비유한다. 위 2구는 인재들이 즐거이 두 사람에게 귀의함을 말한다.

84 羽翼(우익) 구- 진나라 말기에 동원공東園公, 기리계綺里季, 하황공夏黃公, 녹리선생甪里先生이 난리를 피하여 상산商山에 은거하고 있었는데, 나이가 다 80세가량이었고 수염과 눈썹이 희었기 때문에 당시에 상산사호商山四皓라 불렀다. 후에 한 고조가 태자를 폐하려고 하자 여태후가 장양의 계책을 써서 상산사호를 맞이하여 태자를 보위하게 하였다. 그러자 고조는 척부인을 불러 태자의 우익羽翼이 이미 형성되었기에 태자를 변경할 수 없다고 하며 폐위의 뜻을 접었다. 이지방이 태자빈객이기에 상산사호

의 일을 전고로 쓴 것이다.

85 蓬萊(봉래) 구- 봉래각이 한나라의 궁각宮閣과 이어지다. 비서소감인 정심의 근무처를 말한다.

86 管寧(관영)- 삼국시대 위나라 사람으로 학문이 깊었다. 문제文帝와 명제明帝가 벼슬을 주었으나 다 사양하며 받지 않았고 집에서 늘 오사모烏紗帽를 쓰고 있었다고 한다. 여기서는 세상을 피한 관영으로 이미 물러난 정심을 비유하고 있다. '淨'은 '靜'으로 된 판본도 있다.

87 江令(강령)- 남조 진나라 사람인 강총江總. 그는 진후주陳後主의 총애를 받아 벼슬이 상서령尙書令에 이르렀기에 '강령'이라 불렀다. 그의 〈산수납포부山水衲袍賦〉에 황태자로부터 받은 금포錦袍의 아름다움에 대한 묘사가 나온다. 여기서는 일찍이 태자의 관원이었던 강총으로 태자빈객인 이지방을 비유하고 있다.

88 東郡(동군)- 이릉군. 이지방이 여기에 있다. 구조오는 강릉으로 보고 있고, 포기룡은 강릉과 이릉 둘 다 기주의 동쪽에 있기에 모두 해당된다고 보고 있다.

89 南湖(남호)- 정심이 거처하는 호수를 말한다.

90 遠遊(원유)- 멀리 노닐다. 신발 이름으로 보기도 하여 쌍관의 뜻이 있다.

91 華箋(화전)- 질이 좋고 고운 종이. 편지나 시를 쓰는 데 주로 쓰인다.

[側聽 28구] 다섯 번째 단락에서는 정심과 이지방 두 사람을 칭송하고 있다. '측청側聽' 구는 위를 이어받고, '장음長吟' 구는 아래를 이끈다. '편지가 잦다'는 말은 정심의 편지가 자주 이른 것이다. '거리가 천리다'라는 말은 이지방의 거처가 멀지 않은 것이다. '정리鄭李' 8구는 두 사람의 시재詩才를 칭찬한 것이다. '치역置驛' 8구는 두 사람의 우의를 칭송한 것이다. '우익羽翼' 8구는 두 사람의 벼슬살이 행적을 칭송한 것이다. 형주에는 일주관이 있고, 협주에는 하뢰관이 있다. '치역'은 정심에게 들어맞고, '등룡登龍'은 이지방에게 들어맞는다. '주선周旋'은 공이 더불어 왕래하길 원한다는 것이다. '수인표收人表'는 그들이 선비를 아낌을 말한 것이고, '미도현味道玄'은 그들이 도를 좋아함을 말한 것이

다. '마래馬來' 구, '학려鶴唳' 구는 인재들이 즐거이 귀의함을 비유한 것이다. 조차공은 "이지방은 태자빈객이라서 상산사호의 일을 썼고, 정심은 비서소감이라서 봉래각에 가깝다. 정심은 이미 물러나서 거하기에 '관영사모管寧紗帽'에 비하고 있고, 이지방은 조정에 벼슬을 하고 있기에 '강령금포江令錦袍'에 비유하고 있다."라고 하였다. 주학령은 "이릉군은 기주의 동쪽에 있기에 '동군東郡'이라고 하였고, '남호南湖'는 정심의 호숫가 정자이다."라고 하였다. 전겸익은 "동군, 남호는 두 사람이 하는 일이 없음을 탄식하고, 그들이 어진데도 등용되지 못한 것을 아쉬워한 것이다."라고 하였다.

92 寥落(요락)- 쇠락하다. 영락하다.

93 尙(상)- '乃'로 된 판본도 있다. 迍邅(둔전)- 머뭇거리다. 험난하다. 가기 어려운 모양.

94 怛怛(달달)- 노심초사하는 모양.

95 伏臘(복랍)- 복제伏祭와 납제臘祭. 또는 복일伏日과 납일臘日로 널리 절일節日을 가리키기도 한다. 漣漣(연련)- 눈물이 흘러 그치지 않는 모양.

96 豐鎬(풍호)- 주周의 옛 도읍. 문왕은 풍豐에 도읍을 정하였고, 무왕은 호鎬로 옮겼다. 모두 장안 일대로 장안을 가리킨다.

97 蔬(소)- '菰'로 된 판본도 있다. 澗瀍(간전)- 간수澗水와 전수瀍水. 둘 다 낙양洛陽을 지나 낙수洛水로 유입되는 강으로 낙양을 가리킨다.

98 新阡(신천)- 새로운 무덤 길. 새로 생긴 무덤을 가리킨다.

99 喧爭(훤쟁)- 떠들썩하게 싸우다. 著鞭(착편)- 채찍질하다. 여기서는 부귀를 얻으려고 노력하는 것을 말한다.

100 漠漠(막막)- 광막한 모양. 어둡게 덮인 모양.

101 江漢(강한)- 장강長江과 한수漢水. 두보가 있는 기주를 가리킨다.

102 局促(국촉)- 좁고 촉급하다. 조급하다.

103 蕭疏(소소)- 쓸쓸하다. 적막하고 처량하다.

104 雕蟲(조충)- 충서蟲書를 새기다. 조충전각雕蟲篆刻. 시문을 짓는 행위를 낮추어 하는 말인데 여기서는 두보 자신을 가리킨다.

105 烹鯉(팽리)- 잉어를 삶다. 편지를 받은 것을 뜻한다. 沈綿(침면)-

오래되어 잘 낫지 않는 질병.

[每欲 20구] 여섯 번째 단락은 앞을 잇고 뒤를 일으켜서 전체 시의 과맥이 된다. '매욕每欲' 10구는 '두곡杜曲' 일단락을 이으면서 고향으로 돌아가기 어려움에 대하여 마음 아파하고 있다. '공수共誰' 10구는 '정리鄭李' 일단락을 이으면서 알아주는 친구가 있어 위로가 됨을 기뻐하고 있다. '백려견百慮牽'은 아래의 8구를 포괄하고 있다. '생애生涯' 구는 근심이 자신에게 있고, '국보國步' 구는 근심이 나라에 있다. '금침衾枕', '시당池塘' 구는 안부를 물을 집이 없는 것이다. '별리別離' 구는 형제자매를 슬퍼한 것이고, '복렵伏臘' 구는 조상을 생각한 것이다. '풍호豐鎬', '간전澗瀍'은 생각이 장안과 낙양에 미친 것이다. 그리고 친구들이 노쇠한 것이 이와 같은데, 자기도 또한 나아감에 게으르고 지금 전란 중에 강한에 몸을 기탁하고 있으니 부질없이 조급함과 쓸쓸함을 증가시킬 뿐인데 다행히 두 분이 기억해 주고 안부를 물으니 진실로 옛 친구 중에 흔치 않은 자임을 말하고 있다.

106 君平(군평)- 엄군평嚴君平. 한대의 고사高士 엄준嚴遵으로 그의 자字가 '군평'이다. 엄군평과 비교하며 두보 자신은 돈 버는 재주가 없음을 말한다.

107 子敬(자경)- 진나라 사람인 왕헌지王獻之로 그의 자가 자경子敬이다. 氈(전)- 모전. 양탄자. 어느 날 밤에 왕헌지의 집에 도둑이 들어왔는데 가난하여 훔쳐 갈 물건이 없었다. 왕헌지가 "청전靑氈은 우리 집의 전해오는 물건이니 남겨 두어라."라고 하자 도둑이 놀라 달아났다고 한다. 이 구절은 두보의 집이 가난하여 좋은 물건이 없음을 말한다.

108 花鈿(화전)- 꽃 모양의 머리 장식.

[囊虛 2구] 두보가 스스로 가난한 형편을 말하고 있는 것이다.

109 茅齋(모재) 구- 도연명 〈귀원전거歸園田居〉의 "草屋八九間"을 연상시키는데 두보는 '八九椽'이라서 더욱 가난함을 느끼게 한다.

110 陣圖(진도)- 제갈양의 팔진도八陣圖.

111 市暨(시기)- 부두. 원주原注에 "삼협 사람들은 시정의 배 대는 곳을 '시기'라고 하고, 장강의 물이 옆으로 산골짜기에 통하는 곳을 이곳

사람들은 '양'이라고 불렀다.(峽人目市井泊船處曰市暨, 江水橫通山谷處, 方人謂之瀼.)"라고 한다.

112 羈絆(기반) - 굴레에 얽매이다. 벼슬 등에 얽매이는 것을 말한다.

113 收(수) - '秧'으로 된 판본도 있다. 岷嶺芋(민령우) - 민산岷山의 토란. '嶺'은 '下'로 된 판본도 있다.

114 陸池蓮(육지연) - 육가陸家 연못의 연꽃. '池'는 '家'로 된 판본도 있다.

115 三鱣(삼전) - 세 마리 전어鱣魚. '전'은 황어黃魚로 덩치가 큰 물고기이다. '鱣'은 음을 '선'(상성上聲 임)이라 하여 두렁허리를 가리키기도 하는데 《후한서後漢書·양진전楊震傳》에 세 마리 두렁허리 이야기가 나온다. 양진은 박학다식하였으나 조정의 부름에 응하지 않았는데, 어느 날 황새가 '세 마리 두렁허리(三鱣)'를 물고 강당 앞에 날아와 모였다고 한다. 사람들은 뱀이나 두렁허리는 경대부 복장의 무늬이고 숫자 삼은 삼태三台의 조짐이라 여겼는데, 뒤에 양진은 과연 태위太尉에 올랐다고 한다. 후에 '三鱣'은 공경公卿의 지위에 오르는 길조의 전고로 쓰였다. 여기서 두보는 이것을 허기진 배나 채우는 것으로 다르게 사용하면서 음은 평성平聲인 '전'을 취하여 압운을 맞추고 있다.

116 鮫室(교실) - 교인鮫人의 집. 이 구는 '兒去看魚笱'로 된 판본도 있다.

117 朋(붕) - '人'으로 된 판본도 있다. 韉(천) - 언치. 말안장 밑에 까는 깔개.

118 通竹(통죽) - 대나무 수로를 통과하다.

119 公畦稜(공휴릉) - 공전公田의 경계.

120 野廟壖(야묘연) - 들판 사당 옆의 빈터. '壖'은 '堧'과 같다.

[卜羨 24구] 일곱 번째 단락에서는 두 사람의 물음에 답하면서 기주에 거하는 가을 상황을 두루 서술하였다. 정심과 이지방은 필시 거처와 음식에 대해서까지 물었을 것이다. 그래서 답한 말이 유독 상세하다. '복선卜羨' 4구는 기주의 음식이며, '감자甘子' 4구는 기주의 사는 집이다. '기반羈絆' 8구는 여전히 음식에 대하여 거듭 말한 것이고, '속이俗異' 8구는 여전히 사는 집에 대하여 거듭 말한 것이다. 점치는 지팡이와 남겨 둔 청전 이야기는 생계가 어렵다는 것이고, 비녀를 저당 잡히고

머리 장신구를 쪼개 파는 것은 일용日用에 제공하기 위한 것이다. '사북沙北'과 '양서瀼西'는 감귤나무 그늘에 집을 지은 곳이다. 마음이 꺾이고 병이 낫는다는 것은 편지에서 병을 물을 것에 대한 답이다. 자줏빛 토란을 헤아리는 것은 물산의 아름다움을 보여 주는 것이다. 교인과 이웃해 사는 것이 이미 위태로운 삶인데 말언치를 깔고 앉으니 또 궁색하여 사립문 안에는 오직 대나무 수로의 물만 있을 따름이다. 공전에 닿고 사당에 의지하였다는 것은 촌집의 바깥 경치이고, 가시나무로 막고 등나무에 얽혔다는 것은 촌집의 안 풍경이다.

121 借問(차문)- 묻다. 시에서 가설假設로 묻는 말에 자주 쓰인다. 朝謁(조알)- 입조하여 알현하다.

122 醉(취)- '晝'로 된 판본도 있다.

123 行不逮(행불체)- 행동이 미치지 못하다. 잘 걷지 못하다. '逮'는 '逵'로 된 판본도 있다. 위 4구는 잠시 기주에서 안식하려는 것을 말한다.

124 銀章(은장)- 은 인장. 澀(삽)- 녹슬다. 두보가 당시 붉은 인끈과 은 인장을 차지 않은 지 오래되었음을 말한다.

125 馨香(형향)- 향기를 풍기다. 粉署(분서)- 상서성尙書省의 별칭. 이 구절은 상대방이 이러한 향기로운 중앙 관서에 있기를 바라는 것이다.

126 紫鸞(자란)- 자줏빛 난새. 조정의 관리들을 비유한다.

127 黃雀(황작)- 누런 참새. 두보 자신을 비유한다. 翩翾(편현)- 가볍게 조금 나는 모양.

128 困學(곤학)- 막힘이 있어 배우다. 곤궁하여 배우다. 두보 자신을 가리킨다. 違從衆(위중종)- 무리를 따르는 데 어긋나다. 시류를 따르지 않다.

129 明公(명공)- 밝은 덕이 있는 분. 여기서는 정심과 이지방을 가리킨다. 勉旃(면전)- 면려하다. 노력하다. '전'은 '之焉'의 합음자이다.

130 聲華(성화)- 명성과 광화光華. 宸極(신극)- 북극성. 황제를 가리킨다.

131 星躔(성전)- 별자리. 별의 궤도. 높은 지위를 비유한다.

132 懇諫(간간)- 간절히 간언하다. 충심으로 간쟁諫爭하다. 匡鼎(광정)- 한대漢代의 광형匡衡으로 학문이 깊고 황제에게 용감하게 간언하였던 인

물이다. 여기서는 그처럼 직간할 수 있는 신하를 가리킨다. 또한 광정은 이지방을 가리키는 것으로 보기도 한다.

133 服虔(복건) - 동한東漢 말의 경학가. 여기서는 복건과 같은 재주 있는 선비를 가리킨다. 또한 복건은 정심을 가리키는 것으로 보기도 한다.

134 輸鯁直(수경직) - 강직剛直한 충성을 바치다.

135 陶甄(도견) - 질그릇을 굽다. 교화, 정치를 비유한다. 위 4구는 정심과 이지방이 광정과 복건 같은 인재를 추천하여 그 인재들이 충성을 다 바치면 정치가 바로 될 것이라는 의미이다. 그 인재에는 두보 자신도 포함되어 은근히 자신을 끌어 주었으면 하는 마음도 담겨 있다. 또한 조정에서 광정과 복건 같은 이지방과 정심을 등용하고 이 두 사람이 충성을 다 바치면 정치가 바로 될 것이라는 뜻으로 볼 수도 있다.

136 宵旰(소간) - 소의간식宵衣旰食. 날이 아직 밝지 않은 때 일어나 옷을 입고 해가 진 뒤에야 밥을 먹는다는 뜻으로 황제가 정사에 매우 부지런함을 칭송하는 말이다. 憂虞軫(우우진) - 근심이 모이다. 근심이 많다.

137 黎元(여원) - 백성. 駢(변) - 모이다.

138 雲臺(운대) - 후한 명제明帝 때 전대의 공신들을 추념하기 위하여 등우鄧禹 등 28인의 장수를 남궁南宮의 운대에 그렸다. 후에 운대는 공신이나 명장을 기념하는 장소를 가리키게 되었다.

139 青簡(청간) - 죽간竹簡. 청사青史, 사서史書를 가리킨다.

[借問 20구] 여덟 번째 단락에서는 두보 자신이 이미 벼슬을 그만두었기 때문에 두 사람이 조정에 들어가 임금을 도울 것을 바라고 있다. 위 10구는 두보가 자신의 이야기를 쓴 것이고, 아래 10구는 정심과 이지방을 권면한 것이다. 조회하여 알현하는 일에 참여하지 않고 유유자적하게 살고 있으니 또한 어찌 벼슬살이의 영화를 선망하겠는가? 그래서 참새처럼 낮게 날며 오직 옛 학문만을 알 뿐이니 난새처럼 높이 나는 것은 분명 현명한 두 사람에게 속할 것이다. 주학령의 주에 "두 사람은 마땅히 재상의 공업을 힘써 행하여 어진 선비를 끌어들이고 곧은 말을 올려 천하를 바로잡아야 한다. 지금 황제는 밤낮으로 정사를 열심히 하지만, 백성들은 고통이 많으니 운대에 비록 공신들이 그려져 있으나 청사에

이름을 드리울 이는 두 사람이 아니면 그 누구이겠는가."라고 하였다.

140 行路難(행로난)- 인생살이의 어려움을 노래한 악부 구제舊題이나 여기서는 두 사람을 찾아가는 길의 어려움의 뜻으로 쓰였다.

141 飛檝(비즙)- 빠른 배. '즙'은 노. 여기서는 배를 가리킨다.

142 擬(의)- 하고자 하다. 控鳴弦(공명현)- 활시위를 당기다. 배를 화살처럼 빨리 몰아가고 싶다는 말이다. 또한 배 타고 가면서 생길 수 있는 위험에 대비하여 활을 준비한 것으로 보기도 한다.

143 雙峰寺(쌍봉사)- 쌍봉사는 두 곳이 있다. 하나는 기주蘄州 쌍봉산雙峯山 동산사東山寺이고 다른 하나는 조계曹溪 보림사寶林寺이다. 여기서는 널리 사원寺院을 가리킨다.

144 七祖禪(칠조선)- 선종禪宗의 7대조. 일반적으로 선종 남종南宗에서는 달마達摩, 혜가慧可, 승찬僧粲, 도신道信, 홍인弘忍, 혜능慧能, 신회神會를 칠조로 삼는다. 여기서는 당시 두보가 가고자 하는 지역에 생존한 마조馬祖를 염두에 두고 그 스승인 회양懷讓을 7대조로 본 것 같다. 그래서 7대조의 선문을 구한다는 것은 실제로 마조를 찾아가겠다는 뜻으로 보인다.

145 落帆(낙범)- 돛을 내리다. 정박하다. 追宿昔(추숙석)- 오랜 소원을 좇다. 쌍봉사와 칠조의 선문이 있는 곳에 돛을 내려 찾아가고자 하는 것을 말한다.

146 眞詮(진전)- 참된 깨달음. 진체眞諦.

147 安石(안석)- 동진東晋의 사안謝安. '안석'은 그의 자字인데 여기서는 정심을 가리킨다. 원주原注에 "정심은 고아하고 검소하여 사안의 풍모를 얻었다.(鄭高簡, 得謝太傅之風.)"라고 한다.

148 昭王(소왕)- 전국시대 연소왕燕昭王. 그는 현자를 갈구하는 군주로 유명한데 여기서는 이지방을 가리킨다. 원주에 "이지방은 왕실의 종친으로 연소왕과 같은 미덕이 있었다.(李宗親, 有燕昭之美.)"라고 한다.

149 阮籍(완적)- 위진魏晋 시대 죽림칠현의 한 사람이며 도궁곡途窮哭으로 유명하다. 이 구절에서 두보는 배를 타고 길이 막힘이 없이 내려갈 것이라 완적과는 상황이 다름을 말한다.

150 張騫(장건)- 한나라 때 사람으로 서역의 사신으로 가며 황하의 근원을

찾았다. 후에 그가 뗏목을 타고 은하수로 올라갔다는 전설이 생겼다. 이 구절에서는 두보 자신도 배를 타고 가기에 장건에 비유한 것이다.

151 披拂(피불)- 열고 떨어버리다. '拂'은 '晤'나 '豁'로 된 판본도 있다.

152 淹留(엄류)- 지체하고 머무르다. 기주에서 머무르는 것을 말한다. 景(경)- 경광景光. 시간.

153 風期(풍기)- 풍신風信. 계절의 변화에 따라 부는 바람을 가리킨다. 破浪(파랑)- 물결을 깨고 나아가다.

154 水怪(수괴)- 수중의 괴물. 飛涎(비연)- 침을 흘리다.

155 神女(신녀)- 무산巫山 신녀. 전설에 염제炎帝의 딸이 어려서 죽자 천제天帝가 가엽게 여겨 그녀를 무산의 비와 구름을 관장하는 신으로 봉하였다고 한다. 송옥宋玉의 〈고당부高唐賦〉에 초 회왕懷王이 꿈에 무산 신녀를 만나 운우지정을 나눈 이야기가 나온다. 이 2구는 두보가 오는 봄에 삼협을 나가려고 하는 것이다.

156 淡交(담교)- 원래 군자 간의 담담한 사귐으로 좋은 뜻이나 여기서는 기주 사람들과의 정이 없는 교유를 가리킨다. 隨聚散(수취산)- 모이면 모이는 대로 흩어지면 흩어지는 대로 따르다.

157 澤國(택국)- 소택이 많은 지방. 정심과 이지방이 있는 곳을 가리키는데 '택澤'이 은택을 뜻하는 쌍관의 의미도 있다. 遶廻旋(요회선)- 돌며 두 사람 사이를 왕래하다. 이 구절은 '不敢墜周旋' 구와 운이 중복되기에 두보의 실수로 지적하기도 한다. 그러나 '周旋'의 '旋'과 '廻旋'의 '旋'은 그 뜻이 다르다. 이처럼 장편배율에서 뜻을 달리하여 같은 운자를 두 번 사용한 예는 다른 배율에도 몇 군데 보인다. 그래서 두보의 실수라기보다는 새로운 시도로 볼 수 있다.

[行路 20구] 아홉 번째 단락에서는 삼협을 나와 선禪을 구하려 하면서 두 사람과 강릉에서 만나려 하고 있다. '길을 가다'와 '두 분을 찾아가다'는 이 단락 전체의 강령이다. '비즙飛檝' 2구는 '행로行路'를 이어받고 있다. '신허身許' 4구는 '초심招尋'을 이어받는다. '안석安石' 4구는 두 사람을 찾아가려고 하는 것으로 또한 '초심'을 이어받는다. '피불披拂' 4구는 장차 형문으로 가려고 하는 것으로 또한 '행로'를 이어받는다.

'타일他日' 4구는 기주를 떠나 형문에 머물려고 하는 것인데 '행로'와 '초심'을 함께 결말짓고 있다. '공명현控鳴弦'은 뜻밖의 재난에 대비하는 것이다. '추숙석追宿昔'은 애초의 소원을 완수하는 것이다. '쌍봉雙峯', '칠조七祖'는 정통이 아닌 소승불교에 떨어지지 않는 것을 말한다. 정심은 사안을 비유하니 두보가 곧 그의 명성이 높음을 앙모한 것이다. 이지방은 연소왕을 비유하니 두보가 곧 연나라의 빈객처럼 되기를 원하는 것이다. 의지할 지주地主가 있으니 길이 막힘을 면할 수 있고, 뜬 배를 탈 수 있으니 뗏목을 타는 것과 유사함이 있다. 두보의 〈즉사卽事〉에 "길이 궁한 완적은 어느 때에 술에서 깨리오?"라고 하였고, 또한 〈추흥팔수秋興八首〉(其二)에서 "사신의 명을 받들어 공연히 팔월의 뗏목을 따른다."라고 하였는데 다 자신에게 해당하는 말이다. '운녕재雲寧在'와 '경불연景不延'은 기주를 급히 떠나고자 하는 것이다. '담교淡交'는 기주 사람들을 가리키고 '회선迴旋'은 정심과 이지방 사이를 왕복하는 것이다.

158 迦葉(가섭) - 석가모니의 제자. 그는 불법을 전승한 제1대 조사祖師인데 여기서는 그를 빌려 불교 선종을 가리킨다.

159 偓佺(악전) - 전설 속의 신선 이름. 여기서는 그를 빌려 도가의 신선술을 가리킨다. 위 2구는 도가의 신선술보다는 불교에 의지하겠다는 말이다.

160 爐峰(노봉) - 여산廬山 향로봉香爐峰. 生轉眄(생전면) - 눈을 돌리는 사이에 생기다. 이곳은 불교와 관련되어 두보가 몹시 가서 보고 싶어 함을 알 수 있다. 이 구절은 앞의 '본자의가섭' 구와 시상이 이어진다.

161 橘井(귤정) - 호남湖南 침주郴州의 마령산馬嶺山 위에 있었다는 우물. 갈홍葛洪의 《신선전神仙傳》에 소탐蘇耽이 득도하여 신선이 되어 떠나기 전에 그 어머니에게 말하길, 내년에 천하에 큰 역병이 돌 것인데 '뜰의 우물물과 처맛가의 귤나무(庭中井水, 簷邊橘樹)'로 치료할 수 있다고 알려주었다. 이듬해 역병이 돌자 어머니와 근처의 사람들은 이 우물물과 귤잎으로 치료를 받았다고 한다. 高褰(고건) - 높이 펼쳐져 있다. 이 구절은 신선술과 연관되기에 앞의 '하증자악전' 구와 시상이 이어진다.

162 歸鶴(귀학) - 학이 되어 돌아온 곳. 전설에 정령위丁令威가 신선이 되어

학으로 변하여 고향 요동遼東으로 돌아왔다고 하는데 여기서는 이 요동지방을 가리킨다.

163 跕鳶(접연)- 장기瘴氣가 심하여 솔개도 날기 어려워 떨어지는 곳으로 남쪽 교지交阯 일대를 가리킨다. '접'은 추락하는 모양이다. 위 4구는 삼협을 나가서 여산과 호남은 물론 동남쪽 끝까지 마음껏 떠돌겠다는 뜻으로 보인다. 구조오는 이를 모두 불교 유적지를 유람하기 위한 것으로 보고 있다. 그러나 포기룡은 도교와 관련이 있는 귤정과 동남쪽 끝은 가지 않겠다는 뜻으로 보고 있다. 그렇게 보면 '동주東走' 2구는 "동쪽으로 학이 돌아왔던 곳까지 가랴! 남쪽으로 솔개가 추락한 곳까지 가랴!"라고 반어형으로 해석할 수 있다. 또한 남쪽은 불교와 관련이 있는 것으로 보고 "동쪽으로 학이 돌아왔던 곳까지 가랴! 남쪽으로 솔개가 추락한 곳까지 가련다."라고 해석하기도 한다.

164 妙敎(묘교)- 석가모니의 오묘한 가르침.

165 顧愷(고개)- 고개지顧愷之. 그는 동진東晋의 화가로 남경南京에 있는 와관사瓦棺寺 벽에 유마힐상維摩詰像을 그렸는데 두보가 젊은 시절에 가서 본 적이 있다.

166 頭陀(두타)- 범어梵語 Dhūta의 음역으로, 스님을 일컫는 불교의 용어인데 여기서는 두타사頭陀寺를 가리킨다. 두타사는 남조 송宋 대명大明 5년에 스님 혜종惠宗이 영주郢州의 동쪽 교외에 세운 후에 자사刺史 채흥종蔡興宗이 탑당塔堂을 짓고 절 이름을 이렇게 정하였다. 琬琰(완염)- 아름다운 옥. 옥 같은 글을 비유한다. 여기서는 왕건王巾이 쓴 〈두타사비문頭陀寺碑文〉을 가리키는데 이 글은《문선文選》에 전한다. 이 비문에는 두타사의 창건 과정과 불교의 교리를 주로 설파하고 있는데 그 문사文辭가 매우 화려하다. 鐫(전)- 새기다.

167 衆香(중향)- 뭇 향기. 중향국衆香國, 불호佛號로 향적香積이라고 하며, 온갖 꽃이 찬란한 세계를 비유하기도 한다. 이 구절은 불교의 사찰이 중향국의 향기처럼 향기로움을 말한다.

168 芊芊(천천)- 빛이 푸릇푸릇한 모양. 풀이 우거진 모양.

169 淸羸(청리)- 파리하고 여윈 몸. 孱(잔)- 쇠잔하다. 잔약하다.

170 金篦(금비) - 눈병을 치료하는 대칼.

171 鏡象(경상) - 거울 속의 형상. 허상. '平等'으로 된 판본도 있다. 離(리) - '難'으로 된 판본도 있다. 銓(전) - 저울질하다. 집착하다.

[本自 16구] 마지막 단락에서는 위의 "칠조七祖의 선문禪門을 구하고자 한다"는 뜻을 거듭 서술하며 영회의 뜻을 종결하고 있다. '가섭迦葉' 구, '악전偓' 구는 신선을 추구하는 것이 불교에 귀의함만 못 함을 말한다. '노봉爐峯' 4구는 부처의 땅을 두루 유람하고자 하는 것이다. '만문晩聞' 6구는 불교에 이치에 정진하고 참배하고자 하는 것이다. '용맹勇猛' 4구는 현상을 굴복시켜 공으로 돌아가길 기약하는 것이다.

(**강민호**)

80. 又呈吳郎

다시 오랑에게 드리다

堂前撲棗任西鄰[1] 無食無兒一婦人
不爲困窮寧有此[2] 祇緣恐懼轉須親[3]
卽防遠客雖多事[4] 便插疏籬却任眞[5]
已訴徵求貧到骨[6] 正思戎馬淚盈巾[7]

초당 앞의 대추 따는 서쪽 이웃을 내버려 두시게
먹을 것도 자식도 없는 아낙네 한 사람이니.
곤궁함 때문이 아니라면 어찌 이런 일이 있겠는가
다만 두려워서일 것이니 오히려 상냥하게 대해 주게.
멀리서 온 손님을 경계하는 것 괜스런 일
곧장 성긴 울타리를 치는 것도 도리어 지나치게 진지한 모습.
진작에 세금 징수로 가난이 뼈에 이르렀다 하소연할 때
바로 전쟁을 생각하며 눈물이 옷소매를 흠뻑 적셨다네.

이 시는 대력 2년 두보가 양서초당瀼西草堂에서 동둔東屯으로 이사한 뒤에 지은 것이다. 이보다 앞서 오랑에게 부친 시가 있기에 제목에 '다시'라고 하였다. 그가 살던 초당에는 기주부에서 사법참군司法參軍으로 일하게 된 오랑이 충주에서 옮겨 와 가족과 함께 머물게 되었는데, 이웃집의 아낙네가 초당의 대추를 몰래 따가는 것이 못마땅하여 울타리를 쳐 막으려고 하였다. 이 소식을 들은 두보는 이 시를 통하여 오랑에게 생계를 이을 수단이 변변치 않은 아낙네의 사정을 참작하라고 당부하였다. 또 전쟁으로 인한 가혹한 세금 징수 탓에 백성들이 그렇게 어려운 형편으로 몰리는 현실을 개탄하였다. 정경교융을 추구한 다른 시와는 달리 의론으로 일관해 이에 대한 찬반양론도 없지 않으나 이웃의 어려움을 긍휼히 여기는 두보의 마음 씀씀이가 잘 드러나 있다. 왕사석은《두억》에서 이 시의 형식과 내용이 서간문에 가깝지만 곡절한 묘사로 시의 새로운 길을 여는 대가의 면모를 보여 주었다고 평가하였다.

주 석

1 堂(당) - 두보가 살던 양서초당을 말한다. 撲棗(박조) - 대추를 따다. 任(임) - 맡기다. 하는 대로 내버려 두다. 西鄰(서린) - 초당 서쪽의 이웃.

2 有此(유차) - 이런 일이 있다. 이웃집의 대추를 허락도 없이 따가는 일을 말한다.

3 祇緣(지연) - 다만 ~ 때문이다. 恐懼(공구) - 두려워하다. 轉(전) - 오히려. 須親(수친) - 친하게 대해야 한다.

4 防(방) - 방비하다. 조심스럽게 경계한다는 뜻이다. 遠客(원객) - 멀리서 온 손님. 여기서는 오랑을 가리킨다. 多事(다사) - 괜한 일을 하다. 하지 않아야 할 일을 하다. 이웃 아낙네가 대추나무의 새 주인인 오랑에게 지나친 경계심을 보인 것을 지적한 것이다.

5 挿疏籬(삽소리) - 성긴 울타리를 치다. 却(각) - 도리어. 任眞(임진) - 자연스러움을 따르다. 꾸밈없는 마음 그대로를 따르는 것을 말한다.

6 訴(소) - 하소연하다. 徵求(징구) - 징수하다. 貧到骨(빈도골) - 가난이 뼈에 이르다. 지극히 궁핍한 상황을 말한다.

7 戎馬(융마) - 전쟁터의 말. 흔히 전쟁을 가리킨다. 淚盈巾(누영건) - 눈물이 옷소매에 가득하다. 눈물을 흠뻑 흘렸음을 말한다.

(**김준연**)

81. 登高
등고

風急天高猿嘯哀[1] 渚淸沙白鳥飛迴[2]
無邊落木蕭蕭下[3] 不盡長江滾滾來[4]
萬里悲秋常作客[5] 百年多病獨登臺
艱難苦恨繁霜鬢[6] 潦倒新亭濁酒杯[7]

바람 급하고 하늘 높은데 원숭이 울음 슬프고
맑은 물가 흰 모래에 새는 날아 돌아온다.
가없이 낙엽은 우수수 지고
다함 없는 장강은 콸콸 흘러오는구나.
만 리 슬픈 가을 늘 나그네 되어
백 년 병 많은 몸 홀로 누대에 오른다.
간난에 흰머리 많아져 심히 한스러운데
노쇠하여 근래 들어 탁주잔조차 멈추었어라.

이 시는 대력 2년 가을 기주夔州에서 지은 것이다. 음력 9월 9일 중양절重陽節은 온 가족이 함께 높은 산에 올라 산수유 열매를 머리에 꽂고 국화주를 마시며 즐기는 명절이다. 대력 2년 가을 두보는 고향으로부터 멀리 떨어진 기주에서 홀로 중양절을 맞았다. 병든 몸을 이끌고 홀로 높은 곳에 올라 만리타향의 스산한 가을 풍경을 마주한 시인의 고독한 모습이 심금을 울린다. 이 시는 역대 칠언율시 중에서 가장 뛰어난 작품으로 인정되었다. 호응린胡應麟은 "이 시는 분명 고금의 칠언율시 중의 으뜸이니 당대의 시인 중에서 으뜸임은 말할 것도 없다."라고 할 정도였다.

슬프면서도 웅혼한 '비장悲壯'의 풍격이 잘 구현된 작품이다.

주 석

1 猿嘯(원소) - 원숭이 울음소리. 두보가 객거하던 기주에는 원숭이들이 많이 살았다. 이 구절은 바람 급하고 하늘 높은 가을날 원숭이 울음소리가 슬픔을 더한다는 말이다.

2 渚(저) - 물가.

3 蕭蕭(소소) - 우수수. 나뭇잎이 떨어지는 소리를 형용한 말.

4 滾滾(곤곤) - 콸콸. 물이 세차게 굽이쳐 흐르는 모습을 형용한 말.

5 萬里(만리) - 고향에서 만 리나 떨어졌음을 의미한다.

6 艱難(간난) - 곤고. 곤란. 苦恨(고한) - 심히 한스럽다. 繁霜鬢(번상빈) - 백발이 많아지다.

7 潦倒(요도) - 노쇠하다. 亭(정) - 멈추다. '停'과 통한다. 당시 두보는 폐병 때문에 술을 끊었다.

(**김성곤**)

82. 耳聾

귀가 먹다

生年鶡冠子[1]　歎世鹿皮翁[2]　眼復幾時暗　耳從前月聾
猿鳴秋淚缺[3]　雀噪晩愁空　黃落驚山樹　呼兒問朔風[4]

평생 갈관자요
세상을 개탄하며 녹피옹처럼 살았네.
눈은 또 언제쯤 어두워질까?
귀는 지난달부터 먹기 시작하여,
원숭이 우는 가을에도 눈물 흘리지 않고
참새 지저귀는 저녁에도 시름없게 되었네.
산 나무에 노란 잎이 떨어져 깜짝 놀라서는
아이를 불러 북풍이 부는지 묻노라.

이 시는 대력 2년 늦가을에 동둔東屯에 머물며 지은 것이다. 두보는 노쇠하여 이미 귀가 먹기 시작하자 다시 시력마저 잃어 세파를 잊을 수 있기를 바라는 마음을 피력하였지만, 이런 비참한 상황을 해학적으로 서술함으로써 일견 은자처럼 달관적인 듯한 모습을 드러내면서도 한층 씁쓸한 분위기를 연출하는 솜씨를 발휘하였다. 시인은 노년의 은거를 가슴 아파하여 보이지 않고 들리지 않는다는 것에 내맡기고자 하는 것이다. 아래 4구는 귀가 먹은 상태를 묘사하였으나 5, 6구는 들리지 않는다는 내용이고, 7, 8구는 보이는 것이 있다는 것을 말하여 여전히 눈과 귀를 연관 짓고 있다.

주 석

1 鶡冠子(갈관자)- 전국시대 초나라 때 은자. 두보 자신을 비유한다.

2 鹿皮翁(녹피옹)- 전설상의 은자 이름. 두보 자신을 비유한다.

[生年 2구] 두보가 평생 은자처럼 살았다는 말이다.

3 猿鳴(원명)- 원숭이가 울다.

[猿鳴 2구] 눈물이 마르고 시름이 사라지는 것은 들리지 않기 때문이다.

4 朔風(삭풍)- 북풍.

(**김만원**)

83. 歸雁
돌아가는 기러기

聞道今春雁　南歸自廣州[1]　見花辭漲海[2]　避雪到羅浮[3]
是物關兵氣[4]　何時免客愁　年年霜露隔[5]　不過五湖秋[6]

듣건대 올봄 기러기는
남녘 광주에서 돌아갔다 하니
꽃을 보고서 창해를 하직하였고
눈을 피해 나부산에 이르렀던 것이라.
이 녀석은 전쟁의 기운과 관계있으니
어느 때에나 나그네 시름 벗어나려나?
해마다 서리와 이슬이 내리지 않아
가을에 오호를 넘지 않았었는데.

이 시는 대력 3년 봄 강릉에서 지은 것이다. 대력 2년 영남절도사 서호徐浩는 자신의 관할 지역인 회집현懷集縣에 기러기가 날아온 사실을 조정에 보고하면서 이를 상서로운 징조로 여겨 사서에 편입시키기를 바란다는 상주를 하였다. 산의 남쪽인 영남 지역은 양陽에 해당하며 양은 임금의 덕을 의미한다. 따라서 기러기가 영남 지역까지 날아온 이례적인 일은 신하가 임금에게 귀순하는 상으로 이해할 수 있으며, 토번의 난이 아직 평정되지 않은 당시 혼란스러운 상황에서 이는 매우 상서로운 징조라는 것이 서호의 생각이었다. 이런 생각에는 조정에 아첨하려는 의도가 깔려 있었다. 두보는 서호의 상주를 꼬집기 위하여 이 시를 쓴 것으로 보인다. 이 시에서 두보는 기러기가 남쪽 광주까지 내려간 것은 전쟁의 기운과 관계가 있다고 보고 전쟁이 끊이지 않은 혼란스러운 사회 상황과 나그네의 시름을 벗어나지 못하는 자신의 신세를 함께 안타까워하고 있다. 저작 시기와 관련하여 대력 4년 봄 호남에서 남쪽으로부터 날아오는 기러기를 보고 쓴 시로 보는 견해도 있으나 따르지 않는다.

주 석

1 廣州(광주) - 주 이름. 광동廣東에 있다.

2 漲海(창해) - 남해南海의 별칭.

3 羅浮(나부) - 산 이름. 지금의 혜주惠州와 광주廣州 접경 지역에 있다.

4 是物(시물) - 기러기를 가리킨다. 關兵氣(관병기) - 전쟁 기운과 관계되다. 당시 토번의 난으로 서북 지역에 살기가 성하였기 때문에 기러기가 이곳을 피하여 영남으로 갔다는 말이다.

5 霜露隔(상로격) - 서리와 이슬이 떨어져 있다. 서리와 이슬이 내리지 않는다는 말이다. 호남 형산衡山의 일양봉一陽峰은 회안봉迴雁峰이라고도 하는데, 그 북쪽은 서리가 내리고 남쪽은 서리가 없어 기러기가 형양衡陽까지 날아와서 월동하고 북쪽으로 되돌아간다고 한다.

6 五湖(오호) - 동정호를 말한다.

(**이석형**)

84. 暮歸

저물어 돌아오다

霜黃碧梧白鶴棲[1] 城上擊柝復烏啼[2]
客子入門月皎皎[3] 誰家擣練風淒淒[4]
南渡桂水闕舟楫[5] 北歸秦川多鼓鼙[6]
年過半百不稱意[7] 明日看雲還杖藜[8]

서리 맞아 누런 벽오동나무에 백학이 깃들고
성 위의 딱따기 치는 소리에 다시 까마귀 운다.
나그네가 문에 들어서는데 달빛 환하고
어느 집 다듬이 소리인가 바람이 쓸쓸하다.
남으로 계수를 건너자니 배가 없고
북으로 진천에 돌아가자니 북소리가 요란하다.
나이 반백이 넘어서도 일 뜻대로 되지 않으니
내일도 구름 구경하려고 또 지팡이 짚겠구나.

이 시는 대력 3년 늦가을에 강릉을 거쳐 공안에 임시로 거처를 마련하여 살 때 지은 것이다. 어느 날 저녁 늦게 귀가하며 목도한 쓸쓸한 경물을 묘사하면서 이리저리 떠돌며 오갈 데 없고 늙어서도 뜻대로 일이 풀리지 않는 자신의 신세에 대한 복잡한 심사를 표현하였다. 두보 요체시의 명편으로 알려져 있다.

주 석

1 霜黃(상황) - 서리로 누렇게 변하다. 白鶴棲(백학서) - 흰 학이 깃들다.

2 城(성)- 백제성을 가리킨다. 擊柝(격탁)- 딱따기를 치다. 야경을 도는 사람이 시간을 알리기 위하여 치는 것이다.

3 客子(객자)- 나그네. 여기서는 두보 자신을 가리킨다. 皎皎(교교)- 밝은 모양.

4 擣練(도련)- 다듬이질하다.

5 桂水(계수)- 물 이름. 상수湘水를 가리킨다. 舟楫(주즙)- 배.

6 秦川(진천)- 지명. 鼓鼙(고비)- 큰 북과 작은 북. 군대에서 사용하던 악기로 흔히 전쟁을 비유한다.

7 半百(반백)- 오십. 나이를 지칭할 때 흔히 사용된다. 稱意(칭의)- 마음에 맞다.

8 杖藜(장려)- 명아주 지팡이를 짚다. '여藜'는 명아주로 줄기가 단단하여 지팡이 재료로 사용되는 야생 식물이다.

(**박홍준**)

85. 公安送韋二少府匡贊

공안에서 소부 위광찬을 전송하다

逍遙公後世多賢[1] 送爾維舟惜此筵[2]
念我能書數字至[3] 將詩不必萬人傳[4]
時危兵革黃塵裏[5] 日短江湖白髮前[6]
古往今來皆涕淚[7] 斷腸分手各風煙[8]

소요공의 후예는 대대로 어진 이가 많은데
그대 전송하려 배를 묶어 둔 이 주연이 안타깝구나.
내 생각이 나면 다만 몇 자 적어 보내고
내 시를 여러 사람에게 전할 필요는 없다네.
전란의 누런 먼지 속에 있으니 시절이 위태롭고
강호의 백발 앞에 있으니 해가 짧구나.
예나 지금이나 모두 이별에 울었으련만
헤어지고 나면 각자 바람과 안개 속일 것 애달프다.

이 시는 대력 3년 늦가을 공안에서 위광찬을 전송하며 지은 것이다. 위광찬은 당시 소부, 즉 현위 벼슬을 지내던 사람인데 아마도 다른 곳으로 떠나게 되었던 것으로 보인다. 《두율연의》에서는 위광찬이 두보를 존경하던 후배일 것이라고 하였다. 두보는 그를 전송하는 주연에 참석하여 이별한 뒤에도 계속 소식을 전하자고 하면서 자신의 시는 여러 사람에게 보이지 말라고 당부하였다. 쓰는 시마다 어지러운 시절의 심란함이 진하게 묻어나는 내용이 많다고 생각되어 그랬을 것이다. 토번이 재차 침입하여 전란이 끊이지 않는 때에 강호에서 늙어 가는 처지를 슬퍼하는 심사가 이별의 아쉬움에 더해져 끝 모를 애달픔으로 나아간 시라 하겠다.

주 석

1 逍遙公(소요공) - 위광찬의 선조인 북주北周의 위형韋敻.

2 爾(이) - 그대. 維舟(유주) - 배를 묶어 정박하다. 筵(연) - 송별의 주연.

3 念我(염아) - 내 생각이 나다. 能(능) - 다만. 數字(수자) - 몇 글자. 至(지) - 보내오다.

4 將(장) - ~를. 詩(시) - 두보 자신의 시를 가리킨다. 이 구절은 곧 위광찬처럼 공을 아는 이가 적다는 말이다.

5 時危(시위) - 시절이 위태롭다. 兵革(병혁) - 본래 무기와 갑옷을 통칭하는 말이나 흔히 전란을 가리킨다. 여기서는 대력 3년 8월에 토번이 침입한 것을 말한다. 黃塵(황진) - 누런 먼지.

6 日短(일단) - 해가 짧다.

7 古往今來(고왕금래) - 예로부터 지금까지. 涕淚(체루) - 콧물과 눈물이 모두 떨어지다. 운다는 뜻이다.

8 斷腸(단장) - 애달프다. 分手(분수) - 헤어지다. 風煙(풍연) - 바람과 안개. 흔히 전란을 비유한다.

(**김준연**)

86. 曉發公安

새벽녘 공안을 떠나다

北城擊柝復欲罷[1] 東方明星亦不遲[2]
隣雞野哭如昨日[3] 物色生態能幾時[4]
舟楫眇然自此去[5] 江湖遠適無前期[6]
出門轉眄已陳迹[7] 藥餌扶吾隨所之[8]

북성의 딱따기 소리 또 잦아들고
동방의 계명성 역시 늦지 않는구나.
이웃집 닭 울음, 들판의 통곡 소리 어제나 똑같은데
만물이나 사람이나, 살아가는 모습이 언제까지 계속될 수 있으려나.
배를 저어 아스라이 이곳을 떠나
아무런 기약도 없이 강호 멀리 가는구나.
문을 나서니 눈 깜짝할 사이 모두 지나간 자취
약물로 부지한 몸을 가는 대로 내맡길 뿐이어라.

이 시는 두보가 대력 3년 정월 삼협을 나와 강릉江陵에서 머물면서 생계를 도모하다 여의치 않아 강릉에서 남쪽으로 90리 떨어진 공안公安으로 이주하여 지은 것이다. 몇몇 지인들이 뜨겁게 맞아 주는 기쁨을 잠시 맛보기도 하였지만 공안에서의 삶도 강릉과 크게 다를 바 없었다. 〈모귀暮歸〉의 "남으로 계수를 넘자니 배가 없고, 북으로 진천으로 돌아가자니 전쟁 북소리가 많구나.(南渡桂水缺舟楫, 北歸秦川多鼓鼙.)"라는 구절이나 〈동심冬深〉의 "저물녘 바람 파도 높은데 배에서 내려 뉘 집에서 묵을 수 있을까.(風濤暮不穩, 舍棹宿誰門.)"라는 구절은 이 시기 두보의 막막한 심정을 그대로 드러낸다. 두보는 마지막으로 호남湖南으로 가기로 하였다. 호남에는 친구들이 자못 많았기 때문이다. 청년 시절 순하郇瑕에서 사귄 친구 위지진韋之晉이 형주衡州에서 자사직에 있었고, 그의 외숙 최위崔偉도 호남에 있었다. 대력 3년 겨울 이른 새벽 시인은 병든 몸을 배에 싣고 불안한 미래를 향하여 공안을 떠난다. 전도에 대한 막막한 불안감과 병들어 떠도는 신세에 대한 애달픔이 요체 칠율의 형식 속에 잘 구현되고 있다. 원주에 "수개월 동안 이 현에서 머물러 쉬었다(數月憩息此縣)"는 기록이 있다.

주 석

1 北城(북성) - 두보가 수개월 간 머물렀던 공안을 가리킨다. 북방의 경성을 가리킨다는 설도 있으나 취하지 않는다. 擊柝(격탁) - 딱따기. 야경夜警을 돌 때 서로 마주쳐서 소리를 내도록 만든 두 짝의 나무토막을 가리킨다. 復欲罷(부욕파) - 또 끝나려 하다. 날이 점차 밝아지면서 딱따기 소리가 잠잠해진다는 말이다. 수개월 동안 공안에 머물면서 자주 이러한 상황을 접하였기에 '부復'를 쓴 것이다.

2 明星(명성) - 계명성. 샛별. 不遲(부지) - 늦지 않다. 새벽이 되자 동쪽에 샛별이 지체하지 않고 떠오른다는 말이다.

3 鄰雞(인계) - 이웃집에서 들리는 닭 소리를 말한다. 野哭(야곡) - 들판에서 들리는 통곡 소리. '인계야곡鄰雞野哭'을 함께 묶어 '이웃집 닭이 들판에서 운다'로 풀이하는 경우도 있다. 如昨日(여작일) - 어제와 같다. 늘 그래 왔다는 말이다.

4 物色(물색) - 만물의 모습. 生態(생태) - 사람이 살아가는 모습. '물색생태物色生態'를 함께 묶어 '만물의 생동하는 모습'으로 풀이하는 경우도 있다. 能幾時(능기시) - 얼마나 계속될 수 있겠느냐는 말이다. 이 구절은 길가의 풀과 동산의 해바라기 같은 것들이 지금 벌써 시들어 버렸음을 가리킨 것이다.

5 舟楫(주즙) - 배. 眇然(묘연) - 아득히 먼 모양.

6 無前期(무전기) - 앞날의 기약이 없다. 어디로 가야 할지 모르겠다는 말이다.

7 轉眄(전면) - 눈 깜짝할 사이. 짧은 순간. 已陳迹(이진적) - 이미 지나간 자취가 되었다. 공안에서 수개월 머물렀던 모든 일이 다 지나간 자취가 되었다는 말이다.

8 藥餌(약이) - 약물. 당시 두보는 여러 가지 병을 앓고 있었으므로 항시 약을 복용하고 있었다. 隨所之(수소지) - 가는 대로 따르다. 형편 되는 대로 거기에 맞춰 살아갈 뿐이라는 말이다.

(**김성곤**)

87. 登岳陽樓

악양루에 오르다

昔聞洞庭水	今上岳陽樓[1]	吳楚東南坼[2]	乾坤日夜浮[3]
親朋無一字	老病有孤舟[4]	戎馬關山北[5]	憑軒涕泗流[6]

옛날에 동정호에 대하여 들었는데
이제야 악양루에 오르노라.
오와 초는 동남으로 갈리고
하늘과 땅이 밤낮으로 떠 있다.
친척과 벗은 일자 무소식
늙고 병든 몸은 외로운 배 한 척.
전쟁이 관산 북쪽에 끊이지 않아
난간에 기댄 채 눈물 콧물을 흘리노라.

이 시는 두보가 대력 3년 겨울 무렵 호북성 강릉에서 출발하여 호남성의 악양성에 도착하여 그곳에 있는 악양루에 올라서 경관을 바라보며 지은 것이다. 두보는 드넓은 천지 가운데 미미한 존재로서의 자신을 발견하면서 고향으로 돌아가고 싶은 심정이 더욱 간절하게 되었고, 전쟁이 끊이지 않는 서글픈 현실에 대한 무한한 슬픔을 드러내고 있다. 이 시는 두보의 오언율시 가운데서도 백미로 손꼽히는 작품이다. 악양루는 악양성의 서쪽 성문에 있는 누각으로 동정호가 내려다보이는 곳에 있었다. 앞 4구는 경치를 묘사하였고, 뒤 4구는 정감을 말하였다. 함련에서 오와 초 땅을 안았고 하늘과 땅을 담고 있다는 것은 누각 앞 호수의 형세를 묘사한 것으로 명구로 유명하다. 하반부는 혈혈단신으로 떠도는 신세에 대한 감회와 만 리 멀리 고향을 그리워하는 마음도 모두 동정호와 대비에서 발동되었다.

주 석

1 岳陽樓(악양루)- 호남성 악양에 있는 누각 이름.

2 東南坼(동남탁)- 오와 초가 호수 동쪽과 남쪽에 나뉘어 있다는 말이다. 오의 남쪽, 초의 동쪽에 호수가 있다는 식으로 해석하기도 한다.

3 乾坤(건곤)- 천지. 일월로 보는 설도 있다. 이 구절은 동정호가 광활하여 안에 천지가 들어 있는 듯하다는 말이다.

4 老病(노병)- 늙고 병들다. 두보 자신을 가리킨다.

5 戎馬(융마)- 전쟁. 關山北(관산북)- 장안 북쪽. 여기서는 토번과의 전운이 감도는 곳을 가리킨다.

6 涕泗(체사)- 눈물과 콧물.

(**김만원**)

88. 南征
남정

春岸桃花水[1] 雲帆楓樹林[2] 偸生長避地[3] 適遠更霑襟[4]
老病南征日[5] 君恩北望心[6] 百年歌自苦[7] 未見有知音[8]

봄 강둑에는 복사꽃 뜬 물,
단풍나무 숲에는 구름 같은 돛.
살 곳 찾아 늘 피해 다니다가
멀리 가니 다시 옷깃 적신다.
늙고 병들어 남쪽으로 가는 날,
임금 은혜 입어 북쪽을 바라보는 마음.
백 년토록 내 괴로이 노래하였건만
지음은 보이지 않는구나.

이 시는 대력 4년 담주潭州에서 형주衡州로 가면서 지은 것이다. 봄에 불어난 강물 위에 복사꽃이 떠서 흐르고, 강가의 단풍나무 숲에는 구름처럼 하얀 돛이 지나간다. 하필 몸을 맡긴 강물 위로 복사꽃이 떠 가고, 그 언덕 위로는 단풍 숲이라니. 무릉도원은 다시 찾지 못하였고 굴원은 쫓겨나 물가를 떠돌았다. 결국 꿈은 이루어지지 않고 처절한 현실만 눈앞에 닥치는가. 다시 몸은 남쪽으로 떠돌지만 마음만은 임금 곁에 두고 싶다. 한평생 얼마나 진지하게 시를 지었던가, 이를 알아주는 벗이 없다. 광덕 2년 봄 촉에서 남쪽 오초 지역을 향하여 가면서 지었다는 설도 있다.

주 석

1 桃花水(도화수)- 복사꽃이 떠서 흐르는 물. 봄에 복사꽃이 필 때 얼음이 녹고 비가 내려 불어난 강물을 말한다. 무릉도원武陵桃源을 연상시킨다.

2 雲帆(운범)- 구름처럼 흰 돛. 배를 말한다. 楓樹林(풍수림)- 단풍나무 숲. 하얀 돛이 단풍나무 숲 앞을 지나간다는 뜻이다.

3 偸生(투생)- 구차하게 살길을 찾다. 避地(피지)- 재난을 피하여 다른 곳으로 가다. 은거하다.

4 適遠(적원)- 먼 곳으로 가다. 霑襟(점금)- (눈물로) 옷깃을 적시다.

5 老病(노병)- 늙고 병들다. 시인 자신을 가리킨다. 南征(남정)- 남쪽으로 가다. 시인은 초의 남쪽 지역으로 가려고 하였다. 낭주에서 오초 지역으로 간다고 보기고 하고 담주에서 형주로 간다고 보기도 한다.

6 君恩(군은)- 임금의 은혜. 대종代宗은 두보를 경조공조京兆功曹와 검교공부원외랑檢校工部員外郎에 임명하였다. 북망(北望)- 북쪽을 바라보다. 임금을 바라보다.

7 百年(백년)- 사람의 한평생을 말한다. 歌(가)- 시를 짓다.

8 知音(지음)- 마음을 알아주는 벗.

[百年 2구] 한평생 각고의 노력으로 시를 지었지만 자신을 알아주는 사람이 없음을 슬퍼한다.

(**이창숙**)

89. 樓上
누각 위

天地空搔首[1]　頻抽白玉簪[2]　皇輿三極北[3]　身事五湖南[4]
戀闕勞肝肺[5]　掄材愧杞枏[6]　亂離難自救　終是老湘潭[7]

천지를 바라보며 부질없이 머리 긁느라
자주 백옥 비녀를 뽑았거니와,
조정은 삼극의 북쪽에 있는데
나는 오호 남쪽을 떠돌고 있구나.
궁궐 그리며 마음을 수고롭게 하지만
재목 고름에 소태나무 녹나무에 부끄럽고,
난리에 자신도 구제하기 어려우니
끝내 상담 지역에서 늙어 가리라.

이 시는 대력 4년 초가을 담주潭州에서 지은 것이다. 누각에 올라 먼 곳을 바라보면서 나라에 대한 걱정과 남녘을 떠도는 자신의 신세에 대한 감회를 적었다.

주 석

1 天地(천지) - 하늘과 땅. 천지를 바라본다는 의미이다.
2 白玉簪(백옥잠) - 백옥으로 만든 비녀. 옛날에는 머리를 긁을 때 습관적으로 비녀를 사용하였다.
3 皇輿(황여) - 황제가 타는 큰 수레. 조정을 가리킨다. 三極(삼극) - 동쪽, 서쪽, 남쪽을 말한다.
4 身事(신사) - 일신상의 일. 자신의 행적. 五湖(오호) - 구구, 조격, 팽려,

청초, 동정의 다섯 호수를 합쳐 오호라고 하는데 여기서는 동정호를 가리킨다.

5 肝肺(간폐)- 간과 폐. 마음을 가리킨다.

6 掄材(윤재)- 재목을 고르다. 인재를 고르다. 杞柟(기남)- 소태나무와 녹나무. 모두 좋은 재목이다.

7 湘潭(상담)- 현 이름.

(**이석형**)

90. 江漢
강한

江漢思歸客[1]　乾坤一腐儒[2]　片雲天共遠[3]　永夜月同孤[4]
落日心猶壯[5]　秋風病欲蘇[6]　古來存老馬[7]　不必取長途[8]

강한에서 돌아가고자 하는 나그네
하늘과 땅 사이에 한 썩은 선비라네.
하늘가 조각구름 함께 멀리 떠돌고
긴 밤 달은 한가지로 외로워라.
지는 해에 마음 오히려 굳세지고
가을바람 불자 병이 나아가네.
예로부터 늙은 말을 남겨 둠은
꼭 먼 길을 가려 해서가 아니었지.

이 시는 대력 4년 가을 호남에서 지은 것으로 보인다. 고향 장안으로 돌아가고자 삼협을 지나왔으나 여전히 객지를 떠돌고 있는 몸이다. 길을 막아선 강한은 장강 및 한수와 관련된 지역을 말한다. 썩은 선비는 자조적 표현이지만 평생 유가적 이상을 견지한 자신에 대한 자부심으로 읽힐 만하다. 함련 2구의 경물에는 천지간에 고립되어 있는 시인의 외로움이 기탁되어 있다. 경련은 미련의 본지를 말하기 위한 시상의 전환이다. 모년을 맞이하였으나 마음이 씩씩하고 병에 회복세가 있다고 하였다. 천 리를 하루에 내달리는 기력은 없어졌으나 길을 안내할 지혜가 다소 남아 있다는 뜻인데, 썩은 선비의 지혜가 아직 쓸 만하다는 점을 드러내고자 한 것이다. 한편 늙은 천리마가 구유에 엎드려 있으나 뜻은 천 리를 달리는 데에 있듯이 열사가 모년에 이르렀으나 장한 마음은 아직 그치지 않았다는 뜻으로 읽을 수도 있다. 그 경우 바람과 파도를 뚫고 강수와 한수를 건너가겠다는 장한 의지가 표명된 것이다. 시인은 아마도 양쪽의 의미 모두가 전달되기를 바라면서 작품을 구상하였을 것이다.

주 석

1 思歸客(사귀객)- 고향으로 돌아가기를 바라는 나그네. 두보 자신을 말한다.

2 乾坤(건곤)- 하늘과 땅. 천지. 腐儒(부유)- 썩은 선비. 세상에 소용이 닿지 않는 선비. 이 구절은 천지간에 몸을 기탁할 곳이 없음에 대한 탄식이다. 자신과 같이 항상 나라의 안위를 염려하는 이가 세상에 얼마 없을 것이라는 자부의 의미가 있는 것으로 보기도 한다.

3 片雲(편운)- 조각구름. 天共遠(천공원)- 하늘과 함께 멀다. 조각구름인 듯 머물지 못하고 하늘과 더불어 멀리 떠다니고 있다는 말이다. 고향과의 거리가 조각구름이 떠가고 있는 먼 하늘과 같다는 뜻으로 보기도 한다.

4 永夜(영야)- 긴 밤. 月同孤(월동고)- 달과 함께 외롭다. 자신의 외로움을 기나긴 밤을 홀로 하늘에 떠가는 달에 견주고 있다.

5 落日(낙일)- 지는 해, 여기서는 모년의 뜻이다. 心猶壯(심유장)- 마음은 여전히 씩씩하고 굳건하다.

6 秋風(추풍)- 가을바람. 病欲蘇(병욕소)- 병이 나으려 한다. '蘇'는 소생 또는 회복을 뜻한다.

7 古來(고래)- 예부터 지금까지. 存老馬(존로마)- 늙은 말을 남겨 두다. 노쇠하여 힘이 빠진 말을 남겨 둔다는 말이다.

8 取長途(취장도)- 먼 길을 가는 능력을 취하다.

[古來 2구] '노마老馬'와 관련하여 역대 주석은《한비자》에 나오는 '관중이 늙은 말의 지혜를 이용하여 길을 찾았다'는 이야기,《한시외전》에 나오는 '길가에서 만난 늙은 말이 예전에 공실에서 길러지던 것이라는 말을 듣고 값을 치르고 데려왔다'고 하는 전자방의 이야기, 조조曹操의 시

〈보출하문행步出夏門行〉에 나오는 '늙은 천리마가 구유에 엎드려 있으나 뜻은 천 리를 달리는 데에 있고, 열사가 모년에 이르렀으나 장한 마음은 아직 그치지 않았다'는 세 가지 고사와 연결 짓고 있다.

(**이남종**)

91. 江南逢李龜年
강남에서 이구년을 만나다

岐王宅裏尋常見[1] 崔九堂前幾度聞[2]
正是江南好風景[3] 落花時節又逢君

기왕의 집 안에서 늘 보았더니
최구의 집 앞에서 몇 번을 들었던가.
지금 한창 강남은 풍경이 좋은데
꽃 지는 시절에 또 그대를 만나는구려.

이 시는 대력 5년 늦봄 담주에서 유명한 궁정 음악가였던 이구년을 만난 감회를 적은 것이다. 이구년은 개원, 천보 연간 현종 황제의 총애를 받던 음악가로 부귀영화를 누렸으나 안녹산의 난 이후 강남에서 유랑하는 처량한 신세의 떠돌이 가수로 전락하고 말았다. 두보는 일찍이 젊은 시절 낙양에서 이구년의 노래를 접한 적이 있었는데, 두 사람 모두 노년이 되어 낙양에서 만 리 떨어진 타향에서 석양의 방랑자 같은 쓸쓸한 모습으로 만나게 되니 감회가 남다를 수밖에 없었다. 칠언절구의 짧은 편폭에 작금昨今의 성쇠盛衰에 대한 탄식과 인정人情의 집산集散에 대한 감회를 깊이 아로새겨 넣었으니 두보 칠언절구의 절창이라 할 만하다. 이 시에서 '강남'은 호남 담주, 형주 일대를 가리킨다. 저작 시기를 대력 3년으로 보는 경우도 있다.

주 석

1 岐王(기왕)- 당 예종睿宗의 아들이며 현종의 동생인 이범李範을 가리킨다. 평소 문학과 예술을 좋아하였으며 기왕에 봉해졌다. 이범의 아들

이진李珍을 가리킨다고 보는 경우도 있다.

2 崔九(최구)- 최척崔滌. 당 현종의 총신으로 비서감秘書監을 지냈다.

3 江南(강남)- 여기서는 담주潭州, 형주衡州 일대를 가리킨다.

(**김성곤**)

92. 小寒食舟中作
소한식에 배 안에서 짓다

佳辰强飲食猶寒[1] 隱几蕭條帶鶡冠[2]
春水船如天上坐[3] 老年花似霧中看[4]
娟娟戲蝶過閒幔[5] 片片輕鷗下急湍[6]
雲白山淸萬餘里 愁看直北是長安[7]

좋은 시절임에도 억지 술자리에 음식 오히려 차가운데
쓸쓸히 안궤에 기대어 갈관을 쓰고 있네.
봄 강물에 배를 타니 마치 하늘 위에 앉은 듯
노년이라 꽃은 운무 속에서 바라보는 듯하구나.
예쁘게 장난치는 나비는 한가한 휘장 옆을 스치고
점점이 가벼운 갈매기는 세찬 여울로 내려오는데,
흰 구름 맑은 산 너머 만 리 멀리
시름에 젖어 바라보니 정북향이 장안이로다.

이 시는 두보가 대력 5년 담주潭州에서 나그네 생활을 하던 중 한식을 맞은 뒤 이튿날인 소한식에 지은 것이다. 노년의 나이에 떠돌이 생활을 하는 신세에 대한 한탄과 고향인 장안으로 돌아가고 싶은 심경을 담고 있다. 앞 4구는 한식날 배에서 본 경관이고, 뒤 4구는 경치를 보고 느낀 감회를 담고 있다.

주 석

1 佳辰(가신)- 아름다운 시절. 한식을 가리킨다.

2 隱几(은궤) - 안궤에 기대다. 蕭條(소조) - 쓸쓸한 모양. 鶡冠(갈관) - 은자가 쓰는 모자. 은자나 은거 생활을 비유한다. 초나라 은자 갈관자鶡冠子가 갈계鶡雞의 깃털로 만든 갓을 쓴 데서 유래하였다. 무관武官인 호분虎賁이 쓰는 모자라는 설도 있으나 적절치 않다.

3 天上坐(천상좌) - 하늘 위에 앉다. 물이 불어 하늘 위를 둥둥 떠다니는 듯하다는 뜻이다. 정처 없이 떠도는 신세를 비유하는 뜻으로 보기도 한다.

4 霧中看(무중간) - 운무 속에서 보다. 나이가 들어 시력이 약해져 사물이 잘 보이지 않는다는 함의가 담겨 있다.

5 娟娟(연연) - 예쁜 모양. 혹은 이리저리 나는 모양. 여기서는 나비의 자태를 가리킨다. 閒幔(한만) - 배의 휘장을 가리킨다.

6 片片(편편) - 갈매기들이 점점이 나는 모양.

7 直北(직북) - 정북향.

(**김만원**)

93. 風疾舟中伏枕書懷三十六韻奉呈湖南親友

풍질에 걸려 배 안에서 침상에 엎드려 감회를 쓴 36운을 호남의 친구들에게 드리다

軒轅休製律[1]　虞舜罷彈琴[2]　尙錯雄鳴管[3]　猶傷半死心[4]
聖賢名古邈[5]　羇旅病年侵[6]　舟泊常依震[7]　湖平早見參[8]
如聞馬融笛[9]　若倚仲宣襟[10]　故國悲寒望[11]　羣雲慘歲陰
水鄕霾白屋[12]　楓岸疊靑岑[13]　鬱鬱冬炎瘴[14]　濛濛雨滯淫[15]
鼓迎非祭鬼[16]　彈落似鴞禽[17]　興盡纔無悶[18]　愁來遽不禁
生涯相汨沒[19]　時物正蕭森[20]　疑惑樽中弩[21]　淹留冠上簪[22]
牽裾驚魏帝[23]　投閣爲劉歆[24]　狂走終奚適[25]　微才謝所欽[26]
吾安藜不糝[27]　汝貴玉爲琛[28]　烏几重重縛[29]　鶉衣寸寸針[30]
哀傷同庾信[31]　述作異陳琳[32]　十暑岷山葛[33]　三霜楚戶砧[34]
叨陪錦帳坐[35]　久放白頭吟[36]　反樸時難遇[37]　忘機陸易沉[38]
應過數粒食[39]　得近四知金[40]　春草封歸恨[41]　源花費獨尋[42]
轉蓬憂悄悄[43]　行藥病涔涔[44]　瘞夭追潘岳[45]　持危覓鄧林[46]
蹉跎翻學步[47]　感激在知音　却假蘇張舌[48]　高誇周宋鐔[49]
納流迷浩汗[50]　峻趾得嶔崟[51]　城府開淸旭[52]　松筠起碧潯[53]
披顔爭倩倩[54]　逸足競駸駸[55]　朗鑒存愚直[56]　皇天實照臨[57]
公孫仍恃險[58]　侯景未生擒[59]　書信中原闊[60]　干戈北斗深[61]
畏人千里井[62]　問俗九州箴[63]　戰血流依舊[64]　軍聲動至今
葛洪尸定解[65]　許靖力難任[66]　家事丹砂訣[67]　無成涕作霖

훤원이시여, 음률을 제정하지 말고

우순이시여, 거문고를 타지 마소서.

오히려 웅명관이 잘못되었고
도리어 반사의 속을 상하게 하나니.

성현의 이름은 오래되어 아득한데
나그네의 병은 해마다 침범하네.
배를 정박함에 늘 동북방에 의지하고
호수가 평평하니 일찍 삼성參星이 보이네.
마융의 피리 소리가 들리는 것 같고
왕찬王粲의 옷깃에 의지한 것 같네.
고국을 추위 속에 바라보니 슬프고
뭇 구름이 세모歲暮에 참담하구나.
수향水鄕에는 흰 집에 안개가 자욱하고
단풍나무 자란 언덕에는 푸른 봉우리가 첩첩이네.
답답하게 겨울에도 더운 장기瘴氣가 있고
부슬부슬 비는 오랫동안 내리네.
북 치며 맞이하는 것은 제사 지낼 만하지 않은 귀신이고
탄환에 맞아 떨어지는 것은 올빼미 같은 악조惡鳥라네.

흥을 다하니 겨우 답답함이 없어지는 듯하더니
시름이 찾아오니 갑자기 금할 수 없네.
내 인생은 불우하여 매몰되었고
지금 경물도 정말 쓸쓸하네.
술잔 속의 활 그림자를 의심하며
관 위에 비녀 꽂는 벼슬임에도 객지에 오래 머무는 것은,
신비辛毗처럼 옷자락을 잡아당기며 황제를 놀라게 하였고

양웅揚雄처럼 유흠의 아들 때문에 누각에서 뛰어내렸기 때문이네.
미친 듯 달려 끝내 어디로 가려고 하나?
미천한 재주라 흠모하던 이들과 사절하려네.
나는 명아주국에 낟알도 넣지 않은 것을 편안하게 여기나
그대들은 옥 중의 보배처럼 귀하네.
오피烏皮 안석은 겹겹이 묶어 손질하였고
메추라기처럼 해진 옷은 마디마디 기웠네.

슬픔은 유신과 같으나
지은 글은 진림과 다르네.
열 번 더위 겪으며 촉 땅에서 칡베 옷을 입었고
세 번 서리 맞으며 초 땅 민가의 다듬잇방망이 소리를 들었네.
외람되이 낭관郎官으로 금장錦帳에 앉아 배석하였지만
오래도록 흰머리를 탄식하며 마구 노래하였네.
순박함으로 돌아가는 때를 만나기는 어렵지만
기교機巧 부리는 마음을 잊으니 육지에서 쉽게 가라앉네.
응당 낟알 몇 개의 식사는 넘어야 하지만
부정한 돈을 가까이할 수 있으랴?

봄풀은 고향으로 돌아가고픈 한을 증가시키고
도화원의 꽃을 홀로 찾느라 힘들다네.
떠도는 쑥대 같은 신세라 근심만 더하고
약 먹고 걸어 다니나 병으로 저리고 아프네.
요절한 자식을 묻고서 반악을 추억하고
위태로운 몸을 부지하느라 지팡이를 찾네.

허송세월하며 도리어 한단지보邯鄲之步의 처지가 되었는데
지기가 있음에 감격한다네.
도리어 소진蘇秦과 장의張儀의 혀를 빌려
주송周宋을 칼코등이로 삼았다고 과찬해 주시네.

작은 물줄기를 다 받아들이니 그 광대함에 길을 헤매고
높은 터를 바탕으로 더욱 높고 험준한 봉우리를 이루었네.
담주성 관부는 맑은 아침 해를 맞아 열리고
소나무와 대나무는 푸른 물가에 높이 솟아 있네.
얼굴을 펴고 다투듯 아름답게 웃으며
준마 같은 인재들이 너도나도 빨리 달려오네.
밝은 거울 같은 분들이 우직한 나를 위문하니
황천皇天이 실로 밝게 비추는 듯하네.

공손술公孫述 같은 이가 여전히 험준함에 의지하고
후경 같은 이가 아직 생포되지 않았네.
서신은 중원에서 끊겼고
전쟁은 장안에도 심하구나.
천 리 안의 우물 때문에 사람을 두려워하고
천하 곳곳의 잠계箴戒 때문에 풍속을 묻는다네.
전쟁으로 인한 피는 여전히 흐르고
군대의 소리는 지금도 울려 퍼지네.

갈홍은 시체를 남기고 응당 신선이 되었을 것이고
허정과 같은 힘은 감당하기 어렵네.
집안일과 연단의 비결조차

이루지 못하니 눈물만 장맛비처럼 흐르네.

이 시는 두보가 죽기 직전인 대력 5년 겨울에 상강湘江의 배 위에서 침상에 엎드려 지은 장편 오언배율이다. 당시 두보는 담주潭州(長沙)에서 배를 타고 북쪽으로 가며 동정호洞庭湖를 지나는 도중에 풍질風疾이 심해져 결국 그해 겨울에 담주와 악주岳州(岳陽) 사이에서 죽었다. 두보의 절필시絶筆詩로 일컬어지는 이 시에서는 곳곳에 죽음의 그림자가 짙게 드리워져 있다. 마치 죽음을 예감한 듯 시인은 자신의 평소 감회와 지난 일을 일일이 추억하며 근처의 친구에게 부치는 형식을 취하고 있다. '호남친우湖南親友'는 담주 막부의 친구들을 가리킨다. 이 시는 우선 '풍질'로 시상을 일으키고서 '주중舟中'에서 본 경물을 묘사하여 서회書懷의 바탕으로 삼는다. 이하의 내용은 '복침서회伏枕書懷'와 '봉정호남친우奉呈湖南親友'를 중심으로 진행된다. 그런 가운데 지난 일을 회상하고 촉蜀 땅과 초楚 땅을 떠돈 세월과 자취를 추억하기도 하며, 고향으로 돌아가지 못하는 자신의 처지를 이야기하다가 호남 친우들을 칭송하고 있다. 여러 친구를 포괄적이면서 다소 과장되게 칭송하고 있어 마치 죽기 전에 주위 사람들에게 두루 감사의 인사를 하며 부고문을 돌리고 있는 듯하다. 그러다가 전란이 그치지 않는 어지러운 시국을 개탄하며 목숨이 경각에 다다랐는데도 나라와 백성에 대한 걱정을 잊지 않고 있다. 마지막에서는 기력이 쇠하고 죽음이 임박하였는데 무엇 하나 이룬 것이 없음을 슬퍼하며 눈물로 시를 끝맺고 있다. 흡사 자제문自祭文을 연상시키는 이 시는 두보 평생의 주요 행적과 감회가 빠짐없이 담긴 역작이다. 중병으로 배 위에 엎드린 채 죽는 순간까지 붓을 놓지 않은 뜨거운 창작열이 읽는 사람을 숙연하게 한다. 한편 두보의 장편배율은 30, 40, 50, 100 등 성수成數로 그 운을 쓰는 것이 일반적인데, 왜 굳이 36운을 썼는가도 생각해 볼 필요가 있다. '삼십육三十六'은 중국에서 예로부터 극히 많은 수를 형용하는 것으로 자주 쓰인다. 임종이 가까워

기력이 거의 소진한 때임에도 그 서회가 끝이 없는 느낌을 준다. 또한 배율로 이런 장편의 절명시를 쓴 것에서 배율에 대한 두보의 애착과 자부심도 엿볼 수 있다.

이 시의 저작 시기에 대하여 종래에는 대력 4년 겨울에 지었다고 보는 설이 많았다. 이것은 당서唐書 등에서 두보가 대력 5년 여름에 뇌양耒陽 현령이 준 고기와 술을 먹고 죽었다는 설에 근거하여 이 시에서 묘사한 겨울 풍경을 감안하여 끼워 맞춘 것이다. 그러나 뇌양에서 주육을 먹고 죽었다는 설은 원진元稹이 쓴 두보의 묘지명과 그 이후에 썼음이 분명한 여러 두보시들의 존재로 볼 때 신빙성이 없는 것이다. 또한 두보가 대력 4년 겨울에는 담주에 있었기에 이 시에 등장하는 동정호의 경물과 맞지 않을 뿐만 아니라 "열 번 더위 겪으며 촉 땅에서 칡베 옷을 입었고, 세 번 서리 맞으며 초 땅 민가의 다듬잇방망이 소리를 들었네.(十暑岷山葛, 三霜楚戶砧.)" 등의 시구와도 부합하지 않는다. 그래서 구조오는 이 시가 대력 5년 겨울에 북으로 가며 동정호를 지날 때 지은 것으로 두보의 절필시이며 두보는 이후에 병사하였다고 보고 있다. 이 견해는 포기룡, 양륜 등이 받아들였고, 근래의 많은 학자도 동의하는 정설이 되었다.

주 석

1 軒轅(헌원) - 황제黃帝. 製律(제율) - 음률을 제정하다. 황제가 영륜伶倫으로 하여금 해곡嶰谷에서 대나무를 취하여 두 마디 사이를 잘라 불어서 황종黃鍾의 궁宮으로 삼았다. 열두 개의 죽관을 만들어서 봉황의 울음소리를 들었더니 그중에서 수컷의 울음소리가 여섯 개이고, 암컷의 울음소리가 또한 여섯 개였으며, 황종의 궁에 견주어 모두 만들 수 있었기에 이것으로 음률의 근본으로 삼았다. 지극히 태평한 세상에는 천지의 기운이 합쳐져 바람이 생기는데 천지의 바람 기운이 바르게 되어 12율이 정해졌다고 한다.

2 虞舜(우순) - 순임금. 우나라 사람이었기에 이렇게 부른다. 순임금이 다섯 현의 거문고를 만들어 남풍南風의 시를 노래하니 천하가 다스려졌다

고 한다.

3 尙錯(상착)- 오히려 잘못되었다. 雄鳴管(웅명관)- 황제가 만들게 한 것으로 봉황 수컷의 울음소리가 나는 여섯 개의 죽관.

4 猶傷(유상)- 도리어 상하게 한다. 半死心(반사심)- 반쯤 죽은 속. 또한 쌍관으로 반쯤 죽어 가는 두보 자신의 심정을 가리키기도 하며, 나아가 당시 반사半死의 상태에 있는 백성의 심정을 포괄하기도 한다.

[軒轅 4구] 첫 번째 단락은 풍질로부터 서술하고 있다. 몸에 병이 들어 기가 고르지 못하기에 음률을 제정하거나 거문고를 타기 어렵다. 웅명관이 잘못되었다는 것은 음률을 이어받고, 반사의 심정을 상하게 한다는 것은 거문고를 이어받는다. 이 첫 4구는 복합적인 의미가 담겨 있어 시 전체를 이끌고 있다. 표면적으로 두보 자신의 '풍질風疾'을 언급하고 있는데 짐짓 황제와 우순을 이 '풍風'과 쌍관으로 관련지어 금지 명령조로 탓하고 있다. 나아가 이면적으로 보면 황제와 우순과 같은 성인들이 음률을 제정하고 거문고를 탄 것은 세상을 태평하게 다스리기 위한 것이었다. 그런데 세상은 여전히 어지럽고 백성들은 상처를 받고 있다. 그래서 오히려 그 웅명관이 잘못되었고 반사의 심정을 상하게 한다고 탓하고 있는 것이다. 즉 이 '반사심'은 반사의 상태에 있는 백성의 심정도 되어 후반 7단락의 시국에 대한 개탄도 이끄는 것이다. 한편 죽어 가면서도 그 어조가 자못 해학적이라서 오히려 기상을 느끼게 하고 돌올감을 준다. 이러한 기상이 이 장편시 전체를 이끌고 있다.

5 聖賢(성현)- 앞의 헌원과 우순을 가리킨다. 호남 지역과 관련이 있는 우순과 굴원 등으로 보기도 한다. 邈(막)- 아득하다.

6 羇旅(기려)- 타향살이하는 나그네. 두보를 가리킨다.

7 震(진)- 괘卦 이름으로 동북방을 대표한다. 이 구절에서는 늘 북쪽의 고향으로 돌아가고자 하는 시인의 마음이 표현되어 있다.

8 參(삼)- 삼성參星. 효성曉星이라고도 하며 겨울에 어두워지면 동쪽에서 보인다.

9 馬融(마융)- 동한東漢의 문인으로 피리를 잘 불었으며 〈장적부長笛賦〉를 지었다.

10 仲宣(중선) - 삼국시대 위나라 시인 왕찬王粲의 자字. 그는 난을 피하여 형주에 있을 때 〈등루부登樓賦〉를 지었다. 이 2구에서 마융과 왕찬은 다 타향에서 고향을 그리워한 자이며, 아울러 풍질의 뜻에도 딱 들어맞는다.

11 故國(고국) - 장안을 가리킨다.

12 霾(매) - 흙비가 오다. 白屋(백옥) - 백판옥白板屋. 채색하지 않고 목재를 노출시킨 집. 평민들이 사는 집을 가리킨다.

13 疊(첩) - '曡'로 된 판본도 있다.

14 鬱鬱(울울) - 답답한 모양. 炎瘴(염장) - 남방의 습기와 더위로 인하여 병을 일으키는 장기瘴氣.

15 濛濛(몽몽) - 가랑비가 부슬부슬 오는 모양. 滯淫(체음) - 비가 오래 내려 멈추지 않음을 말한다.

16 非祭鬼(비제귀) - 제사 지낼 만한 귀신이 아니다. '非'는 '方'으로 된 판본도 있다.

17 鴞禽(효금) - 올빼미 종류의 악조惡鳥. 가의賈誼의 〈복조부鵩鳥賦〉에 나오는 복조를 연상시켜 죽음의 이미지를 느끼게 한다.

[聖賢 14구] 이하의 4단락은 다 침상에 엎드려 감회를 쓴 것이다. 누번째 단락은 호숫가의 경물을 기록하고 있다. '성현聖賢'은 '헌원軒轅'과 '우순虞舜'을 이어받고, '기려羈旅'는 '배를 정박하는 것'을 일으킨다. '진방震方에 의지한다'는 것은 동북쪽으로 향하고자 하는 것이다. '삼성을 본다'는 것은 동방이 장차 밝으려는 것이다. 마융과 왕찬은 다 타지에서 고향을 생각한 자이다. '추위 속에 바라본다', '세음歲陰'은 겨울임을 말한다. '수향水鄉', '단풍나무 언덕'은 산수를 말한다. '더운 장기瘴氣', '오랫동안 비가 내린다'는 것은 기후가 다름을 말한다. '귀신에게 제사 지낸다', '올빼미를 떨어뜨린다'는 것은 지역의 풍속이 다름을 말한다.

18 興(흥) - 앞에서 서술한 여러 경물에 대한 흥취를 가리킨다. 纔(재) - 겨우. 비로소.

19 汨沒(골몰) - 물속에 잠기다. 가라앉다. 불우하여 매몰된 것을 말한다.

20 正(정)- '自'로 된 판본도 있다. 蕭森(소삼)- 쓸쓸하고 음산하다.

21 樽中弩(준중노) - 술잔 속의 활 그림자를 뱀으로 의심하여 병이 생긴 두선杜宣의 고사로 두보 자신이 병으로 인하여 의심이 많음을 비유한다.

22 淹留(엄류)- 오래 머무르다. 冠上簪(관상잠)- 조잠朝簪. 고대에 벼슬을 한 사람은 관모冠帽에 비녀로 장식하였다. 두보는 당시 여전히 명목상으로 공부원외랑工部員外郎이었지만 입조入朝할 수 없었기에 이런 표현을 썼다.

23 牽裾(견거) 구- 삼국시대 위나라 신비辛毗의 고사이다. 신비가 문제文帝에게 간언을 하였는데 문제가 듣지 않고 궁 안으로 들어가려 하자 문제의 옷자락을 잡아당기며 계속 직간直諫을 하였다고 한다. 두보도 예전에 좌습유左拾遺로 있을 때 방관房琯을 구하기 위하여 숙종에게 계속 직간을 하였다가 숙종의 미움을 받은 일이 있기에 이 전고를 썼다.

24 投閣(투각) 구- 한나라 양웅揚雄의 고사를 썼다. 양웅이 천록각天祿閣에서 교서校書를 하고 있을 때 그의 제자 유분劉棻의 죄에 연루되어 사자가 잡으러 오자 양웅이 누각에서 뛰어내려 거의 죽을 뻔한 일이 있었다. 이 또한 두보가 방관을 구하려다가 배척된 일을 비유한다. 유흠劉歆은 유분의 아버지로 누각에서 뛰어내린 일과 직접적인 관련은 없지만 압운을 맞추기 위하여 빌려 썼다.

25 狂走(광주)- 미친 듯 달리다.

26 微才(미재)- 미천한 재주. 두보 자신을 가리킨다. 謝(사)- 사절謝絶하다. 감사하다로 보는 설도 있다. 所欽(소흠)- 흠모하는 이. 흠경欽敬하는 사람. 구조오는 호남 친우를 가리키는 것으로 보며 포기룡은 조정의 귀인들을 가리키는 것으로 보고 있다.《두시언해》에서는 '흠경하는 것'으로 보아 두보 자신의 미천한 재주를 흠경하는 것을 부끄러워 사절한다로 해석하고 있고, 양륜도 두보 자신에게 속하는 말로 보고 있다.

27 藜不糝(여불삼)- 명아주국에 낟알도 넣지 않다. 극히 가난함을 형용한 말이다.

28 汝(여)- '女'로 된 판본도 있다. 玉爲琛(옥위침)- 옥 중의 보배이다.

29 烏几(오궤)- 오피궤烏皮几. 검은 양가죽을 덮은 작은 안석.

30 鶉衣(순의) - 해진 옷. '순鶉'은 메추라기인데 꽁지가 잘 문드러지고 털빛도 얼룩덜룩하여 해진 옷을 비유한다.

[興盡 14구] 세 번째 단락에서는 표박함으로 인하여 옛일을 회상하고 있다. '흥진興盡' 구는 또한 위를 이어받고, '수래愁來' 구는 또한 아래를 일으킨다. '술잔 속의 활'은 몸에 병이 많은 것이고, '관 위의 비녀'는 관직을 맡고 있는 것이다. '견거牽裾', '투각投閣' 구는 방관을 구하고자 한 일을 가리키며, 이는 두보가 내달리며 쫓겨 다니는 이유이다. '소흠所欽'은 호남친우를 말한다. '여귀汝貴' 구는 '소흠所欽'을 이어받으며 그들이 영화롭고 현달하였음을 보여 준다. '오안吾安' 구는 '오궤烏几'와 '순의鶉衣' 이야기를 일으키며 나그네 생활의 궁핍함을 자연스럽게 서술하고 있다.

31 庾信(유신) - 남북조 시대 양나라의 시인. 위나라로 사신을 갔다가 후에 북주北周에서 관리 생활을 하며 끝내 고국으로 돌아오지 못하여 〈애강남부哀江南賦〉를 지어 고국에 대한 그리움을 기탁하였다. 이 구절은 난리를 만나 타향을 떠도는 두보의 처지와 심정이 유신과 비슷함을 말한다.

32 陳琳(진림) - 건안칠자建安七子의 한 사람으로 일찍이 원소袁紹를 위하여 조조曹操를 심히 비방하는 격문을 지었는데 조조는 그 문장에 탄복하여 그를 중용하였다. 이 구절에서 두보는 진림과 같은 격문을 짓지 못하였음을 말한다.

33 十暑(십서) - 열 번의 너위. 건원 2년에 촉 땅에 들어오고부터 대력 3년에 삼협을 나갈 때까지 열 번의 여름이 있게 된다. 岷山(민산) - 촉 땅 서쪽에 있는 산. 여기서는 성도와 기주 등을 포괄하는 촉 땅 전체를 가리킨다. 葛(갈) - 칡베 옷. 더위를 피하려 여름에 입는 옷이다.

34 三霜(삼상) - 세 번의 서리. 대력 3년부터 지금 대력 5년까지 세 번의 서리를 맞게 된다.

35 叨陪(도배) - 외람되이 배석하다. 錦帳(금장) - 비단으로 지은 장막. 고대에 낭관郎官이 거처하였다. 이 구절은 두보가 공부원외랑工部員外郎에 임명된 것을 겸손하게 말한 것이다.

36 久放(구방) - 오래도록 방가放歌하다. 구조오는 '放'을 '倣'의 의미로 보아 옛 노래를 본떠 읊는다는 뜻으로 보고 있다. 白頭吟(백두음) -

여기서는 늙음을 탄식하는 노래의 뜻으로 쓰였다.

37 反樸(반박) - 순박함으로 돌아가다. 태곳적 같은 순박하고 태평함으로 돌아가다. 遇(우) - '過'로 된 판본도 있다.

38 忘機(망기) - 기교機巧를 부리는 마음을 잊다. 담박함을 좋아하여 세상과 다툼이 없는 것을 가리킨다. 陸易沉(육이침) - 육지에서 쉽게 가라앉는다. 세속에서 은거하기 쉬움을 뜻한다. '육침陸沉'은 '육지에서 물이 없이 가라앉다'는 뜻으로 은거함을 비유한다.

39 應過(응과) - 응당 넘어야 한다. 數粒食(수립식) - 낟알 몇 개의 식사. 장화張華 〈초료부鷦鷯賦〉의 "숲에 깃들지만 한 가지에 불과하고, 매번 먹는 것은 낟알 몇 개에 불과하다.(巢林不過一枝, 每食不過數粒.)"라는 표현을 반용反用한 것이다. 즉 두보 자신은 초료새와는 다르기에 쌀 몇 알의 식사로는 안 된다는 뜻이다.

40 得近(득근) - 가까이하랴? '가까이할 수 있다'로 보기도 한다. 四知金(사지금) - 하늘, 땅, 상대방, 자신이 모두 아는 돈. 《후한서 · 양진전楊震傳》에서 유래된 말로 뇌물성의 '부정한 돈'을 뜻한다. 글자 그대로의 의미로 '모두가 아는 깨끗한 돈'으로 보기도 한다. 이 2구에 대하여 다수의 주석가는 '응당 낟알 몇 개의 식사는 넘어야 하기에, 사지금四知金(친구들이 주는 깨끗한 돈)은 받을 수 있다.'라는 뜻으로 보고 있다. 양륜楊倫은 '응당 낟알 몇 개의 식사는 넘어야 하지만, 사지금(부정한 돈)을 가까이하랴?'라는 반어형으로 보고 있다. 근본적인 의미는 비슷하여 여기서는 양륜의 번역을 취하고자 한다.

[哀傷 10구] 네 번째 단락에서는 촉과 초 땅을 유랑한 자취를 이야기하고 있다. 유신과 같다는 것은 둘 다 난리를 만난 것을 말한다. 진림과 다르다는 것은 격문을 쓰지 않은 것을 말한다. 열 번의 더위와 세 번의 서리는 지나온 행적을 통틀어 계산한 것이다. '금장錦帳'은 낭관이 앉는 곳이다. '방음放吟'은 옛 노래를 본떠서 읊는 것이다. 맑은 시절을 만나기 어렵고 땅에서 가라앉듯 은거한다는 것은 신세를 탄식한 것이다. 쌀과 돈을 나누어 주는 것은 호남 친우들이 은혜를 베푼 것이다.

41 春草(춘초) - 봄풀. 절기상으로는 겨울이나 호남 지역은 따뜻하여 봄풀

이 이미 자라난 것이다. 封歸恨(봉귀한)- 고향으로 돌아가고자 하는 한을 증가시키다. '封'은 '풍豊'과 같으며 '증增'의 뜻이다.

42 源花(원화)- 도화원桃花源의 꽃. 전해 오는 이야기에 도화원은 호남湖南에 있다. 費獨尋(비독심)- 힘들게 홀로 찾아가다.

43 轉蓬(전봉)- 바람에 굴러다니는 다북쑥. 떠도는 두보 자신을 비유한다. 悄悄(초초)- 마음이 근심스러운 모양.

44 行藥(행약)- 약 먹고 걸어 다니다. 약효가 빠르게 하기 위한 것이다. 涔涔(잠잠)- 저리고 아픈 모습. 땀이 흐르는 모습.

45 瘞夭(예요)- 요절한 자식을 묻다. 당시 두보의 어린 딸로 보인다. 두보의 큰아들 종문宗文으로 보는 설도 있다. 潘岳(반악)- 진나라 때 문인. 그가 지은 〈서정부西征賦〉에 요절한 자식을 추도하는 구절이 있다.

46 持危(지위)- 위태로운 몸을 부지하다. 鄧林(등림)- 지팡이를 가리킨다.

47 蹉跎(차타)- 실의하여 허송세월하다. 學步(학보)- 걸음걸이를 배우다. 한단지보邯鄲之步의 처지가 되었음을 말한다. 조차공은 두보가 시속을 따르는 것을 마음 아파한 것으로 보고 있고, 구조오는 두보가 시속을 따라가지 못함을 말한다고 보고 있다.

48 蘇張(소장)- 소진蘇秦과 장의張儀. 전국시대의 종횡가縱橫家로 변설辯舌에 능하였다. 여기서는 호남 친우를 비유한다.

49 周宋鐔(주송심)- 주나라와 송나라로 칼 콧등을 삼다. '鐔'은 검비劍鼻이다. 장자莊子가 천자의 검을 과장하여 묘사하는 데서 나오는 표현이다. 여기서는 친구들의 두보에 대한 칭찬이 과장되고 잘못되었음을 비유한다. 이 2구에서 혀를 빌린다, 칼 콧등이라고 자랑한다고 한 것은 그들에게 의지하여 추천해 주기를 바랐기 때문이다.

[春草 10구] 다섯 번째 단락에서는 노쇠한 나이에 객지에 체류하고 있는 감회를 이야기하고 있다. 고향으로 돌아갈 계획이 불가능하고 도화원은 찾기 어려워 오직 쑥처럼 떠돌며 약이나 먹고 있을 따름이다. 이 부분은 앞의 '나그네의 병은 해마다 침범한다'와 조응한다. '예요瘞夭'는 자녀가 죽은 것을 애통해하는 것이다. '등림鄧林'은 늙어서 다니는 데 지팡이가 필요함을 말한다. '도리어 걸음걸이를 배운다'는 것은 시속을 따라갈

수 없다는 것이다. '지음에 감격한다'는 것은 길이 궁한 상황에서 친구들을 만난 것을 다행으로 여긴 것이다. '소장蘇張' 2구는 여러 친구가 잘못 칭찬해 주었음을 말한다.

50 納流(납류)- 작은 물줄기를 받아들이다. 하해河海를 가리킨다. 浩汗(호한)- 물이 넓고 광대한 모양.

51 峻趾(준지)- 높은 토대. 높은 터. 嶔崟(금음)- 산이 높고 험한 모양. 위 2구는 두보가 만나길 원하는 사람을 비유하고 있다. 여러 친우가 다른 사람을 포용하고 작은 것을 모아서 큰 것을 이룰 수 있음을 말한다.

52 城府(성부)- 관부官府. 여기서는 담주潭州(장사長沙)의 막부를 가리킨다. 淸旭(청욱)- 맑은 아침 해.

53 筠(균)- '篁'으로 된 판본도 있다. 起(기)- 높이 솟아 있다. 碧潯(벽심)- 푸른 물가.

54 披顔(피안)- 얼굴을 펴다. 倩倩(천천)- 웃는 모양.

55 逸足(일족)- 빠른 말. 준마를 가리키며, 여기서는 뛰어난 인재를 비유한다. 駸駸(침침)- 말이 빨리 달리는 모양.

56 朗鑒(낭감)- 밝은 거울. 친우들을 가리킨다. 存(존)- 존문存問하다. 위문하다. 안부를 묻다. 《두시언해》에서는 마음에 '담아두었다'는 뜻으로 보고 있다. 愚直(우직)- 어리석고 정직한 사람. 두보 자신을 일컫는다.

57 皇天(황천)- 하늘과 천신天神에 대한 존칭. 이 2구에 대하여 구조오 등은 친우들의 후의에 감사하는 말로 보고 있다. 조차공은 친우들에 대한 바람으로 보고 있고, 포기룡은 나아가 훈계하는 말로 보고 있다. 두보의 상대방에 대한 과장된 칭찬과 감사에는 늘 바라는 뜻도 담겨 있기에 모두 가능한 이해이다. 또한 여기서 '우직'은 두보가 평생 어리석을 정도로 견지하였던 나라와 백성에 대한 걱정도 포괄하는 면이 있어 아래 단락의 시국에 대한 걱정을 이끌고 있다.

[納流 8구] 여섯 번째 단락에서는 막부의 친우들을 찬미하고 있다. 《두억》에서 "'납류納流' 구는 넓어서 두루 미치기 어려움을 말하고, '준지峻趾' 구는 높아서 오르기 어려움을 말한다."라고 하였다. 주학령은 "'성부城府' 구와 '송균松筠' 구는 막부가 있는 곳을 말하고, '피안披顔' 구와 '일족

逸足' 구는 귀의하러 가는 자가 많음을 말한다."라고 하였다. 장원張遠은 "'낭감朗鑒' 2구는 친우들이 자기를 두텁게 대하여 준 것에 감사하는 것이다."라고 하였다.

58 公孫(공손) - 공손술公孫述. 동한東漢 초에 공손술은 촉 땅에 할거하였다. 여기서는 당시에 촉 땅에서 반란을 일으킨 장군을 가리킨다. 恃險(시험) - 험준함에 의지하다. 촉 땅은 천혜의 요새로 일단 점거하면 토벌이 쉽지 않다.

59 侯景(후경) - 남북조 시대 양나라의 반란군 장수. 여기서는 당시 호남에서 난리를 일으킨 군벌인 장개臧玠를 가리킨다. 未生擒(미생금) - 아직 생포하지 못하였다.

60 中原(중원) - 두보의 고향인 낙양을 가리킨다. 闊(활) - 격절隔絶되다. 끊기다.

61 干戈(간과) - 전쟁. 北斗(북두) - 장안을 가리킨다.

62 千里井(천리정) - "천 리 안의 우물에 잘게 쓴 마초를 쏟지 않는다.(千里井, 不瀉剉.)"라는 속담의 헐후어歇後語. 나쁜 사람이 남을 해치려고 설치한 위험물을 비유한다.

63 問俗(문속) - 풍속을 묻다. 九州箴(구주잠) - 천하의 잠계箴戒. '구주'는 온 천하를 가리킨다. 위 2구는 처신하고 다니는 데 어려움이 많은 것이다.

64 戰血(전혈) - 전쟁으로 인하여 백성들이 흘리는 피.

[公孫 8구] 일곱 번째 단락에서는 난리가 일어난 당시의 시국을 개탄하고 있다. 공손술과 후경은 당시의 반란군 장수를 가리킨다. 중원은 낙양을 가리키고 북두는 장안을 가리킨다. 사람을 두려워하고 풍속을 묻는다는 것은 도처가 근심스러움을 말한다. 전쟁으로 인한 피와 군대의 소리는 남북에서 병란이 일어난 것을 마음 아파하는 것이다.

65 葛洪(갈홍) - 진나라 때 사람으로 일찍이 나부산羅浮山에 들어가 단약을 만들었고 죽어 신선이 되었다고 한다. 尸定解(시정해) - 응당 시해尸解하다. '시해'는 도교에서 시체를 남기고 신선이 되어 떠나는 것을 말한다. 여기서는 갈홍으로 두보 자신을 비유하며 그도 장차 죽을 것임을 말한다.

66 許靖(허정) - 삼국시대 사람으로 일찍이 가족 친지를 데리고 난리를

피하느라 각지를 전전하다가 후에 촉蜀에 들어가 벼슬을 하였다. 그는 피난하는 급박한 상황에서도 늘 다른 사람과 친지를 먼저 배려하여 칭송을 받았다. 이 구절은 허정처럼 가솔을 잘 챙기며 두루 주유하고자 하나 그럴 힘이 없음을 말한다.

67 丹砂訣(단사결)- 연단煉丹의 비결秘訣. 위 2구에서 죽음이 임박하여 가족을 걱정하고 영생永生을 바라는 인간적이고 솔직한 욕망이 보인다. 한편 가사와 신선술도 이루지 못하였다고 슬퍼하는 속에 나라와 백성을 구제하지 못한 한恨이나 지음知音을 만나지 못한 한탄 등도 자연스레 포함되어 있다. 그래서 눈물이 장맛비처럼 그칠 줄 모르는 것이다. 이로써 전체 시상을 수렴하여 시를 끝맺고 있다.

[葛洪 4구] 마지막 단락에서는 곤궁한 노년의 어찌할 수 없는 상황을 서술하고 있다. '시정해尸定解'는 장차 길에서 죽을 것임을 말하고 '역난임力難任'은 다시 멀리 갈 수 없다는 것이다. 단사를 이루지 못하였다는 것은 안으로 돌아보아도 계책이 없다는 것이니 결어는 아마 여러 친우에게 도움을 기다리는 것이리라.(末敍窮老無聊之況. 尸定解, 將死道路. 力難任, 不復遠行. 丹砂未成, 則內顧無策, 結語蓋待濟於諸公矣.)

(**강민호**)

| 참고문헌 |

《九家集注杜詩》, 宋, 郭知達.

《杜工部草堂詩箋》, 宋, 蔡夢弼.

《補注杜詩》, 宋, 黃希, 黃鶴.

《杜臆》, 明, 王嗣奭.

《杜詩詳注》, 淸, 仇兆鰲.

《讀杜心解》, 淸, 浦起龍.

《杜詩鏡銓》, 淸, 楊倫.

《杜工部集輯註》, 淸, 朱鶴齡.

《杜詩錢注》, 淸, 錢謙益.

《讀杜詩說》, 淸, 施鴻保.

《杜律啓蒙》, 淸, 吳峻.

《杜詩諺解》, 朝鮮.

《杜甫全詩集》, 鈴木虎雄, 東京: 誠進社, 昭和 53.

《杜甫詩全譯》, 韓成武, 張志民, 河北人民出版社, 1997.

《두보 초기시 역해》, 이영주 외, 솔, 1999.

《두보 지덕연간시 역해》, 강성위 외, 한국방송통신대학교출판부, 2001.

《두보 위관시기시 역해》, 김만원 외, 서울대학교출판부, 2004.

《두보 진주동곡시기시 역해》, 김만원 외, 서울대학교출판부, 2007.

《두보 성도시기시 역해》, 김만원 외, 서울대학교출판부, 2008.

《두보 재주낭주시기시 역해》, 김만원 외, 서울대학교출판문화원, 2010.

《두보 2차성도시기시 역해》, 김만원 외, 서울대학교출판문화원, 2016.

《두보 기주시기시 역해 1》, 강민호 외, 서울대학교출판문화원, 2017.

| 시구 찾아보기 |

ㄴ

ㄷ

ㄹ

ㅂ

ㅇ

ㅈ

ㅊ

역해자 소개

이영주

서울대학교 중어중문학과 졸업
서울대학교 대학원 졸업(문학박사)
서울대학교 중어중문학과 교수
저서: 『두보 초기시 역해』(솔출판사, 공저), 『두보 지덕연간시 역해』(한국방송통신대학교출판부, 공저), 『두보 위관시기시 역해』(서울대학교출판부, 공저), 『한자자의론』(서울대학교출판부), 『한문독해법』(명문당, 공저), 『한국시화에 보이는 두시 연구』(서울대학교출판부), 『두보 진주동곡시기시 역해』(서울대학교출판부, 공저), 『두보 재주낭주시기시 역해』(서울대학교출판문화원, 공저), 『두보 고체시 명편』(서울대학교출판문화원, 공저), 『두보 2차성도시기시 역해』(서울대학교출판문화원, 공저), 『두보 기주시기시 역해 1』(서울대학교출판문화원, 공저)

이남종

서울교육대학교 졸업
한국방송통신대학교 중어중문학과 졸업
서울대학교 대학원 졸업(문학박사)
서울대학교 중국어문학연구소 객원연구원
저서: 『두보 지덕연간시 역해』(한국방송통신대학교출판부, 공저), 『두보 위관시기시 역해』(서울대학교출판부, 공저), 『맹호연 시선』(민미디어), 『맹호연시 연구』(서울대학교출판부), 『두보 진주동곡시기시 역해』(서울대학교출판부, 공저), 『두보 재주낭주시기시 역해』(서울대학교출판문화원, 공저), 『두보 고체시 명편』(서울대학교출판문화원, 공저), 『두보 2차성도시기시 역해』(서울대학교출판문화원, 공저)

이석형

서울대학교 중어중문학과 졸업
서울대학교 대학원 졸업(문학박사)
중앙대학교 아시아문화학부 중국어문학 전공 교수
저서: 「청말사학이론 연구」(서울대학교 박사학위논문), 『두보 초기시 역해』(솔출판사, 공저), 『두보 지덕연간시 역해』(한국방송통신대학교출판부, 공저), 『두보 위관시기시 역해』(서울대학교출판부, 공저), 『두보 진주동곡시기시 역해』(서울대학교출판부, 공저), 『두보 재주낭주시기시 역해』(서울대학교출판문화원, 공저), 『두보 고체시 명편』(서울대학교출판문화원, 공저), 『두보 2차성도시기시 역해』(서울대학교출판문화원, 공저), 『두보 기주시기시 역해 1』(서울대학교출판문화원, 공저)

김만원

서울대학교 중어중문학과 졸업
서울대학교 대학원 졸업(문학박사)
강릉대학교 중어중문학과 교수
저서: 「사령운시 연구」(서울대학교 박사학위논문), 『두보 초기시 역해』(솔출판사, 공저), 『두보 지덕연간시 역해』(한국방송통신대학교출판부, 공저), 『두보 위관시기시 역해』(서울대학교출판부, 공저), 『두보 진주동곡시기시 역해』(서울대학교출판부, 공저), 『두보 재주낭주시기시 역해』(서울대학교출판문화원, 공저), 『두보 고체시 명편』(서울대학교출판문화원, 공저), 『두보 2차성도시기시 역해』(서울대학교출판문화원, 공저)

이창숙

서울대학교 중어중문학과 졸업
서울대학교 대학원 졸업(문학박사)
서울대학교 중어중문학과 교수
저서: 『중국공연예술』(한국방송통신대학교출판부, 공저), 『중국고대음악사: 상고시대부터 송대까지』(솔출판사, 역서), 『영원한 대자연인 이백』(이끌리오, 공역), 『두보 진주동곡시기시 역해』(서울대학교출판부, 공저), 『두보 재주낭주시기시 역해』(서울대학교출판문화원, 공저), 『중국고대음악사고(하)』(소명출판, 역서), 『북상기』(민음사, 공역), 『모란정』(소명출판, 공역), 『두보 2차성도시기시 역해』(서울대학교출판문화원, 공저), 『두보 고체시 명편』(서울대학교출판문화원, 공저), 『두보 기주시기시 역해 1』(서울대학교출판문화원, 공저)

김성곤

서울대학교 중어중문학과 졸업
서울대학교 대학원 졸업(문학박사)
한국방송통신대학교 중어중문학과 교수
저서: 「두보 초기시 연구」(서울대학교 박사학위논문), 『두보 초기시 역해』(솔출판사, 공저), 『두보 지덕연간시 역해』(한국방송통신대학교출판부, 공저), 『두보 위관시기시 역해』(서울대학교출판부, 공저), 『중국역대시가강독』(한국방송통신대학교출판부, 공저), 『두보 진주동곡시기시 역해』(서울대학교출판부, 공저), 『두보 재주낭주시기시 역해』(서울대학교출판문화원, 공저), 『두보 고체시 명편』(서울대학교출판문화원, 공저), 『두보 2차성도시기시 역해』(서울대학교출판문화원, 공저), 『두보 기주시기시 역해 1』(서울대학교출판문화원, 공저)

박홍준

서울대학교 중어중문학과 졸업

중국 화동사범대학 대학원 졸업(문학박사)

성신여자대학교 중어중문학과 교수

저서: 「이어통속희곡 연구」(중국 화동사범대학 박사학위논문), 『두보 지덕연간시 역해』(한국방송통신대학교출판부, 공저), 『두보 위관시기시 역해』(서울대학교출판부, 공저), 『두보 진주동곡시기시 역해』(서울대학교출판부, 공저), 『두보 재주낭주시기시 역해』(서울대학교출판문화원, 공저), 『두보 고체시 명편』(서울대학교출판문화원, 공저), 『두보 2차성도시기시 역해』(서울대학교출판문화원, 공저), 『두보 기주시기시 역해 1』(서울대학교출판문화원, 공저)

김준연

서울대학교 중어중문학과 졸업

서울대학교 대학원 졸업(문학박사)

고려대학교 중어중문학과 교수

저서: 『당대 칠언율시 연구』(역락), 『100개의 키워드로 읽는 당시』(학민사), 『고금횡단 한자여행』(학민사), 『사불휴 두보의 삶과 문학』(서울대학교출판문화원, 공저), 『중국, 당시의 나라』(궁리), 『두보 고체시 명편』(서울대학교출판문화원, 공저), 『두보 2차성도시기시 역해』(서울대학교출판문화원, 공저), 『두보 기주시기시 역해 1』(서울대학교출판문화원, 공저)

강민호

서울대학교 중어중문학과 졸업

서울대학교 대학원 졸업(문학박사)

서울대학교 기초교육원 강의교수

저서: 『두보 배율 연구』(서울대학교출판문화원), 『풀어쓴 대학 한문(개정판)』(서울대학교출판문화원, 공저), 『두보 고체시 명편』(서울대학교출판문화원, 공저), 『유장경 시선』(지식을만드는지식), 『두보 오칠언 절구』(문학과지성사), 『두보 기주시기시 역해 1』(서울대학교출판문화원, 공저)